Die bayerischen Ertragssteuergesetze

Band II

Gewerbsteuergesetz

mit den Vollzugsvorschriften

Für den praktischen Gebrauch erläuterte Handausgabe

von

Dr. Rudolf Wassermann

Rechtsanwalt und Syndikus in München.

2. Auflage
des Wassermannschen Gewerbsteuerkommentars.

1927

München, Berlin und Leipzig
J. Schweitzer Verlag (Arthur Sellier).

Druck von Dr. F. P. Datterer & Cie., Freising-München

Vorwort.

Die vorliegende 2. Auflage bezweckt in erster Linie den Kreisen von Handel, Industrie und Gewerbe und ihren Beratern ein Hilfsmittel zu bieten, das besonders auf ihre Bedürfnisse zugeschnitten ist. Der Verfasser hat sich jedoch bemüht, auch den Bedürfnissen der mit der Erhebung der Steuer betrauten Behörden (Finanzämter, Gemeinden usw.) in jeder Weise Rechnung zu tragen.

Dadurch, daß die umfangreichen Vollzugsvorschriften jeweils im Anschluß an die Gesetzesbestimmung, zu denen sie ergangen sind, gebracht wurden, war es möglich — ohne dem Inhalt des Buches Abbruch zu tun — doch seinen äußeren Umfang gegenüber der ersten Auflage nicht allzu wesentlich zu erweitern und so der Praxis ein verhältnismäßig wohlfeiles Erläuterungswerk zu bieten.

Im Vorwort zu meiner Ausgabe des Bayerischen Gewerbsteuergesetzes von 1921 habe ich folgende Ausführungen gemacht:

> „Die vorliegende Handausgabe will das Gesetz auf knappstem Raum erläutern. Die Vollzugsvorschriften zu den einzelnen Artikeln des Gesetzes sind im Anschluß an diese abgedruckt, so daß sich ihre nochmalige Wiedergabe in Form von Erläuterungen erübrigt. Soweit das Gewerbsteuergesetz auf Reichssteuergesetze Bezug nimmt (Einkommensteuergesetz, Reichsabgabenordnung), ist eine Erläuterung der angezogenen Bestimmungen

nicht erfolgt, da vorausgesetzt werden muß, daß die Benützer dieser Ausgabe auch über erläuterte Ausgaben dieser Gesetze verfügen. Die keineswegs vorbildliche Technik des Gesetzgebers auf noch dazu „sinngemäße“ Anwendung der Vollzugsvorschriften eines Gesetzes zu verweisen, das außer Kraft getreten ist (des alten Bayerischen GStH.) nötigte dazu, auch diese teilweise in Anmerkungen wiederzugeben. Besonderer Wert wurde darauf gelegt, die Rechtsprechung der Oberberufungskommission, die zum alten bayerischen Gewerbsteuergesetz ergangen ist, soweit sie noch verwertbar erschien, kurz wiederzugeben“,

Diese Ausführungen sind auch heute noch vollinhaltlich soweit sie die Technik des Gesetzgebers betreffen, leider zutreffend. Ich kann daher auch auf sie neuerdings verweisen.

Was die Form des Buches betrifft, so darf bemerkt werden, daß an der bewährten Druckanordnung der vorhergehenden Auflage festgehalten wurde. Demgemäß sind die Paragraphen der Vollzugsbekanntmachung vom 27. Aug. 1926 jeweils im Anschluß an den Artikel des Gesetzes, zu denen sie ergangen sind, kursiv abgedruckt worden. Während die Paragraphen der Vollzugsbekanntmachung bereits bei ihrer Veröffentlichung im GVBl. mit den im Text wiedergegebenen Stichworten versehen waren, sind die Stichworte zu den Artikeln des Gesetzes von mir beigefügt worden. Dabei wurden, soweit die im gleichen Verlag erschienene Textausgabe von Regierungsrat Dr. Hauser solche Stichworte enthält, um möglichste Einheitlichkeit herbeizuführen, die Stichworte dieser Ausgabe zugrunde gelegt.

Die dem Gesetz beigefügten Anlagen sind im Anhang wiedergegeben.

Während ich die erste Auflage dieses Buches meinem Freunde, dem Oberamtmann im Ministerium für soziale Fürsorge, Dr. Georg Ziegler widmete, widme ich diese neue Auflage dem mir zur Berufsarbeit verbundenen Kollegen, dem Rechtsanwalt Dr. Theodor Erlanger in München, dessen erfahrenem Rate auf dem Gebiete des Gesellschaftsrechtes ich manche wertvolle Anregung verdanke.

Das Sachregister ist von Herrn Referendar Dr. Schmitt in sorgfältigster Weise bearbeitet worden. Bei der Ausarbeitung der Erläuterungen hat mich der Sekretär der von mir geleiteten Wirtschaftsverbände, Herr Hans Scharfetter, in wirksamer Weise unterstützt, wofür ich ihm auch an dieser Stelle meinen herzlichsten Dank sage.

München, Ende 1926.
Karlsplatz 8.

Rechtsanwalt Dr. Rudolf Wassermann.

Inhaltsübersicht.

Abkürzungen und Schrifttum.

a. a. O. = am angeführten Ort.
Abänd. Ges. = Gewerbsteueränderungsgesetz vom 9. Juli 1926 (GVBl. S. 375).
a. E. = am Eingang.
Anm. = Anmerkung.
AO. = Reichsabgabenordnung v. 13. Dezember 1919 (RGBl. S. 1993).
Art. ohne Beisatz = Die Artikel des Gewerbsteuergesetzes vom 9. Juli 1926.
Becker = Becker, Kommentar zur Abgabenordnung.
Bek. = Vollzugs-Bekanntmachung vom 27. August 1926 zum Gewerbsteuergesetz.
BGB. = Bürgerliches Gesetzbuch.
Begr. = Begründung.
Bleyer = Dr. Bleyer, Steuerrecht der bayerischen Gemeinden, 2. Aufl. mit Nachtrag. Ansbach 1926.
Breunig = G. v. Breunig, Die bayerischen Ertragssteuergesetze vom 14. August 1910. (Enthält auch Erläuterungen zum Reichsdoppelsteuergesetz). München 1912 Band 2.
BRG. = Betriebsrätegesetz.
DoppelstG. = Reichs-Doppelsteuergesetz vom 22. März 1909.
DStBl. = Deutsches Steuerblatt.
Erdt = Dr. Erdt, Bayerisches Steuerrecht, Einführung in das Staats- und Steuerrecht, Heft 21, Cassel 1926.
EStAB. = Ausführungsbestimmungen zum Einkommensteuergesetz v. 8. Mai 1926 (Reichsministerialblatt 1926 S. 209).
EStG. = Einkommensteuergesetz v. 10. August 1925 (RGBl. I, S. 189).
FinAusglG. = Gesetz über den Finanzausgleich zwischen Reich, Ländern und Gemeinden in der Fassung vom 27. April 1926 (RGBl. I, S. 203).
GewO. = (Reichs-) Gewerbeordnung.
GewSt(G.) = Gewerbsteuer (Gewerbsteuergesetz).
Gewerbsteueränderungsges. = Abänd. Ges. (s. o.).
Görlich = Görlich, Die Änderung des bayerischen Gewerbsteuergesetzes BayGemVZ. 1926.
GVBl. = (bayr.) Gesetz- und Verordnungsblatt.
HAG. = Hausarbeitsgesetz vom 27. Juni 1923.

Hammer = Bayer. Vollzugsgesetz zum Landessteuergesetz. Erläutert München 1922.
HGB = Handelsgesetzbuch.
KStAB. = Ausführungsbestimmungen zum Körperschaftssteuergesetz vom 8. Mai 1926 (Reichsministerialblatt 1926 S. 381).
KStG. = Körperschaftssteuergesetz v. 10. August 1925 (RGBl. I, S. 208).
LFA. = Landesfinanzamt.
Leisner = Dr. Leisner, „Das neue bayerische Gewerbsteuergesetz" in DStBl. 1926.
LStG. = Landessteuergesetz.
MABl. = Ministerialamtsblatt.
MBek. = Ministerialbekanntmachung.
Morgenroth = Münchner Jahrbuch 1927: „Die bayer. Gewerbsteuer".
OBK. = Oberberufungskommission in Steuersachen.
§ ohne Beisatz = Die Bestimmungen der Bekanntmachung vom 27. August 1926.
Pr. OVG. = Preuß Oberverwaltungsgericht.
RBewG. = Reichsbewertungsgesetz vom 10. August 1925 (RGBl. I, S. 214).
RFH. = Reichsfinanzhof.
RGBl. = Reichsgesetzblatt.
Ringelmann-Mühlfeld = Bayerisches Gewerbsteuergesetz v. 27. Juli 1921 erläutert von — — München 1922 (1. Aufl.). — Die zweite Auflage zum Gewerbsteuergesetz vom 9. Juli 1926 konnte nicht benutzt werden.
RVO. = Reichsversicherungsordnung.
Staub = Kommentar zum Handelsgesetzbuch. (12. und 13. Auflage.)
StrGB. = Strafgesetzbuch.
StrPO. = Strafprozeßordnung.
StuW. = Steuer und Wirtschaft. (Stuttgart).
UmlG. = Umlagengesetz.
Vgl. = vergleiche.
VollzG. = Vollzugsgesetz.
VV. = Bekanntmachung vom 28. Mai 1911 zum Vollzuge des Gewerbsteuergesetzes vom 14. August 1910.

Einleitung.

I. Die geschichtliche Entwicklung.

Die infolge des verlorenen Krieges notwendig gewordene Umgestaltung der Finanzverfassung hatte zur Folge, daß das Reich nahezu sämtliche Steuerquellen, die bis zum Jahre 1919 den Ländern zur Deckung des Finanzbedarfs zur Verfügung standen, an sich zog. Für eine bayerische Einkommensteuer, Kapitalrentensteuer und Vermögenssteuer war kein Raum mehr. Sie wurden daher formell mit Wirkung vom 1. April 1920 außer Kraft gesetzt (vgl. Art. 66 Abs. 1 des Gewerbsteuergesetzes vom 27. Juli 1921, GVBl. S. 413). Den Ländern stehen nur wenige eigene Einnahmen zur Verfügung. Zuschläge zu den Reichssteuern können von Bayern und seinen Gemeinden nur auf Grund reichsgesetzlicher Ermächtigung erhoben werden. Die Gewährung des Zuschlagsrechtes ist erst für das Jahr 1927 in sichere Aussicht gestellt worden[1]). Sie erheben Grund- und Gebäudesteuern und Gewerbesteuern. Für die Ausgestaltung dieser Steuern sind

[1]) Siehe hiezu Haußmann, „Gewerbesteuern und Finanzausgleich" in StuW. V S. 1170; weiter „Gewerbesteuer und Finanzausgleich, Leitsätze der Spitzenverbände der Wirtschaft und Gutachten der Herren Senatspräsident Dr. Cuno Becker-München und Professor Dr. Albert Hensel-Bonn", erschienen im Selbstverlag der Spitzenverbände der Wirtschaft. (Berlin 1926.) Über Finanzausgleich und Gewerbesteuer hat der Reichsfinanzminister auf der im September 1926 stattgefundenen Dresdener Tagung des Reichsverbandes der Deutschen Industrie folgende beachtenswerte Ausführungen gemacht: „Ich bin entschlossen, den Finanzausgleich durchzuführen, sobald die nötigen Unterlagen zu beschaffen sind, die von der Finanzstatistik vor allem von den Ergebnissen der ersten Einkommensteuer abhängen. Die Grundzüge dieses großen Planes müssen in erster Linie darin bestehen, daß wir die finanzielle Selbstverantwortung der einzelnen Körperschaften, die das Geld bewilligen müssen, wieder stärken. Das kann geschehen in erster Linie durch die Einführung von Zuschlägen für die Einkommensteuer. Es müssen auch Kautelen geschaffen werden, daß wir aus der Vielheit unserer Steuern herauskommen. Es ist zweifellos sinnlos, wenn das

gewisse, nicht überschreitbare Richtlinien gegeben, die in den §§ 8—10 des Landessteuergesetzes vom 30. März 1920 (RGBl. S. 402) gezogen wurden. Die Durchführung dieser Richtlinien hat Bayern durch das Vollzugsgesetz zum Landessteuergesetz vom 30. Juni 1921 (GVBl. S. 261) geregelt. Das Landessteuergesetz ist durch das Gesetz vom 23. Juni 1923 (RGBl. S. 494) in das Finanzausgleichsgesetz umgewandelt worden. Das Finanzausgleichsgesetz hat durch die 3. Steuernotverordnung vom 14. Februar 1924 (RGBl. S. 74) und durch das Gesetz über Änderungen des Finanzausgleichs zwischen Reich, Ländern und Gemeinden vom 10. August 1925 (RGBl. I S. 254) in verschiedenen Punkten Abänderungen erfahren. Die für die Erhebung der Landesertragssteuern maßgebenden Bestimmungen enthalten nunmehr die §§ 8—11 des in neuer Fassung erschienenen Gesetzes über den Finanzausgleich zwischen Reich, Ländern und Gemeinden (Finanzausgleichsgesetz) vom 27. April 1926 = RGBl. Teil I S. 203 ff. Vgl. hiezu das bayerische Gesetz zum Vollzuge des Finanzausgleichsgesetzes vom 30. April 1924 (GVBl. S. 156). Darnach müssen Ertragssteuern unter Beachtung der Vorschriften des Reichsbewertungsgesetzes nach Merkmalen des Wertes, des Ertrags, der Ertragsfähigkeit oder des Umfangs des Grundvermögens oder Gewerbebetriebes veranlagt werden, sollen nicht auf Besteuerungsmerkmale, die auf die allgemeine steuerliche Leistungsfähigkeit des Pflichtigen abzielen, aufgebaut und müssen bis zur völligen Ausschöpfung genützt werden.

A. Die Reform von 1910.

Reich Steuern ermäßigt und Länder und Gemeinden gleichzeitig eine Steuer erhöhen. Wir wollen deshalb in unserem Finanzausgleich das schwere Problem lösen, daß wir die Realsteuern in eine Relation bringen zu den Zuschlägen zur Einkommensteuer. Die Realsteuern sollen ferner durch ein Rahmengesetz vereinheitlicht werden."

Das, was der Reichsfinanzminister in diesem Zusammenhang über das Problem sagt, die Realsteuern, in Form von Zuschlägen in eine Relation zur Einkommensteuer zu bringen, ist ein Gedanke, der schon im bayerischen Umlagengesetz vom Jahre 1910 verwirklicht war. Die Relation ist ein Gebot der Steuergerechtigkeit. Sie soll verhindern, daß die Ertragssteuerpflichtigen unverhältnismäßig schwerer als die nur Einkommensteuerpflichtigen belastet werden. Die Herstellung einer solchen gerechten Relation ist aber eigentlich nicht Sache des Reiches, sondern eine Landesaufgabe, wie keine andere. Immerhin kann das Reich eine *einheitliche* Durchführung gewährleisten.

Über das Reformwerk vom 14. August 1910 siehe Erdt, Bayerisches Steuerrecht (Einführung in das Staats- und Steuerrecht, Heft 21), Cassel 1926, und Ringelmann-Mühlfeld, Kommentar z. Bayr. Gewerbsteuergesetz vom 27. Juli 1921, Einleitung.

B. Die Reform von 1921.

Die durch die veränderte Finanzverfassung bedingte Reform der bayerischen Ertragssteuergesetze ist im Entwurf des Gewerbsteuergesetzes des Jahres 1921 (Beilage 1417 zu den Drucksachen des Bayerischen Landtags I. Tagung 1920/21) wie folgt geschildert und begründet:

„Die große Reichssteuer- und Finanzreform, mit der das Reich das gesamte Gebiet der Einkommen-, Kapitalien- und Vermögensbesteuerung an sich gerissen und den Ländern in §§ 8 und 9 LStG. vom 30. März 1920[1]) als spärlichen Rest der Steuerhoheit nur mehr die Erhebung von Extrasteuern vom Grundvermögen und Gewerbebetriebe zurückgelassen hat, macht es notwendig, die bestehenden Ertragssteuergesetze auf die Möglichkeit ihres unveränderten Fortbestandes oder aber auf das Erfordernis einer Umarbeitung einer Nachprüfung zu unterziehen.

Die Bayerische Staatsregierung stand von Anfang an und steht auch heute noch auf dem Standpunkte, daß es gleichmäßig im Interesse des Staates, wie auch der Steuerpflichtigen und insbesondere auch der nunmehr Reichsbehörden gewordenen Veranlagungsämter gelegen ist, in einem Zeitpunkt, in dem infolge Eingreifen des Reichs die gesamte Finanzorganisation in Fluß geraten ist, während gleichzeitig eine Flut neuer, umfangreicher und schwieriger Gesetze auf Ämter und Pflichtige einstürmt, die bestehenden Gesetze, soweit als nur irgend tunlich, unverändert zu erhalten und nur die notwendigsten Abänderungen zu treffen. Dabei muß aber zugleich im Auge behalten werden, daß nicht nur in § 7 LStG.[2]) den Ländern nahegelegt ist, die ihnen zur Verfügung stehenden Steuern nach Maßgabe ihres Steuerbedarfs auszunutzen, sondern daß eben dieser Steuerbedarf dazu zwingt, die Steuerkraft der Pflichtigen in einem bis in die neueste Zeit nicht gekannten und nicht einmal geahnten Maße in Anspruch zu nehmen.

Die Prüfung an der Hand dieser Grundsätze ergibt, daß die Grund- und Haussteuer im allgemeinen unverändert belassen werden kann und daß es nur nötig ist, die Erträgnisse dieser Steuern mindestens durch Stabilisierung der letztmals beschlossenen finanz-

---

[1]) Nunmehr §§ 8—11 FinAusglG.

[2]) Nunmehr § 7 FinAusglG.

gesetzlichen Zuschläge, d. i. durch eine dementsprechende Erhöhung des Steuerfußes dauernd zu heben.

Auch die Gewerbesteuer soll ihrem Wesen nach unverändert bleiben. Der GewSt. ist durch das Gesetz vom 14. August 1910 eine moderne Gestaltung gegeben worden, die sich seither durchaus bewährt hat. Insbesondere ist es allseits begrüßt worden, daß das Gesetz vom 14. August 1910 die GewSt. auch als Nebensteuer zur ESt. als eine Ertragssteuer vom Reinertrag aufrecht erhalten hat und daß demgemäß auch für die Ertragsteuer der Abzug der gewerblichen Schuldzinsen als Betriebsausgabe möglich blieb. Den Unterschied zwischen gewerblichen Schuldzinsen und sonstigen Schuldzinsen hat die bayerische Gesetzgebung von jeher festgehalten und im Gesetzgebungswerke von 1910 scharf herausgearbeitet dadurch, daß in Art. 12 Abs. I Ziff. 3 EStG.[1]) die „Schuldzinsen, die in einem Gewerbebetriebe anfallen", ausdrücklich als Betriebsausgaben d. i. als zur Erwerbung, Sicherung und Erhaltung der Roheinkünfte gemachte Aufwendungen anerkannt wurden, während die übrigen Schuldzinsen gemäß Art. 12 Abs. II Ziff. 1 a. a. O. lediglich als Verbrauchsausgaben zum Abzug an den gesamten Reineinkünften zugelassen wurden. Diese Unterscheidung hatte gemäß Art. 10 Abs. I GewStG. ohne weiteres ihre Rückwirkung auf die Feststellung des gewerblichen Ertrags.

Gemäß § 9 des Landessteuergesetzes vom 30. März 1920[2]) dürfen die Ertragssteuern nicht wie Einkommensteuern ausgestaltet werden. Besteuerungsmerkmale, die auf die Berücksichtigung der persönlichen Leistungsfähigkeit des Steuerpflichtigen abzielen, sollen nicht zugrunde gelegt werden. Die bayerische Staatsregierung ist der Anschauung, daß der Abzug der gewerblichen Schuldzinsen gegen diese Bestimmung des Landessteuergesetzes nicht verstößt. Denn die Zulassung des Schuldzinsenabzugs ist noch keineswegs eine einkommensteuerartige Ausgestaltung der GewSt. und bedeutet auch — abgesehen davon, daß der Satz 2 des § 9 nur eine Sollvorschrift darstellt — keine Berücksichtigung der persönlichen Leistungsfähigkeit, sondern lediglich eine Berücksichtigung der gewerblichen Leistungsfähigkeit des Gewerbebetriebs, der nach dem obersten Grundsatz in Art. 1 GewStG. den Gegenstand der Besteuerung bildet. Die bayerische Staatsregierung ist daher entschlossen, an dem Abzug der gewerblichen Schuldzinsen festzuhalten, wenn auch dieser Standpunkt seitens des Reichsfinanzministeriums im Hinblick auf die Verhandlungen bei der II. Lesung des LStG. in der Nationalversammlung (Nationalversammlung 1919/20 Sten. Ber. Seite 4736) nicht ohne Bedenken gelassen worden ist. Die erwähnten Verhandlungen sind nach Anschauung der bayerischen Staatsregierung nicht klar genug, die gesetzliche

[1]) Gemeint ist das bayerische vom August 1910.
[2]) Siehe nunmehr § 10 FinAusglG.

Unzulässigkeit des Schuldzinsenabzugs zu beweisen und es besteht daher keine zwingende Veranlassung, den Schuldzinsenabzug fallen zu lassen und eine Besteuerung nach dem Rohertrag anstelle des bisherigen Systems zu setzen, die ganz zweifellos einen bedauerlichen Rückschritt in der Entwicklung der gewerblichen Ertragsteuer in Bayern bedeuten würde.

Wenn demnach auch, wie erwähnt, an dem Wesen der bayerischen GewSt. eine Änderung nicht veranlaßt ist, so werden doch die sachlichen Bestimmungen des bisherigen GewStG. ebenso wie die formellen Bestimmungen über die Veranlagung nicht in allen Punkten unverändert bleiben können und zwar aus folgenden Gründen:

Die Bayerische Finanzverwaltung ist durch den Übergang der bisherigen Rentämter an das Reich der Veranlagungsbehörden beraubt worden und es wird — schon aus finanziellen Gründen — nicht möglich sein, neue Landesveranlagungsorgane zu schaffen; es muß vielmehr die Veranlagung der Ertragsteuern gemäß § 19 RAO. den Finanzämtern als den Veranlagungsorganen für die Reichssteuern übertragen werden. Daraus ergibt sich schon aus praktischen Gründen die notwendige Folge, die Gewerbesteuer zunächst in sachlicher Beziehung so zu gestalten, daß sie — wie bisher gleichzeitig mit der bayerischen ESt. — tunlichst gleichzeitig und ohne besondere Mühewaltung für Steuerpflichtige und Veranlagungsorgane mit der RESt. und der KörpschSt. veranlagt werden kann. Insbesondere müssen Veranlagungsgrundlage und Veranlagungsmaßstab tunlichst einheitlich sein. Die einzelnen hierdurch gebotenen Änderungen werden im besonderen Teil hervorgehoben werden. Aber auch die formellen Veranlagungsvorschriften müssen, soll eine gleichzeitige Veranlagung mit den Reichssteuern möglich sein, den für letztere geltenden Veranlagungsvorschriften angepaßt werden; daraus ergibt sich von selbst die Notwendigkeit, die einschlägigen Bestimmungen der RAO. auch für die Veranlagung der GewSt. als maßgebend zu erklären.

Da es sich nach den vorstehenden Darlegungen nicht um ein neues Gesetz, sondern nur um die Anpassung des bisherigen Gewerbesteuergesetzes an die neuen Verhältnisse handelt, ergab sich von selbst das Bestreben, soweit nur immer tunlich, die Fassung des bisherigen Gesetzes aufrecht zu erhalten. Wenn gleichwohl der gegenwärtige Entwurf an Umfang gegenüber dem bisherigen GewStG. erheblich zugenommen hat, so ist dies darauf zurückzuführen, daß die Bestimmungen über die Veranlagung, über die Rechtsmittel, die Steueränderungen, Steuernachholungen, dann die Strafbestimmungen und Kostenvorschriften, die in dem bisherigen GewStG. zumeist durch kurze Verweisungen auf das REStG. abgetan waren, nunmehr aus dem durch das REStG. gegenstandslos gewordenen bayerischen EStG. in den Entwurf —

— mit den veranlaßt erscheinenden Änderungen — herüber genommen werden mußten.

Was speziell das Rechtsmittelverfahren anlangt, so erscheint es der bayerischen Staatsregierung als geboten, schon im Interesse der Betonung der Landessteuerhoheit, aber auch aus materiellen Gründen nicht bloß die Oberberufungskommission als höchste Instanz in Landessteuersachen beizubehalten, sondern auch für das Berufungsverfahren wie bisher eigene Landesinstanzen in den bei den bayerischen Landesmittelstellen zu bildenden Berufungskommissionen aufrecht zu erhalten und von einer Übertragung des Rechtsmittelverfahrens an die bei den Landesfinanzämtern zu bildenden Finanzgerichte und an den Reichsfinanzhof Abstand zu nehmen."[1])

C. Die weitere Entwicklung in der Inflationszeit.

Das Gewerbsteuergesetz vom 17. Juli 1921 (GVBl. S. 413)[2]), das inhaltlich kein neues Gesetz ist, sondern lediglich eine Verarbeitung des bisherigen Gewerbsteuergesetzes, das durch die Reform von 1910 schon eine moderne Gestaltung erfahren hatte — vgl. auch Vollzugsbekanntmachung vom 18. Januar 1922 (GVBl. S. 19) —, mußte infolge der durch die Inflation eingetretenen Entwertung der Mark den geänderten Zeit- und Geldentwertungsverhältnissen angepaßt werden, was durch das Änderungsgesetz vom 18. Juli 1923 (GVBl. S. 238) erfolgte. Hiezu erging eine Vollzugsbekanntmachung vom 21. August 1923 (GVBl. S. 290).

Die Inflation machte eine ordnungsmäßige Veranlagung der bayerischen Gewerbsteuer, ebenso wie dies auch bei der Reichseinkommen- und Körperschaftssteuer der Fall war, vollkommen unmöglich. Die notwendigen Vereinfachungen brachte die Verordnung über die vereinfachte Veranlagung und Erhebung der Gewerbsteuer für die Rechnungsjahre 1922 und 1923 (GVBl. 1924 S. 135).

D. Die Gestaltung seit der Stabilisierung.

Die gegen Ende des Jahres 1923 mit aller Energie in Angriff genommene und durchgeführte Stabilisierung der Mark zeigte nach Einstellung der Notenpresse für Reich und Länder die unabweisbare Notwendigkeit, auf das schnellste für die Be-

[1]) Nunmehr geändert s. Bek. § 37 XVII, Fußnote zu Art. 27 S. 145 und Anm. 8 zu Art. 30 S. 154.

[2]) Es ist mit Wirkung vom 1. Juli 1920 auch in den Landesteilen des ehemaligen Freistaates Coburg in Kraft getreten.

schaffung der zur Fortführung der öffentlichen Haushalte erforderlichen Mittel Sorge zu tragen. Bei dem durch die Inflation bewirkten Verluste der früher zur Verfügung gestandenen staatlichen Betriebsmittel kam für die Deckung des Staatsbedarfs in erster Linie die rasche Einbringung der Steuern im Wege der gesetzlich zulässigen Anforderung von Steuervorauszahlungen in Betracht. Da aber mangels einer Steuerveranlagung für 1923 die Grundlage für die Vorauszahlungen für 1924 fehlte, mußte eine andere Grundlage geschaffen werden. Dies ist für die Einkommen- und Körperschaftssteuer durch die 2. Steuernotverordnung vom 19. Dezember 1923 (RGBl. Teil I S. 1205 ff.), für die bayerische Gewerbsteuer durch die Verordnung des Gesamtministeriums vom 5. Mai 1924 über die Entrichtung der Gewerbsteuer im Rechnungsjahr 1924 (GVBl. S. 154 ff.) — für das 3. und 4. Viertel des Rechnungsjahres 1923 waren besondere Bestimmungen getroffen — geschehen. Die näheren Einzelheiten sind in der Vollzugsbekanntmachung vom 5. Mai 1924 (Bayer. Staatsanzeiger vom 6. Mai 1924 Nr. 105) geregelt. Danach waren unter Zugrundelegung des Vorauszahlungssystems, wie es für die Reichssteuern eingeführt war, als Vorauszahlungen auf die Gewerbsteuer zwei Zehnteile des Betrages zu entrichten, der für Einkommen aus Gewerbebetrieb in Bayern von den natürlichen und juristischen Personen als Vorauszahlung auf die Reichseinkommen- oder Körperschaftssteuer zu entrichten war. Zu diesen Vorauszahlungen wurde zur Deckung des dringenden allgemeinen Staatsbedarfs ein Zuschlag von 100% erhoben. Die Erhebung von Umlagen (Kreis-, Bezirks-, Gemeinde- und Kirchenumlagen) aus dem Zuschlag war unzulässig. Es muß anerkannt werden, daß eine andere Berechnungsart für die Vorauszahlungen auf die Gewerbsteuer für das Rechnungsjahr 1924 unter den gegebenen Verhältnissen schwer hätte gefunden werden können. War aber schon die Vorauszahlung auf die Einkommen- und Körperschaftssteuer nach einem ganz rohen System festgesetzt, so mußte natürlich jede neue Steuer, die auf dem Ergebnis jener Veranlagung fußte, Mängel in noch größerem Maße zeigen. Die Vorauszahlungen wurden nicht vom Reinertrag, nicht einmal vom Rohertrag, sondern lediglich nach dem Umsatz berechnet. Die Steuer wurde erhoben ohne Rücksicht auf die tatsächliche Leistungsfähigkeit des Betriebes, ohne Rücksicht darauf, ob der Gewerbebetrieb mit Gewinn oder Verlust gearbeitet hatte. Man hat sich eben auch hier wie für die Reichseinkommensteuer auf den Standpunkt gestellt, daß das

Jahr 1924 ein Notjahr gewesen sei und in ihm müßten ebenso wie andere Steuern auch die Gewerbesteuervorauszahlungen zum Teil aus der Substanz geleistet werden.

Durch das „Gesetz über die endgültige Regelung der Gewerbsteuer für das Rechnungsjahr 1924 und der hieraus zu entrichtenden Umlagen, dann über die Erhebung der Gewerbsteuervorauszahlungen im Rechnungsjahr 1925“ vom 16. Juli 1925, in Kraft getreten am 25. Juli 1925 (GVBl. S. 198), wurden die Gewerbsteuervorauszahlungen 1924 nach dem gleichen Grundsatz in die endgültige Regelung übergeführt wie beim Reich die Vorauszahlungen auf die Einkommen- und Körperschaftssteuer für Einkommen aus Gewerbebetrieb. Geleistete Vorauszahlungen auf die Gewerbsteuer galten sonach als Ablösung der Gewerbsteuer für das Rechnungsjahr 1924.

Die Vollzugsvorschriften vom 30. Juli 1925 sind im Gesetz- und Verordnungsblatt S. 226 veröffentlicht.

Die reichsrechtliche Regelung für Verzugszuschläge, Verzugszinsen und Stundungszinsen wurde für die bayerischen Landessteuern und somit auch für das Gewerbsteuergesetz übernommen. Auch die Mahn- und Vollstreckungsgebühren werden nach den für die Beitreibung von Reichssteuern geltenden Vorschriften berechnet. Bek. über Verz.-Zuschl. vom 19. Okt. 1925 (GVBl. S. 261) — Bek. über Verzugszinsen und Stundungszinsen vom 25. Juli 1926 (GVBl. S. 382) — Bek. über d. Erh. von Mahn- u. Vollstr.-Geb. vom 27. Nov. 1925 (GVBl. S. 268) und früher.

Das System der Steuervorauszahlungen, das sich mangels einer anderen geeigneten Erhebungsgrundlage und zur tunlichsten Vereinfachung der Berechnung der Vorauszahlungen im Interesse der Steuerpflichtigen und der Finanzämter auf das engste an die reichsrechtliche Regelung der Einkommen- und Körperschaftssteuervorauszahlungen anschließen mußte, wurde wie im Reiche auch für die Zeit nach erfolgter Stabilisierung der Währung vorerst noch beibehalten. Vgl. MBek. vom 10. Juni 1925 (GVBl. S. 158) und Gesetz vom 16. Juli 1925 (GVBl. S. 198).

Die Vorauszahlungstermine wurden auf vier beschränkt. Für sämtliche Gewerbetreibende wurden bezüglich der nach dem 1. Juli 1925 liegenden Vorauszahlungsabschnitte vierteljährliche Vorauszahlungen eingeführt. Zu berücksichtigen war, daß Milderungen der Einkommen- und Körperschaftssteuervorauszahlungen für 1925 auf Grund des Steuerüberleitungsgesetzes vom 29. Mai 1925 (RGBl. Teil I S. 75) ohne weiteres auch eine entsprechende Ermäßigung der Gewerbesteuervorauszahlungen für das Rechnungsjahr 1925 nach sich zogen.

Die Erhebung der Gewerbesteuervorauszahlungen im Kalenderjahr 1926 nach den bisherigen Vorschriften ist geregelt durch die Verordnung über den vorläufigen Haushaltsplan für 1926 vom 27. März 1926 (GVBl. S. 277), das Finanzgesetz für das Haushaltsjahr 1926 vom 9. Juli 1926 (GVBl. S. 355), Bekanntmachung vom 9. Juli (GVBl. S. 354).

Nach diesen Bestimmungen ist die Erhebung der Gewerbsteuervorauszahlungen bis zu dem Zeitpunkt, an dem den Steuerpflichtigen der Bescheid über die Gewerbsteuerveranlagung für das Kalenderjahr 1925 oder die im Kalenderjahr 1925 endenden Wirtschaftsjahre zugestellt wird, wie folgt geregelt:

1. Die Errechnung der Gewerbsteuervorauszahlungen aus der gleichzeitigen Einkommensteuervorauszahlung ist dann vorzunehmen, wenn kein Einkommensteuerbescheid zugestellt ist. Dies war bei allen Steuerpflichtigen hinsichtlich der Aprilvorauszahlung und hinsichtlich der Julivorauszahlung bei einem Teil der Steuerpflichtigen der Fall.

2. Wird dagegen die Einkommensteuervorauszahlung auf Grund des vorläufigen oder endgültigen Einkommensteuerbescheides entrichtet, so ist als Vorauszahlung auf die Gewerbsteuer der gleiche Betrag wie im April dieses Jahres zu entrichten.

Bei Härten, die sich hieraus ergeben, konnten die Finanzämter auf Antrag die Vorauszahlungen bis zur Zustellung des Gewerbsteuerbescheides für 1925 ganz oder teilweise stunden. Für die etwaige Teilzahlung bildet die aus dem Steuerbescheid oder aus der Steuererklärung sich ergebende Höhe des gewerblichen Einkommens für 1925 einen Anhaltspunkt. Das gleiche gilt sinngemäß für die Gewerbsteuervorauszahlung der Körperschaften.

E. Der Gesetzentwurf 1926[1]).

Der Staatsminister der Finanzen, Dr. Krausneck, ließ unterm 26. April 1926 dem Landtag einen Entwurf eines Ge-

---

[1]) Zur Kritik vgl. den Artikel des Verfassers: „Zur Neuregelung der bayer. Gewerbsteuer. Die Forderungen der Industrie, des Handels und des Gewerbes", erschienen in der Bayer. Staatszeitung Nr. 132 vom 12. Juni 1926, weiter die Eingabe des Bayer. Industriellen-Verbandes um Änderung und Ergänzung

setzes zur Änderung des Gewerbsteuergesetzes vom 27. Juli 1921 i. d. Fass. d. Gesetzes vom 18. Juli 1923 (Beilage 2048) zugehen, inhaltlich dessen erstmals für das Rechnungsjahr 1925 zur ordnungsmäßigen Veranlagung der Gewerbsteuer überzugehen ist. Aus der allgemeinen Begründung des Gesetzentwurfs sei entnommen:

Die nunmehr erfolgte Festigung der Währung und der Wiedereintritt stabilerer Verhältnisse ermöglichen es nunmehr, und zwar wie bereits in Art. 7 Abs. I des Gesetzes vom 16. Juli 1925 in Aussicht gestellt ist, erstmals für das Rechnungsjahr 1925 wieder zur ordnungsmäßigen Veranlagung der Gewerbsteuer überzugehen. Dieser Übergang kann jedoch nicht ohne vorherige Änderung der bestehenden Gewerbsteuergesetzgebung vollzogen werden.

Das Reich hat den Übergang von der Periode der Vorauszahlungen zum Wiederbeginn der regulären Veranlagung durch ein umfangreiches Gesetzgebungswerk, die Steuergesetze vom 10. August 1925 eingeleitet, durch welche insbesondere auch die Einkommensteuer und die Körperschaftssteuer sowohl in formeller wie in sachlicher Beziehung in ein zum großen Teil neues Gewand gekleidet wurden. Da das bayerische Gewerbsteuergesetz vom 27. Juni[1]) 1921 bezüglich der Ertragsbemessung einen möglichst engen Anschluß an das Reichseinkommen- und das Körperschaftsteuergesetz gesucht hat, ergab sich schon hieraus die Notwendigkeit einer Nachprüfung des bestehenden Gesetzes auf seine Änderungsbedürftigkeit.

Die Nachprüfung hat die Staatsregierung zunächst davon überzeugt, daß keine Veranlassung besteht an den Grundlagen des bisherigen Gesetzes, das sich bewährt hat, zu rütteln. Insbesondere erscheint es nicht als veranlaßt an der Zweiteilung der Gewerbsteuer in eine Steuer vom gewerblichen Betriebsvermögen (Betriebskapitalsanlage) und eine Steuer vom gewerblichen Ertrag (Ertragsanlage) eine Änderung eintreten zu lassen. Beide Teile ergänzen sich in angemessener Weise dergestalt, daß kapitalkräftigere Betriebe, auch wenn sie zeitweilig einen geringeren Ertrag abwerfen, nach Maßgabe ihrer auf der Größe des Betriebsvermögens beruhenden größeren Leistungsfähigkeit durch die Betriebskapitalsanlage zur Steuer für die Allgemeinheit stärker herangezogen werden, während Betriebe mit kleinerem Betriebskapital, aber schnellem und großem Umsatz und großem Ertrag

---

des Gewerbsteuergesetzentwurfs (Bay. Ind.- u. Handelsztg. Heft 19 vom 11. Mai 1926); Denkschrift des Verbandes Pfälz. Industrieller (Pfälzische Wirtschaftszeitung Nr. 21 vom 30. Mai 1926). Siehe auch Landtagsdrucksache Nr. 2215.

[1]) Druckfehler: Juli.

vornehmlich durch die Ertragsanlage getroffen werden, so daß auf diese Weise auf jedes Gewerbe die seiner wirtschaftlichen Bedeutung entsprechende Gesamtsteuer entfällt. Eine weitere Besteuerungsgrundlage in Gestalt der Bezüge der Angestellten und Arbeiter — sogen. Lohnsummensteuer — in das Gesetz mit aufzunehmen, glaubte die Staatsregierung nicht in Vorschlag bringen zu sollen. Abgesehen davon, daß die Lohnsummensteuer sich während der kurzen Zeit ihrer Anwendung reichlich unbeliebt gemacht hat, gehört sie zu jenen Steuern, die auf einer ziemlich rohen Grundlage beruhen und in ihren Wirkungen zu großen Ungleichheiten führen, indem Betriebsgruppen, die mit größerem Personal zu arbeiten gezwungen sind, wie insbesondere die Industrie, ohne Rücksicht auf das Erträgnis vorweg belastet werden gegenüber solchen, die auch bei günstigeren Betriebsergebnissen mit einem verhältnismäßig geringeren Personal auskommen. Aber auch innerhalb der gleichen Gruppen sind solche Ungleichheiten unvermeidlich, indem Betriebe, die vornehmlich auf Qualitätsarbeit sich verlegen und daher höhere Löhne bezahlen müssen, verhältnismäßig stärker belastet werden als Betriebe, die an ihre Arbeiter besondere Anforderungen in Bezug auf Ausbildung für Qualitätsarbeit zu stellen nicht genötigt sind.

Unter diesen Umständen glaubte die Staatsregierung von einer vollständig neuen Bearbeitung des Gewerbsteuergesetzes absehen und nur die derzeit als erforderlich erachteten Änderungen des bestehenden Gesetzes vorschlagen zu sollen. Die Änderungen erstrecken sich im wesentlichen auf folgende Punkte:

1. Die möglichste Angleichung an die Bestimmungen des Einkommen- und des Körperschaftsteuergesetzes, die, wie oben erwähnt, schon bisher im Auge behalten war, war mit Rücksicht auf die Reichsgesetzgebung vom 10. August 1925 noch weiter durchzuführen. Diese Angleichung liegt ebenso im Interesse der Veranlagungsämter — als solche können nach wie vor nur die Reichsfinanzämter in Betracht kommen —, für welche das Bestehen tunlichst einheitlicher Vorschriften eine erhebliche Förderung des Veranlagungsgeschäfts bedeutet, wie auch im Interesse der Pflichtigen, die die Gleichheit der Vorschriften als eine sehr erhebliche Erleichterung bei der Erfüllung ihrer gesetzlichen Verpflichtungen empfinden. Eine der wesentlichsten Änderungen des Einkommensteuergesetzes vom 10. Aug. 1925 gegenüber dem bisherigen Rechtszustand besteht in der Loslösung der Veranlagung von einem gleichmäßigen Zeitabschnitt für alle Steuerpflichtigen und dessen Ersetzung durch den „Steuerabschnitt" (§§ 10, 25 des Einkommensteuergesetzes, §§ 12, 13 des Körperschaftssteuergesetzes) mit der Folge der Trennung der Veranlagung in eine Frühjahrs- und und eine Herbstveranlagung je nach Maßgabe des Wirtschaftsjahres des einzelnen Steuerpflichtigen. Es erscheint als ge-

boten auch für die Gewerbsteuer, welche bisher jeweils für das Rechnungsjahr veranlagt wurde, das System der Veranlagung für den Steuerabschnitt zu übernehmen, weil durch die Beibehaltung des bisherigen Veranlagungsmodus bei dem engen Anschluß der Gewerbsteuer an die Einkommen- und Körperschaftsteuer im übrigen den veranlagenden Finanzämtern und den Steuerpflichtigen eine nicht unbedeutende, aber vermeidbare Arbeitserschwerung entstünde. Es haben sich denn auch die beteiligten Wirtschaftskreise unbedingt für die Übernahme des neuen Systems der Steuerabschnitte ausgesprochen.

2. Das Reichsbewertungsgesetz vom 10. August 1925 (RGBl. Teil I Seite 214) hat in die Steuergesetzgebung den bisher unbekannten Grundsatz hineingetragen, daß die Vermögensbewertung für Steuern. die nach dem Merkmal des Wertes einzelner Vermögensarten erhoben werden, für Reich, Länder und Gemeinden eine einheitliche sein muß. Nach § 1 des Gesetzes haben die Länder und Gemeinden, die solche Steuern erheben, diesen Steuern (Einheitswertsteuern) die nach den Vorschriften des Reichsbewertungsgesetzes festgestellten Werte (Einheitswerte) zugrunde zu legen. Zu dem Vermögen im Sinne des Reichsbewertungsgesetzes gehört nach ausdrücklicher Vorschrift in § 2 Nr. 2 des Gesetzes auch das gewerbliche Betriebsvermögen. Da die Betriebskapitalsanlage den Wert des gewerblichen Betriebskapitals zum Maßstab nimmt und dieser Bestandteil der Gewerbsteuer, wie oben ausgeführt, auch für die Folge nicht entbehrt werden kann, ist die bayerische Gewerbsteuer in diesem Teile zu einer Einheitswertsteuer im Sinne des Reichsbewertungsgesetzes geworden. Daraus ergibt sich zwangsläufig der Anschluß der Bestimmungen über die Bemessung des Wertes des gewerblichen Betriebskapitals an die Bestimmungen des Reichsbewertungsgesetzes.

3. Unabweisbares Erfordernis für die Wiederermöglichung einer ordnungsmäßigen Veranlagung der Gewerbsteuer ist des weiteren eine Änderung des Steuertarifs. Der zurzeit noch formell in Geltung befindliche Tarif nach dem Änderungsgesetz vom 18. Juli 1923, der die unterste Stufe der Betriebskapitalsanlage bis zum Werte des steuerbaren gewerblichen Betriebskapitals von 150 000 Mk. und die unterste Stufe der Ertragsanlage bis zu einem steuerbaren gewerblichen Reinertrag von 100,000 Mk. erstreckt und auch im übrigen weit gedehnte Stufen ausweist, ist ganz auf die Inflationsverhältnisse der Zeit seiner Entstehung zugeschnitten und daher selbstverständlich nicht mehr verwendbar. Die Aufstellung eines neuen Tarifs begegnete um deswillen außergewöhnlichen Schwierigkeiten, weil für eine verlässige Schätzung des

Ergebnisses genügende Unterlagen nicht vorhanden sind. Auf die Ergebnisse der Vorkriegszeit zurückzugreifen, war schon deshalb nicht möglich, weil — ganz abgesehen von der in der langen Zwischenzeit eingetretenen weitreichenden Änderung der Verhältnisse — der in der Friedenszeit angewendete Tarif nach dem Gewerbsteuergesetz vom 14. August 1910 als Stufentarif mit festen Steuersätzen für jede Steuerstufe aufgebaut war, dieses System aber im Gesetz vom 27. Juli 1921 durch einen Staffeltarif mit Durchstaffelung (sogen. Anstoßsystem) ersetzt worden ist, wodurch eine Vergleichung der Ergebnisse von vornherein ausgeschlossen war. Die Ergebnisse der Vorauszahlungen der letzten Jahre mußten als Schätzungsgrundlage für die Tarifaufstellung um deswillen gleichfalls ohne weiteres ausscheiden, weil die Vorauszahlungen für 1924 bekanntlich nicht auf dem gewerblichen Ertrag, sondern in der Hauptsache auf dem Umsatz beruhten, während die Vorauszahlungen für das Rechnungsjahr 1923 an die Gewerbsteuerveranlagung für 1922 anknüpften, deren Ergebnisse wiederum als Ergebnisse der Zeit des Beginns der Hauptinflationsperiode als verwendbare Grundlage für die Aufstellung eines in der Gegenwart dienlichen Tarifs nicht in Betracht kommen konnten. Statistische Feststellungen stehen für die letzten Jahre nicht zur Verfügung.

Unter diesen Umständen blieb kein anderer Weg übrig, als bei der Ertragsanlage auf das Ergebnis der Veranlagung für das Rechnungsjahr 1920 als der ersten Veranlagung nach dem Gesetz vom 27. Juli 1921, die auch von der Geldentwertung noch am wenigsten berührt war, zurückzugreifen, wobei statistische Erhebungen des Reiches über die Höhe der gewerblichen Einkünfte in diesem Jahre als Behelf mit herangezogen werden konnten, während für die Betriebskapitalsanlage Ziffern über die Höhe des Betriebsvermögens zur Vermögenssteuerveranlagung 1924 zu Gebote standen. Auf Grund des Ergebnisses der angestellten eingehenden Berechnungen, bei denen, wie bei der Lückenhaftigkeit des Materials und insbesondere dem Mangel einer entsprechenden Steuerstatistik von selbst verständlich, eine Reihe von unvermeidlichen und nicht zu beseitigenden Fehlerquellen mit unterlaufen, gelangte die Staatsregierung zu der Überzeugung, daß es am zweckmäßigsten ist, im wesentlichen den Tarif nach dem Gesetze vom 27. Juli 1921 wieder aufzunehmen und entsprechend auszubauen.

4. Einige weitere Änderungen sind insbesondere bezüglich der Bestimmungen über die gewerbsteuerfreien Betriebe im Hinblick auf die Vorschriften des Gegenseitigkeits-Besteuerungsgesetzes in Verbindung mit dem Körperschaftssteuergesetz vom 10. August 1925 veranlaßt.

Der Gesetzentwurf wurde im Staatshaushaltsausschuß des Landtags in den Sitzungen vom 24., 25. Juni, 2. Juli in erster und zweiter Lesung beraten. Berichterstatter wurde Abgeordneter Dr. Probst (B.V.P.), Mitberichterstatter war Abgeordneter Ackermann (Soz.).

In der öffentlichen Sitzung des Landtags vom 9. Juli 1926 fand der Entwurf in der Fassung der Anträge des Ausschusses für den Staatshaushalt die Zustimmung (Bayerischer Landtag III. Tagung 1925/26, Beilagen 2048, 2215, 2278, Stenographischer Bericht 129).

F. Das Gewerbsteuergesetz vom 9. Juli 1926.

Das Gesetz wurde vollständig neu gefaßt[1]. Es umfaßt 69 Gesetzesartikel, die in 10 Abschnitte eingeteilt sind. Es behandelt:

Abschnitt I: Steuerobjekt und Steuerpflicht, Art. 1—5.
" II: Veranlagungsmaßstab, Steuertarif und Steuerermäßigungen, Art. 6—12.
" III: Veranlagung der Steuer, Art. 13—22.
" IV: Rechtsmittel, Art. 23—44.
" V: Steuerlisten, Art. 45.
" VI: Vorauszahlungen und Abschlußzahlung. Zugänge und Abgänge von Gewerben, Art. 46—47.
" VII: Steuernachholungen, Art. 48.
" VIII: Strafbestimmungen, Art. 49—57.
" IX: Kosten des Verfahren, Art. 58—61.
" X: Allgemeine Vorschriften, Schluß- und Übergangsbestimmungen, Art. 62—69.

II. Die übrigen Ertragssteuern des Landes und die sich hieraus errechnenden Umlagen.

Die Ertragssteuern des Landes, also
Grundsteuer (GVBl. 1910 S. 1030; 1921 S. 411; 1923 S. 237, 414),
Haussteuer (GVBl. 1918 S. 858; 1919 S. 564; 1921 S. 412; 1923 S. 236, 414; 1926 S. 383, 417),
Gewerbsteuer,
Steuer vom Gewerbbetrieb im Umherziehen (GVBl. 1921 S. 439; 1924 S. 1),

[1] S. Art. XX II des AbändG. vom 9. Juli 1926 S. 247. Die Neuredaktion wurde veröffentlicht im GVBl. 1926 S. 388 ff. Hiezu Bekanntmachung vom 27. August 1926 zum Vollzuge des Gewerbsteuergesetzes vom 9. Juli 1926 GVBl. 1926 S. 420 ff.

unterliegen auch noch dem Zugriff der Gemeinden, Ortschaften, Bezirke und Kreise durch Erhebung von Umlagen. Die nach einem einheitlichen Hundertsatze zu bemessenden Umlagen dürfen in den Gemeinden 400 v. H., in den Kreisen 50 v. H. dieser Steuern nicht übersteigen. Ortsumlagen sind nur insoweit statthaft, als die Gemeindeumlagen hinter den Höchstsätzen zurückbleiben. Staatszuschläge zu den Ertragssteuern sind nicht umlagenfähig.

a) Grund und Boden.

1. Vgl. Bayer. Gesetz zum Vollz. des FinAG. vom 30. April 1924 (GVBl. S. 156) Art. 3 mit Bekanntmachung der Bayer. Staatsministerien der Justiz, des Innern und der Finanzen betr. Zuwachssteuer vom 6. Febr. 1926 (GVBl. S. 206) und Art. 4 (Grundwertabgabe), hiezu Bekanntmachung über die Erhebung einer Grundwertabgabe vom 17. Sept. 1921 (GVBl. S. 468).

2. Umlagen zur Grundsteuer (Ges. z. Vollz. d. FinAG. Art. 7). Für die Umlagen zur Grundsteuer gilt die Besonderheit, daß der Hundertsatz um die Hälfte erhöht werden kann, er darf aber keinesfalls niedriger sein als der Hundertsatz zu den anderen Ertragssteuern.

b) Häuser.

Umlagen zur Haussteuer (Ges. z. Vollz. d. FinAG. Art. 7).

c) Gewerbebetrieb.

1. Das Warenhaussteuergesetz vom 14. Aug. 1910 (GVBl. S. 597) ist, da es den Umsatz der Warenhäuser besteuerte, im Hinblick auf § 44 Reichsumsatzsteuergesetz vom 24. Dez. 1919 mit Wirkung vom 1. Jan. 1920 außer Kraft getreten. Nunmehr räumt Art. 5 Vollz. z. FinAG. den Gemeinden das Recht ein, auch weiterhin eine Warenhaussteuer zu erheben, die sich jedoch nicht nach dem Umsatz berechnet, sondern in Zuschlägen zu der Gewerbsteuer besteht. Von diesen Zuschlägen können Umlagen nicht erhoben werden. Die Einführung der Steuer liegt jetzt im freien Ermessen der Gemeinden.

2. Umlagen zur Gewerbsteuer (Ges. z. Vollz. d. FinAG. Art. 7). Wichtig ist die Bestimmung, daß Steuernachlässe die entsprechende Minderung oder Aufhebung der Gemeindeumlagenpflicht bewirken (Ges. z. Vollz. d. FinAG. Art. 8).

d) Hausiersteuer.

Umlagen hiezu (Ges. z. Vollz. d. FinAG. Art. 7).

Bekanntmachung des Wortlautes des Gewerbsteuergesetzes vom 9. Juli 1926.

Staatsministerium der Finanzen.

Auf Grund des Art. XX Abs. II des Gesetzes vom Juli 1926 zur Änderung des Gewerbsteuergesetzes vom 27. Juli 1921 in der Fassung des Gesetzes vom 18. Juli 1923 (GVBl. S. 375) wird das Gewerbsteuergesetz in der neuen Fassung nachstehend veröffentlicht. Hierbei wird ferner auf Art. XIX des Änderungsgesetzes v. 9. Juli 1926*) hingewiesen.

München, den 10. August 1926.

Dr. Krausneck.

Gewerbsteuergesetz.

Der Landtag des Freistaates Bayern hat folgendes Gesetz beschlossen:

I. Steuerobjekt und Steuerpflicht.

Art. 1.

Gegenstand der Besteuerung. (Steuerobjekt).

I Der Gewerbsteuer unterliegen die in Bayern[1]) betriebenen Gewerbe[2]) einschließlich des Bergbaues und der auf Ausbeutung von Steinbrüchen und Gewinnung von Kalk, Zement, Ton u. dgl. gerichteten Unternehmungen[3]).

II Unter dieses Gesetz fallen nicht:

*) Abgedruckt S. 208.

1. die Land- und die Forstwirtschaft, die Jagd, die Fischerei, der Obst-, der Wein- und der Gartenbau [4]), soweit sich diese Erwerbszweige auf die Gewinnung der Erzeugnisse und deren Verwertung in rohem Zustand oder nach einer Verarbeitung beschränken, die in dem Bereiche solcher Wirtschaftsbetriebe liegt, ferner der Branntweinbrennerei im Nebenbetriebe der Landwirtschaft,
2. die im Umherziehen betriebenen Gewerbe und die Wanderlagerbetriebe, soweit deren Besteuerung gesondert geregelt ist [5]),
3. die vom Reich, von der Deutschen Reichsbahngesellschaft und vom Staate betriebenen Verkehrsanstalten [6]).

Bek. § 1.

(Zu Art. 1.)

Steuerobjekt.

I *Der Gewerbsteuer unterliegen gemäß Art. 1 Abs. I nur die in Bayern betriebenen Gewerbe. Erträge aus Gewerben, die nicht in Bayern betrieben werden, sowie gewerbliches Betriebskapital, das nicht einer in Bayern gelegenen Betriebsstätte gewidmet ist, unterliegen nicht der Gewerbsteuer. Die Frage, ob ein Gewerbe in Bayern betrieben wird oder nicht, ist nach der Gewerbeordnung und insbesondere, soweit es sich um die Abgrenzung gegenüber anderen deutschen Ländern handelt, nach § 11 des Gesetzes über den Finanzausgleich zwischen Reich, Ländern und Gemeinden (Finanzausgleichsgesetz) in der Fassung vom 27. April 1926 (RGBl. I S. 203) zu beurteilen. Dortselbst (§ 11 Abs. 2) ist auch der Begriff der Betriebsstätte des näheren umschrieben. Die Begriffsbestimmung ist, wie in der Begründung des Entwurfs zum Landessteuergesetz vom 30. März 1920 (Reichsratsdrucksache Nr. 233 Tagung 1919 S. 28) bemerkt ist, „der bewährten Vorschrift des Doppelsteuergesetzes vom 22. März 1909 entnommen". Der Umstand, daß im § 11 Abs. 2 des Finanzausgleichsgesetzes die „Niederlagen" nicht mehr unter den Betriebsstätten ausdrücklich erwähnt sind, berechtigt daher noch nicht zu dem Schlusse, daß sie nicht als Betriebsstätten zu gelten hätten. Wegen der Betriebsstätten zu vgl. auch die Ausführungen im § 1 Abs. I der Vollzugsvorschriften vom 28. Mai 1911 zum Gewerbsteuergesetz vom 14. August 1910 (GVBl. 1911 S. 673). Befinden sich Betriebsstätten desselben gewerblichen Unternehmens in mehreren Ländern, so darf nach § 11 Abs. 3 des Finanzausgleichsgesetzes die Heranziehung in jedem Lande nur anteilig erfolgen. Für die Bemessung der Anteile selbst enthält das Finanzausgleichsgesetz keine Vorschriften. Die §§ 27 und 28 des Finanzausgleichsgesetzes gelten nur für die Ausscheidung der Einkommensteuer und Körperschaftsteuer auf mehrere Länder und Gemeinden, nicht aber für die von den Ländern zu erhebenden Grund- und Gewerbsteuern. Diese Bestimmungen können wohl Anhaltspunkte bieten, es ist aber auch die Verwendung anderer geeigneter Maßstäbe keineswegs ausgeschlossen. Jedenfalls ist für das Land, wenn sich in Bayern die Leitung des Gesamtbetriebs befindet, ein Voraus in Anspruch zu nehmen. Für die Ausscheidung des gewerblichen Betriebskapitals auf die einzelnen beteiligten Länder sind bis zum Erlaß von Bestimmungen über die Zerlegung der Einheitswerte für die Einheitswertsteuern der Länder und Gemeinden nach Maßgabe des § 86 Abs. 2 Nr. 2 RBewG. gleichfalls die bisherigen Grundsätze für die Ausscheidung anzuwenden. Hienach ist entscheidend, ob der Gegenstand einem Gewerbebetrieb in Bayern gewidmet ist (zu vgl. Mitteilungen der Oberberufungskommission Band XV S. 210 und die Ausführungen im § 1 Abs. 1 der VV. z. GewStG. vom 28. Mai 1911.[1])*

II *Das Gesetz hat sich ebenso wie das frühere und wie verschiedene außerbayerische und Reichsgesetze einer Begriffsbestimmung für den Gewerbebetrieb enthalten. Der Begriff des Gewerbes ist daher aus der Entwicklung der Steuergesetzgebung in Bayern und der sonst gebräuchlichen, insbesondere aus der Gewerbeordnung und dem Handelsgesetzbuch sich ergebenden Auffassung zu entnehmen. Darnach ist „Gewerbe" jede selbständige Berufs- oder Erwerbsart, die eine Beteiligung am allgemeinen wirtschaftlichen Verkehr darstellt, soweit nicht das Gesetz selbst Ausnahmen aufstellt und soweit nicht Erwerbsarten in Frage kommen, die im öffentlichen Dienst und in den sogen. freien Berufen ausgeübt werden. Wegen der hierbei vorkommenden Grenzfälle und Besonderheiten zu vgl. § 1 Abs. II der VV. z. GewStG. vom 28. Mai 1911.[2]) In der vorstehenden Begriffsbestimmung ist das seither (zu vgl. § 1 Abs. III der Vollzugsvorschriften vom 18. Januar 1922, GVBl. S. 19) aufgeführte Merkmal des „Erlaubtseins" der Erwerbsart fallen gelassen, weil sich die Rechtsprechung mehr und mehr gegen dieses Erfordernis gewendet hat (zu vgl. insbesondere RFinHof Bd. 8 S. 141/142). Die Beurteilung, ob und inwieweit ein nicht zu den „erlaubten" Erwerbsarten zählender Betrieb zur Gewerbsteuer herangezogen werden kann, bleibt der Praxis und der Rechtsprechung vorbehalten. Der objektive Begriff des „Ge-*

---

1) Siehe unten S. 25.
2) Siehe unten S. 27.

werbes" bedingt aber noch nicht immer im Einzelfalle das Vorhandensein eines „Gewerbebetriebs". Für ihn muß noch subjektiv die Voraussetzung hinzutreten, daß die ihrer Natur nach gewerbliche Tätigkeit auch gewerbsmäßig, d. h. fortgesetzt und mit der Absicht des Erwerbes (Gewinnerzielung) ausgeübt wird. Eine solche Erwerbsabsicht besteht nicht bei den staatlichen Theaterbetrieben, die in der Begründung des Entwurfs des Gewerbsteuergesetzes vom 27. Juli 1921 (Verh. des bayer. Landtags 1920/21 Beil. 1417 S. 14) als der Gewinnabsicht entbehrend besonders hervorgehoben worden sind unter dem Beifügen, daß lediglich mit Rücksicht auf die klare Sach- und Rechtslage der Gesetzgeber davon Abstand genommen habe, die staatlichen Theaterbetriebe im Art. 1 Abs. II ausdrücklich als nicht unter das Gewerbsteuergesetz fallend aufzuführen. Folge dieses Rechtsstandpunkts ist, daß die staatlichen Theaterbetriebe auch keiner vormerkungsweisen Veranlagung zum Zweck der Umlagenerhebung nach Art. 3 Abs. II unterliegen.

III *Nach Art. 1 Abs. II Ziff. 1 fällt die Land- und die Forstwirtschaft, die Jagd, die Fischerei, der Obst-, der Wein- und der Gartenbau grundsätzlich nicht unter das Gewerbsteuergesetz, soweit sich diese Erwerbszweige auf die Gewinnung der Erzeugnisse und deren Verwertung in rohem Zustand oder nach einer Verarbeitung beschränken, die in dem Bereich solcher Wirtschaftsbetriebe liegt. Zu vgl. hieher die Ausführungen im § 2 Abs. I bis III der VV. z. GewStG. vom 28. Mai 1911.[1]) Die bisherige Einschränkung beim Gartenbau „mit Ausnahme der Kunst- und Handelsgärtnerei" ist weggefallen, die Unterscheidung zwischen gewöhnlichen Gärtnereien und Kunst- und Handelsgärtnereien sonach beseitigt. Die für den Gartenbau in Bayern von jeher geübte grundsätzliche Gleichstellung mit der Landwirtschaft ist nunmehr durch das Reichsbewertungsgesetz und zwar mit Rücksicht auf die Eigenart der Gewerbsteuer (Betriebskapitalsanlage) als Einheitswertsteuer in bindender Weise festgelegt. Gemäß § 4 Abs. 1 Nr. 1 RBewG. dürfen die Länder, soferne sie die Grund- und Gebäudesteuer oder die Gewerbsteuer ganz oder zum Teil nach dem Merkmale des Wertes erheben, die wirtschaftlichen Einheiten des gärtnerischen Vermögens der Grund- und Gebäudesteuer, die wirtschaftlichen Einheiten des Betriebsvermögens der Gewerbsteuer unterwerfen. Demgemäß unterliegt das gärtnerische Vermögen ohne Rücksicht auf den Umfang des Betriebs vom Standpunkt des Gewerbsteuergesetzes nach der Absicht des Reichsbewertungsgesetzes nur der Grund- und Haussteuer. Damit ist allerdings noch nicht gesagt, daß der gärtnerische Betrieb in jedem*

---

[1]) Siehe unten S. 30.

Fall von der Veranlagung zur Gewerbsteuer vollständig befreit bleiben muß. Die Befreiung greift vielmehr ebenso wie bei den übrigen im Art. 1 Abs. II Ziff. 1 genannten Betrieben nur insoweit Platz, als sich dieser Erwerbszweig auf die Gewinnung der Erzeugnisse und deren Verwertung in rohem Zustand oder nach einer Verarbeitung beschränkt, die im Bereich dieses Wirtschaftsbetriebs liegt. Darüber hinaus geht vor allem der Handel mit fremden Erzeugnissen des Gartenbaues (zugekauften Waren), dann die Pflege und Instandhaltung fremder Gärten, die Herstellung von Dekorationsarbeiten (z. B. größere Binderarbeiten, die die gärtnerischen Erzeugnisse vermöge kunstvoller Gruppierung in ihrem Werte wesentlich erhöhen und dadurch zur gesuchten Handelsware gestalten), der Verkauf von Blumen und Gebinden in eigenen Verkaufsläden außerhalb des Gärtnereibetriebs. Derartige Betriebsformen fallen nicht mehr unter die erwähnte Einschränkung, stellen vielmehr einen Nebenbetrieb gewerblicher Art im Sinne des § 4 Abs. 2 Nr. 2 RBewG. dar und sind daher der Gewerbsteuer unterworfen. Ein im Vergleich zu den eigenen Erzeugnissen des Gartenbaues nur geringfügiger Zukauf fremder Waren wird indessen schon nach Art. 12 noch nicht die Veranlagung zur Gewerbsteuer nach sich ziehen. Die Frage, ob eine Branntweinbrennerei im Nebenbetrieb der Landwirtschaft vorliegt oder nicht, ist zurzeit nach § 25 des Branntweinmonopolgesetzes vom 8. April 1922 (RGBl. I S. 405) zu beurteilen.

IV *Die Frage, ob die Maß- und Konfektionsschneider, die als „Hausarbeiter" im Auftrag bestimmter Gewerbetreibender tätig sind, steuerlich als „Hausgewerbetreibende" oder als „Heimarbeiter" zu behandeln sind, ist nunmehr allgemein — für Unterfranken auf Grund des § 36 Abs. 4 EStG. durch Reichsfinanzministerial-Erlaß vom 22. März 1926 III e 1574/III u 4044 — in letzterem Sinne entschieden. Sie unterliegen daher allgemein dem Steuerabzug vom Arbeitslohn und sind deshalb zur Gewerbsteuer nicht mehr heranzuziehen.*

V *Zu Art. 1 Abs. II Ziff. 2: Die der Wandergewerbsteuer nicht unterliegenden im Umherziehen betriebenen Gewerbe, z. B. die sogen. Stadthausierer, sowie seßhafte Gewerbetreibende, die ihre selbstgefertigten, zu den Gegenständen des Wochenmarktverkehrs gehörenden Waren in nicht größerer Entfernung als 15 km vom Wohnort feilbieten, dann sogen. Saisonbetriebe, wie sie an Badeorten häufig sind, unterliegen der Gewerbsteuer. Bezüglich der Gewerbsteuerpflicht der sogen. Großhausierer sind die maßgebenden Grundsätze in den Entscheidungen der Oberberufungskommission vom 17. Januar und 7. Februar 1913 (Mitteilungen Bd. XIII S. 26 und 42) festgelegt. Darnach sind die Großhausierer, die ihre Waren an andere (selbständige) Händler verkaufen, die diese Waren dann für ihre eigene Rechnung auf dem Hausierwege veräußern, der Gewerbsteuerpflicht in Bayern insoweit unterworfen, als sich in Bayern eine Betriebsstätte befindet. Dagegen ist für Großhausierer, die ihre Waren im Hausierwege für ihre eigene Rechnung verkaufen oder durch Angestellte feilbieten lassen, eine Gewerbsteuerpflicht in Bayern nicht gegeben und zwar, soweit der Hausierbetrieb außerhalb Bayerns erfolgt, auf Grund der Bestimmung im § 11 Abs. 4 des Finanzausgleichsgesetzes*[1]*), soweit der Hausierbetrieb in Bayern erfolgt, auf Grund des Art. 1 Abs. II Ziff. 2.*

VI *Im Art. 1 Abs. II Ziff. 3 sind als nicht unter das Gewerbsteuergesetz fallend aufgeführt „die vom Reich, von der Deutschen Reichsbahngesellschaft und vom Staate betriebenen Verkehrsanstalten". Die Ergänzung gegenüber dem Gesetz vom 14. August 1910/17. August 1918 durch die Anführung der vom Reich betriebenen Verkehrsanstalten ergab sich aus dem Übergang der bayerischen Verkehrsanstalten auf das Reich und zwar hinsichtlich des Post-, Telegraphen- und Fernsprechbetriebs aus § 8 des Staatsvertrages über den Übergang der Post- und Telegraphenverwaltung an das Reich (Gesetz vom 19. März 1920, GVBl. S. 152 ff.), hinsichtlich des Eisenbahnbetriebs aus § 15 des Staatsvertrages über den Übergang der Staatseisenbahnen auf das Reich (Gesetz vom 30. März 1920, GVBl. S. 173 ff.). Durch die Verordnung vom 12. Februar 1924 (RGBl. I S. 57) und darauffolgend durch das Reichsbahngesetz vom 30. August 1924 (RGBl. II S. 272) ist der Betrieb der Reichseisenbahnen zunächst auf das Unternehmen „Deutsche Reichsbahn" und von diesem auf die „Deutsche Reichseisenbahngesellschaft" übergegangen. Nach § 6 Abs. 3 der Verordnung vom 12. Februar 1924 war das Unternehmen „Deutsche Reichsbahn" zu Steuerleistungen und sonstigen Abgaben nicht in weiterem Umfange heranzuziehen als die Reichseisenbahnverwaltung nach den geltenden Gesetzen der Besteuerung unterlag. Ebenso bleibt nach § 10 Abs. 2 der Verordnung das Reichsgesetz vom 30. April 1920 betreffend den Staatsvertrag über den Übergang der Staatseisenbahnen auf das Reich (RGBl. S. 773) unberührt. Damit war die auf § 15 des Staatsvertrags über den Übergang der Staatseisenbahnen auf das Reich (Bayer. Gesetz vom 30. März 1920, GVBl. S. 173 ff.) gegründete Freiheit der Reichseisenbahnverwaltung von der Gewerbsteuer auch für das Unternehmen „Deutsche Reichsbahn" gewährleistet. Die nunmehrige Deutsche Reichsbahngesellschaft ist gemäß § 14 des Reichsbahngesetzes vom 30. August 1924 von jeder „neuen direkten Steuer" des Reichs,*

---

[1]) Siehe den folgenden Abdruck des § 11 IV FinAusglG. unten S. 24.

der Länder, der Gemeinden (Gemeindeverbände) und sonstigen öffentlichen Körperschaften befreit. Als „neue Steuer“ gilt jede Steuer, der das Unternehmen „Deutsche Reichsbahn“ am 12. Februar 1924 nicht unterworfen war. Es darf mithin auch die Deutsche Reichsbahngesellschaft ebensowenig wie ihre Betriebsvorgängerin der bayerischen Gewerbsteuer unterworfen werden. Die Deutsche Reichspost wird auch nach der durch das Reichsfinanzgesetz vom 18. März 1924 (RGBl. I S. 287) bewirkten organisatorischen Umgestaltung zu einem selbständigen Unternehmen als „eine vom Reich betriebene Verkehrsanstalt“ (Post-, Telegraphen- und Fernsprechbetrieb) anzusprechen sein; der Staatsvertrag über den Übergang der Post- und Telegraphenverwaltung an das Reich und damit die nach § 8 vorgesehene Steuerfreiheit (Bayer. Gesetz vom 19. März 1920, GVBl. S. 152ff.; Reichsgesetz vom 27. April 1920, RGBl. S. 643) ist gemäß § 13 des Reichspostfinanzgesetzes unberührt geblieben. Ebenso ist der Reichswasserstraßenbetrieb als Verkehrsanstalt des Reichs geblieben. Nach § 10 des Staatsvertrags über den Übergang der Wasserstraßen von den Ländern auf das Reich (Gesetz vom 23. September 1921, GVBl. S. 489ff.) werden die Länder auch von den Reichswasserstraßen keine Staatssteuern erheben. Der Betrieb der Reichswasserstraßen als solcher, d. h. die Darbietung der Wasserstraßen zur Benutzung durch Dritte fällt daher gleichfalls nicht unter das Gewerbsteuergesetz. Bezüglich der gewerblichen Nebenbetriebe des Reichswasserstraßenbetriebs, insbesondere der gewerblichen Ausnutzung der aus den Wasserstraßen zu erzielenden Wasserkräfte durch das Reich zu vgl. Art. 3 Abs. I Ziff. 1 und 3 in Verbindung mit § 3 Abs. I und V. Als „vom Staate betriebene Verkehrsanstalten“ bestehen zurzeit, nachdem der Ludwig-Donau-Main-Kanal durch den letzterwähnten Staatsvertrag mit Wirkung vom 1. April 1921 gleichfalls auf das Reich übergegangen ist, nur mehr der Frankenthaler Kanal, die staatliche Dampfschiffahrt auf dem Würmsee und dem Ammersee und die staatliche Schiffahrt auf der Amper (zu vgl. Verordnung vom 7. August 1920, GVBl. S. 403). Diese vom Staate betriebenen Verkehrsanstalten sind gleichfalls wie bisher unverändert von der Gewerbsteuer ausgenommen. (Zu vgl. Art. 1 Abs. II Ziff. 3 und Art. 3 Abs. I Ziff. 2).

Unverändert gegenüber Art. 1 Abs. I, Abs. II Ziff. 2 GewStG. 1921/23. Geändert Art. 1 Abs. II Ziff. 1 u. 3 durch Abänd.G. Art. I S. 242.

1. **In Bayern:** Bek. § 1 I. Reichsdoppelsteuergesetz durch § 62 IV des LStG. aufgehoben. Das Verfahren zur Beseitigung der Doppelbesteuerung enthält nunmehr § 12 FinAusglG. in der neuen Fassung vom 27. April 1926 (RGBl. I S. 203). „Wird ein Steuer-

pflichtiger in mehreren Ländern zu gleichartigen Landes- oder Gemeindesteuern von demselben Steuerobjekte herangezogen, so steht ihm der Antrag auf Verteilung des Steuerobjekts zu." Die Entscheidung der Oberberufungskommission vom 13. Januar 1922 (Bd. XXII, 178) wiederholt die von der Oberberufungskommission in ständiger Rechtsprechung (u. A. OBK. XV, 228, XVII, 202) aufgestellten Grundsätze über die Verteilung des Gesamtgewinnes eines über mehrere Staaten sich erstreckenden gewerblichen Unternehmens auf die in Betracht kommenden Betriebsstätten. (S. auch OBK. XXII 226 u. RFH. 13, S. 108, 177; Bd. 16, S. 291; Bd. 17, S. 308 und Markull, Kommentar zum Finanzausgleichgesetz.) Voraussetzung für den Verteilungsantrag ist in erster Linie, daß ein und derselbe Steuerpflichtige mehrfach zu gleichartigen Steuern herangezogen wird. Das muß in mehreren Ländern geschehen. Geschieht es nur in einem, so ist dem Steuerpflichtigen nur das Rechtsmittelverfahren des betr. Landes gegeben. Dagegen ist das Antragsverf. im Gegensatz zum DoppelStG. nicht nur wegen Landes-, sondern auch wegen Gemeindesteuern zulässig, natürlich nur wegen gleichzeitiger Heranziehung zu einer gleichartigen Steuer. Es kann der Antrag nicht wegen Staatssteuerveranlagung in einem, Gemeindesteuerveranlagung im andern Land gestellt werden. (Amtl. Mitt. d. R.F.M. 1919, 367 u. Koch, Kommentar z. FAG.) § 12 FAG. erstreckt sich nur auf das Reichsgebiet. Gegen Doppelbesteuerungen durch gleichartige Steuermaßnahmen im Auslande bestehen teilweise Staatsverträge. S. Reichsverträge mit Österreich sowie der tschechoslowakischen Republik (RGBl. 1923 Teil II S. 69 ff.), mit der Schweiz (RGBl. 1923 Teil II S. 453), mit Polen (RStG. 1923 S. 143), Ungarn (RGBl. 1925 Teil II S. 641/642), Italien (RGBl. 1925 Teil II S. 1145) usw.

a) Begriff der Betriebsstätte, Betriebsstätten in mehreren Ländern:

§ 11 FinAusglG.

I Grund- und Gebäudesteuern und Gewerbesteuern dürfen nur in dem Lande erhoben werden, in dessen Gebiet der Grund- und Gebäudebesitz liegt oder eine Betriebsstätte zur Ausübung des stehenden Gewerbes unterhalten wird.

II Betriebsstätte im Sinne dieses Gesetzes ist jede feste örtliche Anlage oder Einrichtung, die der Ausübung des Betriebs eines stehenden Gewerbes dient. Außer dem Hauptsitz eines Betriebs gelten hiernach als Betriebsstätten: Zweigniederlassungen, Fabrikationsstätten, Ein- und Verkaufsstellen, Kontore und sonstige zur Ausübung des Gewerbes durch den Unternehmer selbst, dessen Geschäftsteilhaber, Prokuristen oder andere ständige Vertreter unterhaltene Geschäftseinrichtungen.

Als Betriebsstätten gelten auch Bauausführungen, die die Dauer von zwölf Monaten überschreiten.

III Befinden sich Betriebsstätten desselben gewerblichen Unternehmens in mehreren Ländern, so darf die Heranziehung in jedem Lande nur anteilig erfolgen.

V Der Gewerbebetrieb im Umherziehen einschließlich des Wanderlagerbetriebs darf nur in den Ländern besteuert werden, in deren Gebiet der Betrieb stattfindet oder stattfinden soll.

b) Rechtsschutz gegen Doppelbesteuerung:

§ 12 FinAusglG.

Wird ein Steuerpflichtiger in mehreren Ländern zu gleichartigen Landes- oder Gemeindesteuern von demselben Steuerobjekte herangezogen, so steht ihm der Antrag auf Verteilung des Steuerobjekts zu. Der Antrag ist innerhalb eines Monats nach Eintritt der Rechtskraft der zweiten oder einer weiteren Veranlagung bei einer der veranlagenden Behörden zu stellen. Über den Antrag entscheidet das Landesfinanzamt, zu dessen Bereich die veranlagenden Behörden gehören. Wenn die Veranlagungsbehörden zum Bereich verschiedener Landesfinanzämtern gehören, so bestimmt der Reichsminister der Finanzen das zuständige Landesfinanzamt. In dem Bescheide des Landesfinanzamts ist ein Verteilungsplan aufzustellen, wenn die Heranziehung des Steuerobjekts in mehreren Ländern begründet ist. Gegen den Beschluß des Landesfinanzamts steht den Beteiligten binnen einer Frist von zwei Wochen die Beschwerde an den Reichsfinanzhof zu, der im Beschlußverfahren unter entsprechender Anwendung der Vorschriften der Reichsabgabenordnung entscheidet. Durch die Entscheidungen des Landesfinanzamts und des Reichsfinanzhofs können auch die bereits rechtskräftig gewordenen Veranlagungen und früheren Verteilungspläne aufgehoben werden.

a) Über den Begriff „Betriebsstätte" hat sich bereits eine feste Verwaltungsübung herausgebildet. Vgl. aus den zahlreichen Entscheidungen der Oberberufungskommission, insbesondere OBK. Bd. V S. 1, Bd. XIV S. 207, Bd. XII S. 226, Entsch. des preuß. OVG. Bd. 11 S. 24, weiter Urteil des Reichsfinanzhofs vom 31. März 1922, Sammlung der Entscheidungen Bd. 9 S. 167, Beschluß vom 22. Oktober 1924 (Bd. 15 S. 36) und Beschluß vom 25. April 1924 (Bd. 13 S. 317). Vgl. im übrigen die Erläuterungen Breunigs Bd. 2 S. 367 ff. zu § 3 Doppelsteuergesetz sowie die Kommentare zum LStG. bzw. FinAusglG. und Ringelmann-Mühlfeld S. 27 ff.

Bloße Niederlagen, Schuppen, Speicher usw. zur Lagerung und zur Aufbewahrung von Waren, Fabrikaten u. dgl., von denen aus und in denen keine gewerbliche Tätigkeit entfaltet wird, bilden keine Betriebsstätte (Breunig a. a. O. S. 367.)

Aus der Entscheidung der Oberberufungskommission Bd. XV S. 186 geht hervor, daß ein „Warenlager", aus dem für Rechnung des Unternehmers Waren verkauft werden, als Verkaufsstelle oder sonstige Einrichtung nur dann angesprochen werden kann, wenn die Waren dauernd feilgeboten und abgeschlossene Verkäufe aus dem Lager erfüllt werden.

β) Umlagen-Berechnung bei Betriebsstätten in mehreren Gemeinden: Art. 14 d. BayrVollzGes. z. FinAusglG. Die Ausscheidung geschieht in folgender Weise:

1. Die Betriebskapitalsanlage wird nach dem Werte der in den einzelnen Gemeinden befindlichen Bestandteile des Betriebskapitals ausgeschieden.
2. Die Ausscheidung der Ertragsanlage erfolgt nach den Grundsätzen der §§ 25 und 26 des FinAusglG. Die Ausscheidung der Gewerbsteuer erfolgt veranlaßtenfalls auch in bezug auf die ausmärkischen Bezirke.

Aus der entsprechenden Anwendung des § 27 Abs. 2 Fin.-AusglG. auf die Gewerbsteuer ergibt sich, daß nicht nur eine Ausscheidung der Einkommensteuer, sondern auch eine Ausscheidung der Ertragsanlage unterbleibt, wenn das gesamte Einkommen des Steuerpflichtigen den Betrag von 4000 Mark nicht übersteigt oder auf Gewerbebetriebe nicht ein Einkommensbetrag von über 2000 Mark entfällt; auch ist eine Belegenheitsgemeinde trotz höherem Einkommens des Steuerpflichtigen und der dadurch an sich veranlaßten Ausscheidung der Ertragsanlage nicht anteilsberechtigt, wenn auf sie kein Einkommensbetrag von über 2000 Mark entfallen würde.

Für die Ausscheidung der Betriebskapitalsanlage war bisher eine ähnliche Grenze nicht festgesetzt. Um die Finanzämter tunlichst zu entlasten, wurde mit Bekanntmachung der Staatsministerien des Innern und der Finanzen vom 9. Oktober 1926 Nr. 50742 bestimmt, daß mit Wirkung von der erstmaligen Veranlagung der Gewerbsteuer nach dem Gewerbsteueränderungsgesetz vom 9. Juli 1926 an, in den Fällen, in denen eine Ausscheidung der Ertragsanlage nicht erfolgt, auch die Betriebskapitalsanlage nicht auszuscheiden ist, wenn auf die Belegenheitsgemeinde kein höheres Betriebskapital als 3000 Mark auszuscheiden wäre.

S. auch Bleyer, Steuerrecht der bayerischen Gemeinden, Ansbach 1925, 2. Auflage. Erl. zu Art. 14 S. 90 ff.

γ) „Gewidmet einem Gewerbebetrieb in Bayern" (Bek. § 1 I am Ende): § 1 Abs. 1 der gemäß Bek. § 1 I a. E. ausdrücklich als noch verwertbar bez. VO. vom 28. Mai 1911 zum bayr. GewStG. von 1910 lautet:

Hiernach ist die Voraussetzung für die Gewerbsteuerpflicht in Bayern die Ausübung eines stehenden Gewerbes und zwar von einer in Bayern gelegenen Betriebsstätte aus. Dies gilt indessen unter dem selbstverständlichen Vorbehalte, daß für den Betrieb seinem Wesen nach eine Betriebsstätte überhaupt erforderlich ist. Vereinzelt ist ein Gewerbebetrieb in Bayern auch ohne Betriebsstätte denkbar, so, wenn z. B. ein Gewerbetreibender lediglich im Rahmen des Marktverkehrs Geschäfte abschließt. Die Tatsache, daß ein nichtbayerisches Geschäft in Bayern Geschäfte abschließt ohne in Bayern eine Betriebsstätte zu haben, genügt in der Regel noch nicht zur Annahme der Gewerbsteuerpflicht. . . . . . Bloße Umschlagplätze, die nur Transportzwecken dienen, werden nicht als Betriebsstätten zu betrachten sein; ebensowenig werden . . . . vereinzelt aufgestellte Automaten die Eigenschaft von Betriebsstätten haben. Im § 3 Abs. III d. Doppelstg.[1]) ist das Maß bezeichnet, in dem Gewerbe, die teils in Bayern, teils außerhalb Bayerns betrieben werden, in Bayern besteuert werden dürfen (vgl. § 34 Abs. II bis IV der VollzVorsch. zum EStG.)[2]). Die daselbst erwähnte Abgrenzung findet entsprechende Anwendung sowohl auf die Ertrags- als auch auf die Betriebskapitalsanlage und gilt nicht nur im Verhältnisse von Bayern zu anderen deutschen Bundesstaaten, sondern soll auch im Verhältnisse von Bayern zum Auslande zur Richtschnur dienen. Es dürfen also in einem solchen Falle in Bayern nur der Ertrag, soweit er auf die bayerische Betriebsstätte trifft, und nur die Bestandteile des Betriebskapitals mit Gewerbesteuer veranlagt werden, die der bayerischen Betriebsstätte gewidmet sind. Daß die in Bayern bei der Betriebskapitalsanlage zu berücksichtigenden Bestandteile des Betriebskapitals sämtlich in Bayern gelegen sind, ist nicht unbedingt notwendig. Ein in Bayern errichtetes Geschäft, das z. B. im Auslande zur Ermöglichung seiner Handelsbeziehungen zwischen der bayerischen Betriebsstätte und dem Ausland eine Kaution in Wertpapieren bestellen muß, ist hinsichtlich dieser Wertpapiere nicht von der Betriebskapitalsanlage frei. Betriebskapitalsbestandteile, die sowohl der bayerischen Betriebsstätte, als auch der nichtbayerischen Betriebsstätte gewidmet sind, sind entsprechend anteilig auszuscheiden. Dies gilt insbesondere von Fonds (Betriebs- und Reservefonds), die zur Verfügung einer nicht in Bayern befindlichen Geschäftsleitung stehen. Als Ausscheidungsmaßstab können die Ertrags-, Produktions- und Umsatzverhältnisse, der Zweck, dem die Reserven vorwiegend dienen, die Bedeutung der in Bayern

---

1) Nunmehr § 11 FinAusglG.
2) Gemeint ist das bayerische vom 14. August 1910.

und außerhalb Bayerns gelegenen Betriebsstätten für den gesamten Geschäftsbetrieb, bei Versicherungsgesellschaften etwa die Prämieneinnahme und anderes mehr einen Anhalt bieten.

2. Gewerbe: Bek. § 1 II und Ringelmann-Mühlfeld S. 4—11. Agent: OBK. XIII, 202 (Handelsagenten i. S. des § 84 des HGB. sind selbständige Gewerbetreibende, die aus ihrer Tätigkeit fließenden Einkünfte sind Einkommen aus Gewerbebetrieb und gewerblicher Ertrag [vgl. Staub, Komm. z. HGB. 12. u. 13. Aufl., Anm. 4, 5, 6 zu § 84 von Breunig, Bd. II, Anm. 7 § 3, S. 732], XIV, 237); Kommissionär: OBK. XVII, 13, XXI, 72, XXII, 189. Die Tätigkeit der Mäkler (§ 93 ff. HGB., §§ 652 ff. BGB.), der Kommissionäre (§§ 383 HGB.), der Spediteure (§§ 407 HGB.), und der Lagerhalter (§§ 416 ff. HGB.), stellt ein selbständiges Gewerbe dar, wenn sie sich innerhalb des in den genannten Gesetzesbestimmungen umschriebenen Rahmens hält (Ringelmann-Mühlfeld S. 29). Auch Apotheken, Versicherungsunternehmungen, Privateisenbahnen, sind Gewerbebetriebe.

a) Amt und freier Beruf. (Über freie Berufe siehe auch Anm. 4 zu Art. 9). Der in der Bek. erwähnte § 1 Abs. II der VV. zum GewStG. vom 28. Mai 1911 lautet:

Die im Art. 16 EStG.[1]) bezeichneten Erwerbsarten insbesondere also der öffentliche Dienst, die wissenschaftliche, künstlerische, schriftstellerische, unterrichtende u. erziehende Tätigkeit, die Tätigkeit der Ärzte, Rechtsanwälte, Architekten, Ingenieure, auch der nicht auf eigene Rechnung arbeitenden Agenten, fallen nicht unter das Gewerbsteuergesetz, es sei denn, daß sie mit einer gewerblichen Tätigkeit verbunden sind und bei dieser Verbindung eine einheitliche Tätigkeit vorliegt, bei der die gewerbliche Seite der Tätigkeit vorwiegt. Dies kann z. B. der Fall sein, wenn ein Arzt seine wissenschaftlichen Kenntnisse im Betrieb eines ihm gehörigen Sanatoriums, eine im Lehrberuf ausgebildete Person ihre Fachkenntnisse im selbständigen Betrieb einer Erziehungsanstalt, ein Chemiker seine wissenschaftlichen Kenntnisse in der selbständigen Fabrikation von Heilmitteln, ein Journalist seine schriftstellerischen Kenntnisse im Betrieb eines ihm gehörigen Zeitungsunternehmens, ein Künstler seine Kunstwerke durch mechanische Vervielfältigung, ein Architekt seine Fachkenntnisse in der selbständigen Ausführung von Bauten verwertet und dergl. Liegt in den Fällen der gleichzeitigen Ausübung einer gewerblichen Tätigkeit mit einer Tätigkeit im Sinne des Art. 16 EStG.[1]) überhaupt keine einheitliche Tätigkeit vor, so unterliegt nur der gewerbliche Teil der Tätigkeit der Gewerbsteuer. Ein solcher Fall wäre z. B. die Ausübung der ärztlichen Praxis und der

---

[1]) Gemeint ist das bayerische vom 14. August 1910.

gleichzeitige Betrieb einer Warenhandlung, die der Arzt etwa infolge eines Erbanfalles weiterzuführen genötigt ist. Der Eintrag ins Handelsregister begründet in solchen Fällen stets die Annahme eines Gewerbebetriebes. Das Apothekergewerbe, die Tätigkeit der sog. Rechtskonsulenten (in der Pfalz Geschäftsmänner), die Ausübung der Heilkunde ohne wissenschaftliche Vorbildung hiefür (Zahntechniker, Heilgehilfen sog. Naturheilkundige), sind als Gewerbebetriebe zu behandeln. Die sog. Hausgewerbetreibenden sind selbständige Gewerbetreibende, nicht aber die sog. Heimarbeiter, bei denen lediglich die einem anderen Gewerbetreibenden zur Verfügung gestellte persönliche Arbeitskraft die Einkommensquelle bildet[1]) Eine Tätigkeit, die lediglich der Ausübung von Sport dient oder ausschließlich der Liebhaberei entspringt, ist keine gewerbliche Tätigkeit. Die Versicherungsgesellschaften auf Gegenseitigkeit betreiben kein Gewerbe.

Vgl. hiezu Entsch. d. OVK. XIII 90 (Zahntechniker), XV, 173 (Musik-Impresario), XIII, 84 (gewerbsmäßige Bauausführung durch Architekten), XIII, 215 (Baubüro eines Unternehmers ohne höhere wissenschaftliche Vorbildung), in welchen Fällen die Gewerbesteuerpflicht bejaht wird, während XV, 200 dies hinsichtlich der Hebammen verneint. (Ebenso Ringelmann-Mühlfeld S. 8) Diese auch von Breunig vertretene Ansicht (S. 171 Nr. 11) steht in Widerspruch mit dem sonst von Breunig und auch der bayerischen Steuerpraxis vertretenen Grundsatz, wonach auch amtlich geprüfte und vereidigte Personen, selbst wenn sie öffentlich angestellt sind, gewerbesteuerpflichtig sind, wenn sie ihr Gewerbe für jedermann ausüben und ihre Anstellung dem Publikum dienen soll (a. a. O. S. 170 Nr. 8).

Unter freien Berufen sind nach dem Urteil des Reichsfinanzhofs II A 100/19 vom 9. Juli 1919 (Bd. 1 S. 129) vorwiegend nur solche Tätigkeiten zu verstehen, die in ihrer letzten Wurzel auf Geistesdisziplinen zurückgehen, die, wie die reinen Wissenschaften, Religion und Kunst, um ihrer selbst willen, ohne Rücksicht auf die wirtschaftliche Auswirkung ihrer Ergebnisse, betrieben werden können. Von der gleichen Begriffsbestimmung geht offenbar auch § 26 I RVersG. aus („nicht d. reinen Kunst oder reinen Wissenschaft gewidmeten freien Berufe"). Vgl. auch Feuchtwanger, Die freien Berufe (München 1922) insbes. S. 104 ff. Keine freien Berufe im Sinne des bay. Gewerbsteuergesetzes sind die, wie wir sie bez. möchten, „uneigentlich freien" Berufe des RVersG. (Siehe unten Anm. 4 zu Art. 9.) Es besteht aber die Möglichkeit,

---

[1]) Näheres OVK. XIV, 212, XVI, 277 und unsere Ausführungen Anm. zu 4 V S. 36.

daß sich im Laufe der Zeit uneigentlich freie Berufe zu wirklich freien Berufen empor entwickeln.

Der Bezirksverein Bayern des Reichsverbandes der deutschen Dentisten hat gelegentlich der Gesetzgebungsverhandlungen beantragt, die Dentisten hinsichtlich der Gewerbsteuer mit zu den freien Berufen zu zählen, mit der Begründung, daß sich in den letzten Jahren und Jahrzehnten eine bedeutende Annäherung der Dentisten an die Zahnärzte vollzogen hat, nicht nur in den Aufgaben, auch hinsichtlich der Ausbildungsmöglichkeiten und der Anforderung an die Fachkenntnisse. Der Staatsminister der Finanzen äußerte hiezu, daß die Frage wie bisher der Rechtsprechung überlassen werden müsse. Es sei nicht richtig, daß die Zahntechniker die gleichen Behandlungen wie die Zahnärzte vornehmen dürften. Den Zahntechnikern seien wichtige Gebiete der Zahnheilkunde, wie Kieferbehandlung, Behandlung unter Narkose und dergl. verschlossen, weil ihnen eben die wissenschaftliche Vorbildung dafür fehle. Die Tätigkeit der Zahntechniker beschränke sich auf die technische Seite; ihre Tätigkeit beruhe nicht auf einem wissenschaftlichen, sondern auf einem mehr empirischen Ausbildungsgange. Die medizinischen Fakultäten der 3 Landesuniversitäten, ebenso die 3 Landesfinanzämter in Bayern hätten sich in einem Gutachten ablehnend gegen eine Gleichstellung der Dentisten mit den freien Berufen, insbesondere mit den Zahnärzten, ausgesprochen. Er könnte sich nur in dem Falle denken, daß die Dentisten auch steuerlich vollkommen gleich den Zahnärzten zu behandeln seien, wenn die Approbation der Zahnärzte fiele und die zahnärztliche Behandlung vollständig freigegeben würde. Er glaube, daß an der bisherigen Sachbehandlung festzuhalten sei, wonach die Dentisten gewerbsteuerpflichtig seien. Selbstverständlich bleibe es den Dentisten unbenommen, falls sie u. A. seien, Rechtsmittel einzulegen und die Frage durch die zuständigen Instanzen entscheiden zu lassen. Diese haben sich in Auslegung d. früheren Gesetzgebung ablehnend verhalten. S. o.

Der Betrieb eines gepachteten Theaterunternehmens durch einen ausübenden Künstler stellt sich als Gewerbebetrieb, nicht als Ausübung eines sog. freien Berufs dar, soweit es sich nicht um die eigene Betätigung auf dem Gebiete der darstellenden Kunst, sondern um die gewerbsmäßige Verwertung fremder Künstlertätigkeit zum Zwecke des eigenen Erwerbs handelt. Zu den freien Berufen zählt lediglich die Ausübung der dramatischen Kunst selbst durch den darstellenden Künstler (OVK. XXII, 112).

b) Gemeindebetriebe und gemeinnützige Betriebe: Vgl. Bek. § 3 IV, abgedruckt zu Art. 3.

c) Kein Gewerbe, auch bei gewerbeähnlichen Betrieben, wenn Vereine oder Private lediglich ideale Zwecke verfolgen. Vgl. OVK. XVI, 173, XXII, 205. Siehe auch Breunig S. 169 Nr. 6

und Ringelmann-Mühlfeld S. 14. Den bei Breunig als gewerbesteuerfrei erwähnten Arbeitgeber-, Arbeitnehmerverbänden, Berufsgenossenschaften usw. wird meist im übrigen auch die objektive Voraussetzung (Gewerbebetrieb) fehlen.

Die von einem eingetragenen Verein für allgemeine Krankenpflege aus dem Betrieb einer Privatkrankenanstalt und der Ausübung der privaten Krankenpflege durch Krankenschwestern erzielten Einkünfte unterliegen nicht der Gewerbesteuer, wenn nach den Satzungen und der Tätigkeit des Vereins die Krankenpflege nicht Mittel zum Zwecke der Gewinnerzielung, sondern unmittelbarer Hauptzweck und Selbstzweck des Vereins ist. (OVGE. XXII, 205.)

d) Holz- und Güterhandel s. Anm. 4 am Schluß von I.

3. **Bergbau usw.** aber nur dann, wenn sie gewerbsmäßig betrieben werden, nicht auch dann, wenn sie im land- und forstwirtschaftlichen Betriebe Nebenbetrieb sind oder für eigenen Bedarf dienen. (Ebenso Breunig S. 165 und § 2 der VB. z. GewStG. vom 28. Mai 1911.)

4. **Land- und Forstwirtschaft, Jagd, Fischerei, Obst-, Wein- und Gartenbau:** Bek. § 1 III. Die dort als weiter anwendbar erklärten § 2 I bis III VB. zum GewStG. vom 28. Mai 1911 lauten:

I Die Vorschrift in der Ziff. 1 dient der Verdeutlichung der Abgrenzung der Steuerpflicht gegenüber der Land- und Forstwirtschaft ..... Die weitere Anführung des Obst-, Wein- und Gartenbaues — unter Ausschluß der Kunst- und Handelsgärtnerei[1]) — soll nur zur Erläuterung dienen und entspricht der bisherigen Praxis. In der Ausnahme ist auch der in Weinbaugegenden übliche Ausschank des eigenen Gewächses der Weinbauer inbegriffen, soweit nicht aus den begleitenden Umständen zu folgern wäre, daß ein, wenn auch auf bestimmte Zeit während des Jahres beschränktes Wirtsgewerbe betrieben wird. Die Ausnahme hat sich deshalb nur auf den zurzeit nach der GewO. nicht konzessionspflichtigen Ausschank der eigenen Erzeugnisse, darunter auch Obstwein, wo solcher Ausschank bisher üblich war, zu erstrecken.

II Land- und forstwirtschaftliche Nebenbetriebe, wie Geflügel- und Bienenzucht, Molkereien, Käsereien usw. können als gewerbsteuerfrei dann gelten, wenn sie grundsätzlich nur die selbstgewonnenen Erzeugnisse in der im Art. 1 Abs. II Ziff. 1 bezeichneten Weise verwerten, in unmittelbarer Verbindung mit dem land- und forstwirtschaftlichen Hauptbetriebe stehen und im Verhältnisse zu diesem nur eine nebensächliche untergeordnete Bedeutung haben. Gleiches soll auch für die Bodenbestandsnutzung an Steinen, Zement, Kalk,

---

1) Nunmehr gegenstandslos. S. Anm. 4 unter III.

Ton, Sand, Lehm, Kies, Torf, usw. in land- und forstwirtschaftlichen Betrieben, ferner für die Verwertung des landwirtschaftlichen Betriebsinventars z. B. des Gespanns gelten. Diese Art von Nebenbetrieben fällt auch dann nicht unter das GewStG., wenn sie von mehreren Land- und Forstwirten gemeinschaftlich betrieben werden, z. B. die gemeinschaftlichen Käseküchenbetriebe im Allgäu. Der Anwendung der Ausnahmevorschrift soll es nicht im Wege stehen, wenn ausnahmsweise in dem zur Aufrechterhaltung des normalen Betriebs notwendigen Umfange nicht selbstgewonnene Erzeugnisse zur Verarbeitung oder zur Verfütterung usw. oder landwirtschaftliche Gespanne zu Lohnfuhren verwendet werden. Vom Betrieb einer Forstwirtschaft kann nicht mehr die Rede sein, wenn ein Holzhändler Holzbestände auf einem ihm nicht gehörigen Waldgrundstücke schlagen läßt.

III Die Tierzucht im Betriebe der Landwirtschaft gilt einschließlich der Tierverwertung als zur Landwirtschaft gehörig; dagegen würde die Tierzucht oder Tierhaltung außerhalb eines landwirtschaftlichen Betriebs oder mit erkauften Futtermitteln, wenn überhaupt die sonstigen begriffsmäßigen Voraussetzungen für die Annahme eines Gewerbes gegeben sind, ebenso gewerbsteuerpflichtig sein wie selbstverständlich eine Unternehmung, die sich nur mit der Verwertung land- und forstwirtschaftlicher Erzeugnisse (Vieh-, Früchte- und Obsthandel) befaßt. Entstehen Zweifel, ob eine vor dem Verkauf eigener landwirtschaftlicher Erzeugnisse stattgehabte Verarbeitung noch im Bereiche des Landwirtschaftsbetriebs liegt oder nicht, so ist mit der zuständigen Distriktsverwaltungsbehörde hierüber ins Benehmen zu treten. Die Fischerei, die nur in der im Art. 1 Abs. II Ziff. 1 bezeichneten Weise ausgeübt wird, unterliegt nicht der Gewerbsteuer, gleichviel, ob sie auf eigenen oder gepachteten Gewässern betrieben wird. Ob Branntweinbrennereien im Nebenbetriebe der Landwirtschaft vorliegen oder nicht, ist nach § 10 des Branntweinsteuergesetzes vom 15. Juli 1909 (RGBl. S. 661 ff.) zu beurteilen[1]. Im Zweifel ist die Äußerung des zuständigen Hauptzollamtes zu erholen.

I. Landwirtschaft: S. d. vorstehend abgedr. VV. von 1911 unter § 2 I und II.

II. Tierzucht und verwandte Betriebe: S. die vorstehend abgedr. VV. von 1911 unter III. Breunig S. 172 ff., Ringelmann-Mühlfeld 19 ff.

---

[1]) Nunmehr nach § 2 d. Branntweinmonopolges. vom 8. April 1922 (RGBl. I S. 405).

Entsch. d. OVG. XVII, 68 (Schafzucht) und XIII, 197 (Tierzucht und Fischerei). In letzter Entscheidung wird das entscheidende Merkmal der Gewerbsmäßigkeit darin gefunden, daß Tiere (Fische) nicht nur zu Zuchtzwecken, zur Verwertung ihres Erzeugnisses, Mastzwecken, sondern zu gewerbsmäßiger Verwertung der Tiere selbst und ihrer Erzeugnisse angekauft werden. Ein offener Laden wird dabei stets einen Gewerbebetrieb begründen. Während die Reinigung der ländlichen Produkte mittels Maschinen noch keinen Gewerbebetrieb begründet, liegt ein solcher vor, wenn die selbstgewonnenen Erzeugnisse, zumal Brot, Zucker, Stärke usw. verarbeitet werden (OVG. IV, 21). Bei landwirtschaftlichem Betriebe von Handelgesellschaften, der gemeinsam mit gewerblichem Betriebe erfolgt, spricht die Vermutung dafür, daß der landwirtschaftliche Gewerbebetrieb nur einen Teil des Handelsbetriebes bildet. Vgl. OVG. XV, 81 (83). Holzhandel: OVG. XV, 81 und die Bem. im § 2 II vom 28. Mai 1911 Güterhandel: OVG. XIII, 141, XIV, 40, 49, 261, 263.

III. Gartenbau: Bek. § 1 III, Literatur: Deutsches Steuerblatt Jahrg. 1926 S. 360 ff., Bayer. Gemeinde- und Verwaltungszeitung Jahrg. 1927 u. Deutsche Erwerbsgartenbauzeitung Jahrg. 1927.

Bisheriger Rechtszustand: 1. Aufl. S. 19, Breunig Bd. 2 S. 176, Begr. S. 8; jetziger Rechtszustand: Begr. S. 8.

A: Das Gewerbsteuergesetz versteht unter „Gartenbau" — abweichend vom Sprachgebrauch — alle gärtnerischen Erzeugerbetriebe (s. unter B), alle gemischten Betriebe (s. unter C) sowie alle gewerblichen Nebenbetriebe der Gärtnerei (s. unter C und E.).

Die bisherige Einschränkung der Steuerfreiheit der Gärtnereien „mit Ausnahme der Kunst- und Handelsgärtnerei" ist weggefallen, die auf die besondere Intensität des Betriebes (mehr oder weniger große Verwendung technischer Hilfsmittel) abgestellte Unterscheidung zwischen gewöhnlichen Gärtnereien und Kunst- und Handelsgärtnereien demnach beseitigt. Die Gewerbsteuerpflicht der Gärtnerei hat — wie bisher — als Ausnahme zu gelten. Alle Erzeugerbetriebe sind grundsätzlich gewerbsteuerfrei, alle gemischten Betriebe sind dann vollkommen frei, wenn sie sich hauptsächlich mit der Verwertung eigener Erzeugnisse befassen und das wirtschaftliche Hauptgewicht im Verhältnis zu den einzelnen Verwertungstätigkeiten auf dem gärtnerischen Erzeugerbetrieb ruht.

B. Grundsätzlich ist zu unterscheiden zwischen gärtnerischer Erzeugertätigkeit, die ohne weiteres gewerbsteuerfrei ist und gärtnerischer Verwertungstätigkeit.

a) Die Ausübung der gärtnerischen Erzeugertätigkeit

zerfällt in folgende — meist unter sich kombinierte — Betriebszweige:

1. Gärtnereien im engeren Sinn:
   a) Topfpflanzenkulturen,
   b) Schnittblumenkulturen,
   c) Staudenkulturen,
   d) Jungpflanzenzüchterei,
   e) Topfpflanzen- und Schnittblumentreiberei.
2. Gärtnerischer Gemüsebau (auch Champignonzucht),
3. Samen-, Zwiebel- und Knollen-Züchterei,
4. Baumschulen.

Sämtliche aufgeführte Betriebszweige werden in der Praxis meist auf die verschiedenste Art und Weise unter sich sowie insbesondere mit Nebenbetrieben, die sich mit gärtnerischer Verwertungstätigkeit befassen (s. unter b) kombiniert; reine Erzeugerbetriebe, die natürlich ohne weiteres gewerbsteuerfrei sind, sind selten.

Die Erzeugertätigkeit ist dadurch gekennzeichnet, daß bei ihr der wirtschaftliche Enderfolg nur unter Mitwirkung der allgemein zum Pflanzenwachstum erforderlichen (evtl. künstlich intensivierten) Faktoren (Grund und Boden, Licht, Luft, Feuchtigkeit) erzielt wird. Nicht notwendig ist dabei, daß sich der gesamte Entwicklungsprozeß einer Pflanze in dem gleichen Betriebe abspielt (Zwischenverkäufe und Weiterkultivierung sind häufig). Den Begriff „Gewinnung der Erzeugnisse" erfüllt jede „Weiterkultivierung", d. h. Ausübung einer gärtnerischen Tätigkeit, durch die eine organische Veränderung (z. B. Wachstum) der lebenden Pflanze herbeigeführt wird (z. B. „nichtblühende" Pflanzen, wie Palmen, Araukarien werden zwecks Akklimatisierung, Durchwurzelung und Förderung des Wachstums für einige Zeit ins Warmhaus gestellt; blühbare [auskultivierte] Pflanzen [z. B. Azaleen, Camelien usw.] werden im Treibhaus abgetrieben, d. h. zum Blühen gebracht; Maiblumentreibkeime, Tulpenzwiebel usw. werden im Warmhaus zum Austreiben und Blühen gebracht.)

Grundsätzlich ist es für die Frage der Gewerbsteuerpflicht belanglos, auf welche Art und Weise die selbst gewonnenen und nicht (technisch) weiterverarbeiteten Erzeugnisse des Gartenbaues verkauft werden (z. B.: Abgabe aus dem Betriebsgrundstücke direkt, Versand, Stand auf dem Wochenmarkte oder in der Markthalle, Ladengeschäft). Ein Ladengeschäft, im welchem im wesentlichen nur selbstgewonnene Erzeugnisse ohne Verarbeitung zu besonders wertvollen Bindereiartikeln verkauft werden, ist demnach ebenfalls gewerbsteuerfrei. Als gewerbsteuerpflichtiger Nebenbetrieb der Gärtnerei ist ein Ladengeschäft nur dann anzusehen, wenn der Verwertungsbetrieb, dem es dient, seinerseits als gewerbsteuerpflichtiger Nebenbetrieb der Gärtnerei anzusehen ist. (Darüber siehe unter B. Nicht ganz zutreffend: Bek. § 1 III.)

b) Die gärtnerische **Verwertungstätigkeit**, deren Gewerbsteuerpflicht im Einzelfall nach Maßgabe der folgenden Ausführungen festzustellen ist, zerfällt in folgende Betriebszweige:

1. **Handel** mit fremden, verkaufsfertig erworbenen Gartenbauerzeugnissen,
2. **Verarbeitung** eigener oder fremder, verkaufsfertig erworbener Gartenbauerzeugnisse:
   a) zu Bindereien,
   b) zur Dekoration,
   c) in der Landschaftsgärtnerei,
   d) in der Friedhofsgärtnerei.

Diese Betriebszweige (1. und 2.) sind dadurch gekennzeichnet, daß sie sich mit der **Verwertung** eigener oder fremder, verkaufsfertig erworbener Erzeugnisse des Gartenbaues befassen.

Soweit solche Betriebe als selbständige, wirtschaftliche Gebilde vorkommen, (z. B. Blumengeschäft, das auch Landschafts-, Friedhofsgärtnerei und Dekoration betreibt, während damit kein Gärtnereibetrieb verbunden ist) unterliegen sie der Gewerbsteuer.

C. Soweit sie als **gärtnerische Nebengewerbe**, d. h. in einem **gemischten Betriebe** vorkommen, unterliegen sie nicht ohne weiteres der Gewerbsteuer.

Es ist also stets zu prüfen, ob die betreffende Verarbeitung sowie evtl. geringfügiger Zukauf im Bereich des Wirtschaftsbetriebes „Gartenbau" liegt. Darunter fallen alle diejenigen wirtschaftlichen Tätigkeiten, die üblicherweise dem betriebstechnischen oder wirtschaftlichen Bedürfnis des Erzeugerbetriebs entsprechend im Wirtschaftsbetrieb der Gärtnerei zusammengefaßt zu werden pflegen. Meistenteils sind insbesondere bei kleineren Gärtnereien Selbsterzeugung, geringer Zukauf und Verarbeitung in der einen oder anderen Art zu einem einheitlichen wirtschaftlichen Gebilde verbunden, bei dem die Selbsterzeugung das Rückgrat des gesamten Betriebes bildet (z. B. den größeren Bruchteil der Nettoeinnahmen liefert) und welches Gebilde nur in der gegebenen Kombination wirtschaftlich lebensfähig ist. Diese — **gemischten Betriebe** — sollen natürlich nach wie vor — vgl. FME. Nr. 34551 vom 1. August 1924, Begr. S. 8 — steuerfrei bleiben.

Bezüglich B b Ziff. 1 (Handel) ist Gewerbsteuerpflicht jedenfalls dann nicht gegeben, wenn der Zukauf fremder Ware im Verhältnis zum Erzeugerbetrieb untergeordnete Bedeutung hat und nur in geringem Maße stattfindet. So insbesondere dann, wenn im geringen Umfange fremde, verkaufsfertige Gartenbauerzeugnisse zum Zwecke der besseren Verwertungsmöglichkeit der selbst gewonnenen Erzeugnisse hinzugekauft werden. Hiebei darf keineswegs das Ergebnis eines einzigen Jahres zugrundegelegt werden, vielmehr ist von dem Betriebsdurchschnitt bzw. dem Ergebnis einer Reihe von Jahren auszugehen, da durch Kulturmißerfolge in einem Jahre zuweilen ein größerer Zukauf fremder Waren notwendig wird. (Deutsches Steuerblatt 1926 S. 363.)

Die unter B b Ziff. 2 aufgeführten Betriebszweige, die sich mit gärtnerischer Verwertungstätigkeit befassen, müssen dann als gewerbsteuerfrei gelten, wenn sie im wesentlichen selbstgewonnene Erzeugnisse verwerten, in gewisser räumlicher Verbindung mit dem gärtnerischen Hauptbetriebe stehen (nicht notwendig auf demselben Grundstück) und die einzelnen Verarbeitungstätigkeiten als solche im Verhältnis zu dem Hauptbetriebe nur eine untergeordnete Bedeutung haben. Dies hat auch dann zu gelten, wenn im Verhältnis zur Verarbeitung der Eigenerzeugung in geringfügigem Maßstab fremde, verkaufsfertige Erzeugnisse mitverarbeitet werden. Begründung und Bek. § 1 III zum GewStG. machen die Versagung der Steuerfreiheit des gewerbl. Nebenbetriebes der Gärtnereien (zu Ziff. 2) weiter davon abhängig, daß durch die Verarbeitung (in der Binderei und der Dekoration) die gärtnerischen Erzeugnisse vermöge kunstvoller Gruppierung in ihrem Werte wesentlich erhöht und dadurch zur gesuchten Handelsware gestaltet werden.

D: Beispiele: Gewerbsteuerfrei ist demnach ein Gartenbaubetrieb, in dem einige oder alle Arten der gärtnerischen Erzeugertätigkeit (s. oben unter B a) kombiniert ausgeübt werden, der außerdem in geringem Umfange (s. oben unter C) fremde Erzeugnisse zukauft, um selbstgewonnene und fremde Waren dann teilweise roh zu verkaufen, der aber außerdem eine kleine Binderei unterhält, bei Gelegenheit Dekorationen ausführt, fremde Gärten und Grabanlagen anpflanzt und instandhält. Dabei macht es nichts aus, ob die Verwertungstätigkeiten räumlich von der Gärtnerei getrennt ausgeübt werden, so z. B. wenn Geschäfte mit den Verbrauchern über Verkauf von Rohware, Bindereien, Bestellung von Dekorationen, Gartenbestellung und Grabanpflanzung in einem eigenen Verkaufsladen getätigt werden. — Der Gewerbsteuer unterliegt z. B. die reine Landschaftsgärtnerei, d. h. ein Betrieb, der sich lediglich mit der Neuschaffung, Umgestaltung, Pflege und Instandhaltung fremder Gärten, Parks usw. befaßt, ohne wesentliche Verwendung eigenen Materials. (S. Bek. § 1 III.)

E: Soweit ein gewerbsteuerpflichtiger Nebenbetrieb der Gärtnerei vorliegt, unterliegt er als Nebenbetrieb eigener Veranlagung zur GewSt. (Art. 9 in Verbind. mit § 4 II 2 RGewG. und Bek. § 10 I 1). S. S. 88.

F: Denkbar ist der umgekehrte Fall, daß eine Gärtnerei als Nebenbetrieb eines größeren Blumengeschäfts geführt wird; in diesem Falle unterliegt der gartenbauliche Nebenbetrieb m. E. in sinngemäßer Anwendung des Gesetzes nicht der Gewerbsteuer.

IV. Branntweinbrennerei im Nebenbetrieb der Landwirtschaft: Die Befreiung bildet eine Ausnahme, da eine so weitgehende Verarbeitung auch der eigenen Erzeugnisse nicht mehr als im Bereiche des Landwirtschaftsbetriebes gelegen erachtet werden könnte. Wegen der geschichtlichen Entwicklung dieser Ausnahme siehe Breunig, Gewerbsteuergesetz S. 176 ff. II. Band.

Nach § 25 des Ges. über das Branntweinmonopol vom 8. April 1922 (RGBl. S. 405) gelten als landwirtschaftliche Brennereien die Brennereien, die ausschließlich Kartoffeln oder Getreide verarbeiten und bei deren Betriebe die sämtlichen Rückstände in einer oder mehreren den Eigentümern oder Besitzern der Brennerei gehörenden oder von ihnen betriebenen Wirtschaften verfüttert werden und der so gewonnene Dünger vollständig auf dem den Eigentümern oder Besitzern der Brennerei gehörenden oder von ihnen bewirtschafteten Grund und Boden verwendet wird.

Landwirtschaftliche Brennereien, auch wenn sie ausnahmsweise andere Rohstoffe als Kartoffeln verarbeiten, verlieren die Eigenschaft als landwirtschaftliche Brennerei, wenn sie durch andere als die Eigentümer, Pächter oder sonstige Besitzer des dazugehörigen Grund und Bodens oder für Dritte gegen Entlohnung betrieben werden.

In den nach dem 1. September 1902 betriebsfähig hergerichteten Brennereien müssen außerdem die zur Verarbeitung kommenden Rohstoffe an Kartoffeln und Getreide, mit Ausnahme von Roggen, Weizen, Buchweizen, Hafer und Gerste, in der Hauptsache von den Eigentümern oder Besitzern der Brennereien selbst gewonnen sein. Bei Genossenschaftsbrennereien, die als solche nach dem 1. September 1902 entstanden sind, müssen ferner die so gewonnenen Rohstoffe in der Hauptsache von den einzelnen Teilnehmern nach Verhältnis ihrer Beteiligung an der Brennerei geliefert und außerdem die sämtlichen Betriebsrückstände von den Teilnehmern in diesem Verhältnis verfüttert werden. Der Reichsminister der Finanzen kann mit Zustimmung des Reichsrats im Falle des Bedürfnisses und für Genossenschaftsbrennereien die vor dem 1. September 1907 als solche bestanden haben, Ausnahmen von den Vorschriften über die Gewinnung der Rohstoffe gestatten. Über die landwirtschaftlichen Genossenschaftsbrennereien siehe OVG. XVI, 281 ff.

V. Hausarbeiter, Hausgewerbetreibende und Heimarbeiter: Bek. § 1 IV.

Nach § 36 Abs. 4 EStG. kann der Reichsfinanzminister für bestimmte Gruppen von Fällen entscheiden, ob das Entgelt für eine Leistung als Arbeitslohn anzusehen oder umsatzsteuerpflichtig ist. Diese Bestimmung hat den Zweck „in vereinfachter Weise die Entscheidung darüber zu ermöglichen, ob ein Entgelt als dem Steuerabzug unterliegend angesehen werden muß, ob also der Arbeitgeber den Steuerabzug zu machen hat oder ob es sich um ein Entgelt handelt, das nicht innerhalb eines Arbeitsverhältnisses anfällt, sondern in freier Erwerbstätigkeit erzielt worden ist und daher der Einkommensteuer im Wege der Veranlagung unterliegt und umsatzsteuerpflichtig ist. Derartige Streitigkeiten sind häufig vorgekommen, insbesondere bei der Abgrenzung darüber, ob ein Steuerpflichtiger Hausgewerbetreibender oder Heimarbeiter ist. Um in diesen und ähnlich gelagerten Fällen eine allgemein bindende Entscheidung treffen zu können, soll der Reichsfinanzminister bestimmte Gruppen von Fällen, bei denen die Grenze zwischen selbständiger und unselbständiger Tätigkeit flüssig ist, entscheiden können, ob das Entgelt für eine Leistung als Arbeitslohn anzusehen oder umsatzsteuerpflichtig ist". (Vgl. die Begründung zum Entw. eines EStG. S. 54.)

a) Als Hausarbeiter im Sinne des Hausarbeitsgesetzes vom 27. Juni 1923 (RGBl. I S. 472, 730) gelten Personen, die in Werkstätten arbeiten, in denen

a) jemand ausschließlich zu seiner Familie gehörige Personen gewerblich beschäftigt,

b) eine oder mehrere Personen gewerbliche Arbeit verrichten ohne von einem den Werkstattbetrieb leitenden Arbeitgeber beschäftigt zu sein, sofern in diesen Werkstätten nicht ausschließlich für den persönlichen Bedarf des Bestellers gearbeitet wird (§ 1 HAG.). Als Werkstätten gelten auch Wohn- und Schlafräume, Küchen sowie Arbeitsstellen im Freien, sofern darin gewerblich gearbeitet wird (§ 2 HAG.).

Der Hausarbeiter kann nun „Hausgewerbetreibender" bzw. „Heimarbeiter" sein.

b) Hausgewerbetreibende sind persönlich selbständige, jedoch wirtschaftlich abhängige Gewerbetreibende, die für bestimmte Gewerbetreibende außerhalb deren Arbeitsstätten mit der Anfertigung gewerblicher Erzeugnisse beschäftigt sind, gleichviel, ob sie die Betriebsstoffe und Betriebsmittel selbst beschaffen oder nicht. (§ 119b GewO.; § 162 I, III RVO.; § 5 I GewGG.; § 3 I BRG.)

Der Hausarbeiterbegriff deckt sich mit dem Hausgewerbetreibendenbegriff, wenn der Hausgewerbetreibende auch die Bedingungen der §§ 1, 2 HAG. erfüllt. Das tun diejenigen Hausgewerbetreibenden (übrigens auch Zwischenverleger, sofern sie Hausgewerbetreibende sind), die keine fremden Hilfspersonen beschäftigen, sondern entweder allein oder zusammen mit Familienangehörigen oder als Glied einer Werkstattsgemeinschaft für bestimmte Gewerbetreibende außerhalb deren Arbeitsstätten mit der

Anfertigung gewerblicher Erzeugnisse beschäftigt sind. Dieser Fall ist zweifellos der häufigste.

c) Heimarbeiter, auch detachierte Arbeiter oder Außenarbeiter sind (persönlich und wirtschaftliche unselbständige) gewerbliche Arbeiter, die vom Arbeitgeber nur aus irgendwelchen zufälligen und vorübergehenden äußeren Gründen in eigener Wohn- oder Werkstätte beschäftigt werden.

Der Hausarbeiter ist zugleich Heimarbeiter, wenn er als solcher ebenfalls die Begriffsmerkmale des Hausarbeiters (§§ 1, 2 HAG. siehe oben unter a) aufweist. Hier kommt praktisch nur der Alleinbetrieb in Frage. Der Familienbetrieb ist fast gänzlich unmöglich, weil der Heimarbeiter in aller Regel zur Arbeitsleistung in Person verpflichtet ist und eine Werkstattgemeinschaft ist höchstens dort anzutreffen, wo der Grund der Außenarbeit auf Arbeitgeberseite liegt. Jedenfalls aber ist der Heimarbeiter auch Hausarbeiter im Sinne des HAG. (Daßler in „Arbeitsrecht" 1926 S. 148.)

d) Die Heimarbeiter der Konfektionsindustrie sind vom Reiche als Arbeiter anerkannt worden. Der Unterschied gegenüber anderen Arbeitern liegt ausschließlich darin, daß sie ihre Arbeitskraft in ihrem Heime, nicht in der Werkstätte bereit stellen. Die Konfektionsschneider, die in Heimarbeit tätig sind, sind bisher von Bayern durch die Landesfinanzämter verschieden behandelt worden. Man war sich im Zweifel darüber, ob sie den Gewerbetreibenden oder den Arbeitnehmern zuzurechnen seien. Nachdem sie aber nunmehr in einem Erlaß des Reichsfinanzministers als lohnsteuerpflichtig bezeichnet wurden, dürfte die Frage, soweit die Einkommensteuer in Betracht kommt, entschieden sein. Sie sind demgemäß einkommensteuerpflichtig aber nicht mehr gewerbsteuerpflichtig. In den Vollzugsvorschriften ist dies ausdrücklich hervorgehoben. Nach der Entsch. des OVK. vom 24. April 1914 (Bd. XIV S. 212) sind die oberfränkischen lediglich mit ihren Familienangehörigen arbeitenden Hausweber keine Gewerbetreibenden.

e) Steuerrechtliche Unterscheidung. Ob der Hausgewerbetreibende zur Gewerbsteuer heranzuziehen ist, richtet sich vor allem danach, ob die Einkünfte im wesentlichen Unternehmergewinn oder Arbeitsverdienst sind. Als ein Fall in dem die Einkünfte als Unternehmergewinn zu charakterisieren sind, ist in der Entscheidung der OVK. vom 24. April 1914 Bd. XIV S. 212 ff. der Fall hervorgehoben, daß der betreffende Hausgewerbetreibende fremdes Personal, also nicht zu seiner Familie gehörige Personen beschäftigt. Zu beachten ist auch die Entscheidung Bd. XVI S. 277 ff. (Vgl. auch Ringelmann-Mühlfeld S. 7.)

f) Literatur über steuerliche Behandlung der Hausgewerbetreibenden und Heimarbeiter im allgemeinen: Pissel-Koppe,

Der Lohnabzug 1925 S. 132 ff.; Olbertz, DStBl. 1926 S. 283; Wassermann, Deutsche Arbeitgeberzeitung. Beilage „Blätter für Arbeitsrecht" Nr. 10 vom 16. Mai 1926. —

5. Wandergewerbe: Bek. § 1 V OBR. XIII S. 26 und 42.

6. Verkehrsanstalten: Bek. § 1 VI.

Art. 2.

Unternehmer und deren Vertreter (Steuersubjekt).

I Steuerpflichtig für das Gewerbe ist derjenige, auf dessen Rechnung das Gewerbe betrieben wird (Unternehmer)[1]).

II Für das erpachtete Gewerbe gilt der Pächter[2]) als der Unternehmer.

III Für Gewerbebetriebe, deren Unternehmer außerhalb Bayerns ihren Wohnsitz oder Sitz haben und die wegen Bestehens einer Betriebsstätte zur Ausübung des Gewerbes in Bayern gemäß Art. 1 Abs. I der bayerischen Gewerbsteuer unterliegen, gilt der nach Maßgabe der Reichsabgabenordnung bestellte Vertreter auch als Vertreter für die Erfüllung aller durch dieses Gesetz und seine Vollzugsvorschriften auferlegten Verpflichtungen. Für die Erfüllung dieser Verpflichtungen ist der Vertreter neben dem Steuerpflichtigen haftbar. Ist ein Vertreter nach Maßgabe der Reichsabgabenordnung nicht bestellt, so ist der Steuerpflichtige verbunden, auf Verlangen der Steuerverwaltung einen in Bayern wohnhaften Vertreter für den Vollzug dieses Gesetzes zu bestellen[3]).

Bek. § 2.

(Zu Art. 2.)

Steuersubjekt.

I *Subjektiv steuerpflichtig ist gemäß Art. 2 Abs. I der Unternehmer, während als Objekt der Besteuerung das Gewerbe in Frage kommt (Art. 1). Wer der Unternehmer eines Gewerbes ist, beurteilt sich nach dem bestehenden rechtlichen Verhältnis. Die Tatsache etwaiger finanzieller Abhängigkeit des Unternehmers von einem anderen macht den letzteren noch nicht zum Unternehmer im Sinne des Art. 2 Abs. I.*

II *Die Einkünfte aus der Verpachtung von Gewerben gehören regelmäßig als Einkünfte im Sinne des § 6 Abs. 1 Nr. 6*

EStG. nicht zum gewerblichen Ertrag. Nach § 38 Abs. 4 EStG. und nach der Rechtsprechung können indessen je nach den Umständen die Einnahmen aus der Verpachtung von Gewerben auch dem gewerblichen Ertrag zuzurechnen sein (zu vgl. Mitt. der ObBK. Bd. XIII S. 137, auch XII S. 77, XV S. 77, 83, 243). Die Vermietung von Geschäftsräumen begründet für sich allein noch nicht die Annahme eines Pachtverhältnisses.

III *Art. 2 Abs. III sorgt für das Vorhandensein eines geeigneten Vertreters des Steuerpflichtigen zur Erleichterung der Steuerveranlagung in Fällen, in denen wegen des Wohnsitzes oder Sitzes des Unternehmers der Verkehr mit dem Vertreter sich einfacher gestaltet als mit dem Steuerpflichtigen selbst. Wenn ein gemäß § 71 AO. bestellter Vertreter bereits vorhanden ist, soll dieser auch als Vertreter für den Vollzug des Gewerbsteuergesetzes gelten. Er hat aber als Vertreter im Sinne des Art. 2 Abs. III gegenüber der im § 71 festgestellten Befugnis zur Empfangnahme von Schriftstücken erweiterte Befugnisse und Verpflichtungen. Wenn ein Vertreter nach § 71 nicht bestellt ist, hat die Bestellung eines eigenen Vertreters für den Vollzug des Gewerbsteuergesetzes auf Verlangen der Steuerverwaltung (Finanzamt) zu erfolgen; der Vertreter muß in Bayern wohnhaft sein. Da nunmehr die Steuerpflichtigen mit Wohnsitz oder Sitz im Deutschen Reich außerhalb Bayerns und Filialen in Bayern zur Einkommensteuer und Körperschaftsteuer für ihren gesamten Betrieb beim Finanzamt des Wohnsitzes oder Sitzes (Ort der Geschäftsleitung) zu veranlagen sind (§§ 51 ff. AO.), während die Gewerbsteuer nach wie vor in jedem einzelnen Lande für die treffenden Filialen zu veranlagen ist, wird sich die Bestellung eines eigenen Vertreters für den Vollzug des Gewerbsteuergesetzes nicht selten als erforderlich erweisen.*

IV *Der Vertreter im Sinne des Art. 2 Abs. III hat in der Regel im Veranlagungs- und Rechtsmittelverfahren zunächst mitzuwirken. Zustellungen sind an ihn zu machen. Der Steuerpflichtige selbst ist jedoch seiner Obliegenheiten nicht enthoben, wenn er hiefür in Anspruch genommen wird. Die Haftung des Vertreters erstreckt sich auch auf die Steuer seines Auftraggebers; die Anforderung ist jedoch zunächst gegen den Pflichtigen selbst zu richten, wenn nicht der Auftraggeber den Vertreter auch zur Entrichtung der Steuer besonders beauftragt hat.*

V *Wer dem Verlangen nach Aufstellung eines Vertreters nach Art. 2 Abs. III nicht rechtzeitig genügt, ist nach Art. 50 Ziff. 1 strafbar.*

Unverändert gegenüber Art. 2 GewStG. 1921/23.

1. Unternehmer: Bek. § 2 I. Als Unternehmer des Gewerbebetriebs gilt grundsätzlich derjenige, auf dessen Rechnung und Gefahr ganz oder teilweise das Gewerbe betrieben wird. Zu beachten ist § 80 AO. Vertragsbestimmungen über die Gewinnverteilung, die lediglich zum Scheine getroffen sind, um eine geringere steuerliche Belastung zu erzielen, sind bei der Steuerveranlagung nicht zu berücksichtigen. (§ 5 AO.; OVK. Bd. XV S. 133, XVII S. 185.) Angestellte und Arbeiter eines Unternehmens sind nicht dessen Unternehmer, selbst wenn sie am Gewinn beteiligt sind. (RFH. 19. Juni 1923; StuW. 2, 807.) Daß dem Pächter eines Theaterunternehmens vom Verpächter für den Fall eines ungünstigen Jahresabschlusses eine bestimmte Jahreseinnahme gewährleistet ist, ändert nichts an seiner Stellung als Gewerbetreibender. (OVK. XXII, 112.)

Der stille Gesellschafter ist nicht gewerbsteuerpflichtig. Vgl. auch OVK. XV S. 77. Die Einkünfte aus der Beteiligung an einem Handelsgewerbe als stiller Gesellschafter stellen Einkommen aus Kapitalvermögen dar. (§ 37 Abs. 1 Nr. 2 EStG.) Der stille Gesellschafter ist als solcher nicht Gewerbetreibender, er ist vielmehr an dem Handelsgewerbe eines Dritten mit einer in das Vermögen des Dritten übergehenden Vermögenseinlage derart beteiligt, daß er am Gewinn teilnimmt, während er von der Beteiligung am Verlust befreit sein kann. Unternehmer ist der andere (s. Ott, Bankarchiv 1924 S. 91). Der stille Gesellschafter hat viel Ähnlichkeit mit dem Darlehensgeber und mit dem Kommanditisten; über den Unterschied in der Rechtsstellung des stillen Gesellschafters und des Kommanditisten sowie des Darlehensgebers siehe RFH. Bd. 7 S. 159, ferner RFH. Urteil vom 28. Juni 1924, VI e A 57/24; StuW. 1924 S. 1238.

Über die Veranlagung eines Unternehmens als ein einheitliches Gewerbe, wenn es von mehreren Personen gemeinschaftlich betrieben wird und die Unternehmer als Gesamtschuldner der Steuer gelten s. Art. 4.

2. Pacht. Bek. § 2 II. Bei Verpachtung gilt der Gewerbepächter als gewerbsteuerpflichtiger Unternehmer. Bezüglich der dem Verpächter aus der Verpachtung des Gewerbes zukommenden Einkünfte ist Folgendes zu beachten: Die Einkünfte aus Vermietung und Verpachtung von unbeweglichem Vermögen, Sachinbegriffen und Rechten einschl. des Mietwertes der Wohnung im eigenen Hause ist im § 6 Abs. 1 Nr. 6 EStG. als selbständige Einkommensart aufgeführt. Zu den Sachinbegriffen — ein Ausdruck, der dem bürgerlichen Gesetzbuch entlehnt ist (§§ 92, 1035 BGB.) — gehört auch bewegliches Betriebsvermögen und eine zur Ausübung einer selbständigen Berufstätigkeit dienende Einrichtung. Nach § 38 Abs. 4 EStG. sind, soweit in einem gewerblichen

Betrieb Einkünfte aus der Verpachtung von Gewerben anfallen, diese Einnahmen unter Umständen dem gewerblichen Ertrag zuzurechnen. Die Einnahmen aus Verpachtung gehören dann zum gewerblichen Ertrag, wenn die Gewerbeverpachtung mit dem Gewerbebetrieb des Verpächters in einem solchen wirtschaftlichen Zusammenhang steht, daß sie nicht bloß als zur Gewinnung einer Pachteinnahme an sich, sondern auch zugleich als im Interesse des Gewerbebetriebs des Verpächters und zur Erhöhung der Erträgnisse dieses Gewerbes, wie sie z. B. bei Verpachtung von Gastwirtschaften durch Brauereien erfolgt, erkennbar ist. (OBK. XIII, 137; vgl. auch OBK. XIII S. 168 [Aktiengesellschaft], XV S. 17 [GmbH.]) Bei A.-G. und GmbH., die ein Gewerbe betreiben, spricht die Vermutung dafür, daß auch die nicht im Betriebe des Gewerbes im engeren Sinne abgeschlossenen Geschäfte mit dem Gewerbebetrieb im Zusammenhang stehen und daß daher auch die Einkünfte aus solchen Geschäften als gewerbliche Einnahmen zu betrachten sind. (OBK. XVI S. 219 und XV S. 17.)

3. Vertreter: Bek. § 2 III mit V. Die Aufstellung eines Vertreters für Gewerbebetriebe, die ihren Sitz außerhalb Bayerns haben, in Bayern aber eine Betriebsstätte unterhalten, ist im Einklang mit der AO. geregelt.

Art. 3.

Subjektive Besteuerung.

I Gewerbesteuerfrei sind:

1. das Reich[1]) bezüglich derjenigen Betriebe, die nach den Vorschriften des Körperschaftsteuergesetzes nicht körperschaftsteuerpflichtig sind, ferner die Reichsbank und ihre Zweiganstalten, die Rentenbank, die Deutsche Golddiskontobank und die Bank für deutsche Industrieobligationen,
2. der Staat[2]),
3. Betriebe von Körperschaften des öffentlichen Rechts und öffentliche Betriebe mit eigener Rechtspersönlichkeit, soweit sie nicht nach Ziff. 1 und 2 ohnehin befreit sind und soweit sie gemäß § 7 des Körperschaftssteuergesetzes als Versorgungsbetriebe[3]) zu behandeln sind,
4. Unternehmungen, deren Erträge ausschließlich Körperschaften des öffentlichen Rechts zufließen[4]), wenn diese Körperschaften als Betriebsinhaber sämtliche ge-

mäß Ziff. 1 bis 3 von der Gewerbesteuer befreit wären,

5. die bayerische Landwirtschaftsbank[5]), solange sie Unterstützungen aus Staatsmitteln erhält,

6. a) die Genossenschaften[6]) und Wirtschaftsverbände einschließlich der Vorschuß- und Kreditgenossenschaften, wenn sie ausschließlich und unmittelbar der land- und forstwirtschaftlichen oder der gewerblichen Produktion oder der besseren Verwertung der eigenen Erzeugnisse ihrer Mitglieder dienen, sofern sie die ihrem Zwecke entsprechende Tätigkeit auf den Kreis ihrer Mitglieder beschränken,

b) die übergeordneten Verbände solcher Genossenschaften, auch wenn sie für sich als übergeordneter Verband eine der Begriffsbestimmung des Gesetzes über die Erwerbs- und Wirtschaftsgenossenschaften nicht entsprechende Rechtsform angenommen haben,

c) die gemeinnützigen Baugenossenschaften. Nicht als gemeinnützig gelten Baugenossenschaften, die satzungsgemäß die Einzahlungen der Mitglieder mit mehr als fünf vom Hundert verzinsen oder den Mitgliedern mehr als die Einzahlungen ausantworten. Der Hundertsatz kann durch das Staatsministerium der Finanzen den zum Körperschaftsteuergesetz ergehenden reichsrechtlichen Vorschriften angeglichen werden.

Genossenschaften und übergeordnete Verbände, die einen gewerblichen Gewinn anstreben, fallen nicht unter die Befreiung[7]).

Vormerkungsweise Veranlagung.

II Für die vom Staate betriebenen Gewerbe ist, soweit für sie nicht die Befreiungsmerkmale nach Abs. I Nr. 3 zutreffen, die Gewerbsteuer zur Begründung der Umlagenpflicht vormerkungsweise zu veranlagen[8]). Hierbei sind die einer besonderen Betriebsleitung unterstehenden Unternehmungen des Staates getrennt zu veranlagen.

Bek. § 3.

(Zu Art. 3 Abs. I Ziffer 1 bis 5).

Subjektive Steuerfreiheit.

I *Das Reich war bisher im Hinblick auf § 2 (vgl. auch § 4 des Reichsbesteuerungsgesetzes vom 15. April 1911, RGBl. S. 187) vorbehaltslos gewerbsteuerfrei. Nach § 5 des Gesetzes über die gegenseitigen Besteuerungsrechte des Reichs, der Länder und der Gemeinden vom 10. August 1925 (RGBl. I S. 253) können die Länder nunmehr zu ihren Gewerbsteuern die Betriebe und Verwaltungen des Reichs heranziehen, die nach den Vorschriften des Körperschaftsteuergesetzes körperschaftsteuerpflichtig sind. Art. 3 Abs. I Nr. 1 hat von dieser Besteuerungsmöglichkeit Gebrauch gemacht. Die Gewerbsteuerfreiheit des Reichs beschränkt sich sonach nunmehr auf jene Betriebe und Verwaltungen, für die nach den Vorschriften des Körperschaftsteuergesetzes eine Körperschaftsteuerpflicht nicht gegeben ist (zu vgl. § 2 Nr. 3 und 7 KStG. und Abs. V unten).*

II *Neben den steuerfreien Reichsbetrieben sind im Art. 3 Abs. I Ziff. 1 auch jene Betriebe aufgeführt, denen schon kraft besonderer Reichsgesetze die Freiheit von der Gewerbsteuer der Länder zukommt. Dies trifft zu für:*

a) die Reichsbank und ihre Zweiganstalten gemäß § 45 des Bankgesetzes vom 30. August 1924 (RGBl. II S. 235),

b) die Rentenbank gemäß § 5 der Verordnung über die Errichtung der Deutschen Rentenbank vom 15. Oktober 1923 (RGBl. I S. 963),

c) die Deutsche Golddiskontobank gemäß § 11 des Gesetzes über die Deutsche Golddiskontobank vom 19. März 1924 (RGBl. II S. 71),

d) die Bank für Deutsche Industrieobligationen gemäß § 14 des Gesetzes zur Aufbringung der Industriebelastung vom 30. August 1924 (RGBl. II S. 26).

III *Die Gewerbsteuerfreiheit des Bayerischen Staates — nicht auch anderer Länder — erstreckt sich auf alle Staatsbetriebe nebst den ihren Zwecken dienenden Einrichtungen.*

IV *Für andere Körperschaften des öffentlichen Rechts als Reich und Staat, insbesondere für die Gemeinden hat das Gewerbsteuergesetz eine Steuerfreiheit nicht eingeräumt. Die Betriebe anderer Körperschaften des öffentlichen Rechts als des Reichs und des Staates und die öffentlichen Betriebe solcher Körperschaften mit eigener Rechtspersönlichkeit sind grundsätzlich gewerbsteuerpflichtig, soweit sie nicht gemäß § 7 KStG. als Versorgungsbetriebe zu behandeln sind (Art. 3 Abs. I Nr. 3). Im Verhältnis zwischen Staat und Gemeinde gilt der*

Grundsatz: Die Gemeinde steuerpflichtig, der Staat umlagenpflichtig. Damit ist aber noch nicht gesagt, daß alle gemeindlichen Betriebe, von den Versorgungsbetrieben abgesehen, zur Gewerbsteuer herangezogen werden dürfen. Für die Frage nach der Gewerbsteuerpflicht ist vielmehr nach dem obersten Grundsatz des Art. 1 im Einzelfalle genau zu untersuchen, ob die in Betracht kommende Unternehmung auf gewerblichen Gewinn abzielt. Betriebe, die vorwiegend öffentlichen, gemeinnützigen oder mildtätigen Zwecken zu dienen bestimmt sind (zu vgl. § 2 Nr. 3a und c KStG. und § 1 Abs. 1 Nr. 1 und 3, Abs. 3, §§ 2, 5 bis 12, der Verordnung des Reichsministers der Finanzen zur Durchführung des Körperschaftsteuergesetzes vom 17. Mai 1926, RGBl. I S. 244), werden hiernach im allgemeinen — vorbehaltlich der Entscheidung der Veranlagungs- und Rechtsmittelinstanzen — nicht als Gewerbebetriebe zu erachten sein.

V Für die Betriebe von Körperschaften des öffentlichen Rechts und öffentliche Betriebe mit eigener Rechtspersönlichkeit, die gemäß § 7 KStG. als Versorgungsbetriebe zu behandeln sind, ist die Gewerbsteuerfreiheit im Art. 3 Abs. I Ziff. 3 ausdrücklich ausgesprochen. Das Vorliegen der Voraussetzungen dieser Befreiungsvorschrift braucht nicht untersucht zu werden, soweit ohnehin Befreiung nach Art. 3 Abs. I Ziff. 1 und 2 besteht. Das gilt insbesondere hinsichtlich der Betriebe des Staates, da sie vorbehaltlos gewerbsteuerfrei sind. Dagegen kann bei Betrieben des Reichs die Frage, ob sie Versorgungsbetriebe sind, für die Entscheidung über die Gewerbsteuerpflicht von ausschlaggebender Bedeutung sein (zu vgl. Abs. I). Versorgungsbetriebe im Sinne der Vorschrift des Art. 3 Abs. I Ziff. 3 sind jene Betriebe von Körperschaften des öffentlichen Rechts und jene öffentlichen Betriebe mit eigener Rechtspersönlichkeit, die lebenswichtigen Bedürfnissen der Bevölkerung dienen, zu deren Befriedigung die Bevölkerung auf die Betriebe angewiesen ist (§ 2 Nr. 3b KStG., § 1 Abs. 1 Nr. 2 der Durchführungsverordnung zum Körperschaftsteuergesetz vom 17. Mai 1926). Als Versorgungsbetriebe in diesem Sinne gelten solche Betriebe, denen die Versorgung der Bevölkerung mit Wasser, Gas oder Elektrizität obliegt oder die dem öffentlichen Verkehr oder dem Hafenbetrieb dienen; als Versorgungsbetriebe werden sie aber nur insoweit behandelt, als sie den vorbezeichneten Aufgaben dienen (§ 7 KStG.). Die näheren Bestimmungen über die Abgrenzung der hiernach steuerpflichtigen Betriebe sind in §§ 3 und 4 der Durchführungsverordnung zum KStG. vom 17. Mai 1926 enthalten. Die bei der Durchführung des Körperschaftsteuergesetzes getroffene Feststellung, daß ein Versorgungsbetrieb gegeben ist, ist bei Reichsbetrieben im Hinblick auf § 5 des Gesetzes über die gegenseitigen Besteuerungs-

rechte des Reichs, der Länder und der Gemeinden vom 10. Aug. 1925 auch für die Frage nach der Gewerbsteuerpflicht in dem Sinne verbindlich, daß die Heranziehung eines solchen Reichsbetriebs zur Gewerbsteuer ausgeschlossen ist. Aber auch im übrigen wird in der Regel kein Anlaß bestehen, einen Betrieb, der bei der Durchführung des Körperschaftsteuergesetzes als Versorgungsbetrieb steuerfrei belassen worden ist, insoweit der Gewerbsteuer zu unterstellen.

VI *Im Art. 3 Abs. I Ziff. 4 sind in Angleichung an die Vorschriften in § 2 Nr. 3 Satz 2 KStG. jene Unternehmungen steuerfrei gestellt, deren Erträge ausschließlich Körperschaften des öffentlichen Rechts zufließen, wenn diese Körperschaften als Betriebsinhaber sämtliche gemäß Art. 3 Abs. I Ziff. 1 bis 3 von der Gewerbsteuer befreit wären. Hier ist zu beachten, daß die Beteiligung auch nur e i n e s Anteilsberechtigten, der als Betriebsinhaber eine Steuerfreiheit nach Art. 3 Abs. I Ziff. 1 bis 3 nicht ansprechen könnte, für das g a n z e Unternehmen die Gewerbsteuerpflicht zur Folge hat. Die Frage nach der Steuerpflicht der sogen. gemischtwirtschaftlichen Unternehmungen beantwortet sich sonach dahin, daß sie steuerfrei sind, wenn der bayerische Staat sämtliche Anteile in Händen hat, daß aber bei einer Anteilsberechtigung des Reichs oder einer weiteren Körperschaft des öffentlichen Rechts die Steuerfreiheit des ganzen Unternehmens davon abhängt, ob das Reich oder diese Körperschaft als Alleinunternehmer nach Art. 3 Abs. I Ziff. 1 bis 3 Steuerfreiheit genießen würde. Bei Anteilsberechtigung eines nicht zu den Körperschaften des öffentlichen Rechts zählenden Berechtigten entfällt ohne Rücksicht auf die Höhe seines Anteils für das g a n z e Unternehmen die Gewerbsteuerfreiheit, also auch dann, wenn der Bayerische Staat mitbeteiligt ist, der für sich allein vorbehaltslos gewerbsteuerfrei ist.*

VII *Die Bayerische Landwirtschaftsbank, der bisher nach Art. 4 Abs. I Ziff. 8 des bayerischen Einkommensteuergesetzes vom 14. August 1910/17. August 1918 Freiheit von der Einkommensteuer, nicht aber von der Gewerbsteuer zustand (zu vgl. § 4 Abs. I der VV. z. GewStG. vom 28. Mai 1911), ist als gewerbsteuerfrei erklärt, solange sie Unterstützungen aus Staatsmitteln erhält.*

Bek. § 4.

(Zu Art. 3 Abs. I Ziff. 6.)

I *Die Vorschrift über die Steuerbefreiung der Genossenschaften hat bereits im Gesetz vom 27. Juli 1921 gegenüber der Fassung im Art. 3 Abs. I Ziff. 3 des Gewerbsteuergesetzes vom 14. August 1910/17. August 1918 eine Änderung erfahren, die indessen in der Hauptsache lediglich redaktioneller Natur ist.*

Sie weicht bewußt ab von der im Körperschaftsteuergesetz (§ 4 und § 11 Nr. 4) getroffenen Regelung der Steuerpflicht und Steuerbefreiung der Erwerbs- und Wirtschaftsgenossenschaften, wonach sich die Steuerpflicht auf einen Gewerbebetrieb der Genossenschaften nicht erstreckt, wenn sie den Geschäftsbetrieb auf den Kreis der Mitglieder beschränkt. Die Befreiung der Genossenschaften von der Körperschaftsteuer erstreckt sich demgemäß bei Beschränkung des Geschäftsbetriebs auf den Kreis der Mitglieder auch auf die sogen. Konsumvereine, d. h. Vereine zum gemeinsamen Ankauf von Lebens- und hauswirtschaftlichen Bedürfnissen im Großen und Ablaß im Kleinen. Für die Landesertragsteuer (Gewerbsteuer) ist es beim bisherigen Rechte verblieben, wonach die ausnahmsweise Vergünstigung der Steuerbefreiung nur den Genossenschaften, die die ausschließliche und unmittelbare Förderung des Erwerbs (nicht der Hauswirtschaft) ihrer Mitglieder durch gemeinschaftlichen Geschäftsbetrieb bezwecken, zustehen soll. Die Konsumvereine fallen daher nach wie vor nicht unter die Befreiungsbestimmung des Art. 3 Abs. 1 Ziff. 6. Eine Änderung an dem bisherigen Rechtszustand ist demnach auch durch das gegenwärtige Gesetz nicht eingetreten.

II *Unter den Genossenschaften im Sinne des Gesetzes waren schon bisher alle Gesellschaften von nicht geschlossener Mitgliederzahl zu verstehen, die nach ihrem Zwecke der Begriffsbestimmung im § 1 Abs. I des Gesetzes über die Erwerbs- und Wirtschaftsgenossenschaften vom 20. Mai 1898 — mit Ausschluß der hauswirtschaftlichen Zwecke — entsprechen, ohne Rücksicht darauf, ob sie durch Eintragung Rechtsfähigkeit erworben haben oder nicht. Diese Absicht des Gesetzes noch zu verdeutlichen, bezweckt die bereits im Gesetz vom 27. Juli 1921 erfolgte und in das gegenwärtige Gesetz unverändert übernommene Einfügung der Worte „und Wirtschaftsverbände“ im Eingang der Ziff. 6 des Art. 3 Abs. I.*

III *Unter die Genossenschaften und Wirtschaftsverbände im vorstehenden Sinne werden in der Regel fallen: Rohstoff-, Einkaufs-, Vorschuß- und Kredit-, Absatz-, Magazin-, Lagerhaus- Winzer-, Tabakbau-, Obstverwertungs-, Molkerei-, Werkgenossenschaften; letztere sind Genossenschaften zur gemeinschaftlichen Anschaffung und Benützung landwirtschaftlicher und gewerblicher Maschinen, Geräte usw. Auch die Handwerker-Wirtschaftsverbände werden in der Regel hieher gehören. Die Befreiung solcher Genossenschaften und Wirtschaftsverbände ist aber dadurch bedingt, daß sie keinen gewerblichen Gewinn anstreben — hierüber zu vergl. Abs. VII — und daß sie die ihrem besonderen Genossenschaftszweck entsprechende Tätigkeit auf den Kreis ihrer Mitglieder beschränken. Eine geringfügige, eine zufällige oder nur durch außerordentliche Ver-*

hältnisse veranlaßte, also vorübergehende Ausdehnung der dem besonderen Genossenschaftszweck entsprechenden Tätigkeit über den Kreis der Mitglieder hinaus, z. B. einer Obstverwertungsgenossenschaft durch Einkäufe bei Nichtmitgliedern im Falle einer Mißernte, einer Molkereigenossenschaft durch Ankauf von Milch im Falle verminderten Viehstandes infolge Futtermangels oder Viehseuchen, einer Rohstoffgenossenschaft durch Abgabe der Waren an Nichtmitglieder wegen zufällig drohenden Verderbens der Waren, soll für sich allein noch nicht die Steuerbefreiung aufheben.

IV *Bezüglich der übergeordneten Verbände von Genossenschaften der im Art. 3 Abs. I Ziff. 6a bezeichneten Art gelten an sich für die Steuerbefreiung die gleichen Grundsätze wie für die Genossenschaften selbst. Es ist aber zu beachten, daß die übergeordneten Verbände zur Erfüllung ihres Zweckes vielfach über den Kreis ihrer Mitglieder hinausgreifen müssen. Insoweit sich dieses Hinausgreifen im Rahmen des Genossenschaftszwecks hält, steht es der Steuerbefreiung nicht entgegen. Nach dem Körperschaftsteuergesetz vom 10. August 1925 (§ 4 Abs. 2 c) werden nicht bloß die in ihrer Hauptbestimmung als Zentralen der Genossenschaften wirkenden eingetragenen Genossenschaften, sondern auch Gesellschaften mit beschränkter Haftung und Aktiengesellschaften, deren Gesellschafter ausschließlich oder doch überwiegend Genossenschaften sind, den Genossenschaften gleich behandelt. Bei der Auslegung des Begriffs der „übergeordneten Verbände von Genossenschaften" ist die bayerische Praxis und Rechtsprechung bisher davon ausgegangen, daß auch der übergeordnete Verband der Begriffsbestimmung des § 1 Abs. 1 des Gesetzes über die Erwerbs- und Wirtschaftsgenossenschaften entsprechen, also eine Gesellschaft von nicht geschlossener Mitgliederzahl sein müsse, so daß also einer Aktiengesellschaft die Vergünstigungen der übergeordneten Verbände nicht zuteil werden konnten (zu vgl. Entscheidungen der Oberberufungskommission Mitt. Bd. XIV S. 41 und 151). In diesem Punkte ist nunmehr das Gewerbsteuergesetz an das Körperschaftsteuergesetz angeglichen.*

V *Den gemeinnützigen Baugenossenschaften sind die rechtsfähigen gemeinnützigen Bauvereinigungen (§ 33 Abs. III des Haussteuergesetzes) gleich zu erachten und zu behandeln. Der Geschäftsbetrieb soll zwar grundsätzlich auf die Herstellung von Wohnungen für Mitglieder der Genossenschaft beschränkt sein, doch soll die Ausdehnung auf Nichtmitglieder, soweit dadurch nicht das Vorliegen spekulativer Absichten erwiesen wird, die Steuerbefreiung nicht ausschließen. Die zur Prüfung dieser Frage erforderlichen Unterlagen haben sich die Finanzämter, soweit veranlaßt, durch Rückfrage bei den Baugenossenschaften und Bauvereinigungen zu verschaffen. Auch die Einvernahme der Gemeindebehörden kann sich empfehlen.*

VI *Für die Beurteilung der Steuerbefreiung ist, wie schon bisher, der tatsächliche Betrieb der Genossenschaft und des übergeordneten Verbands maßgebend; die Firmenbezeichnung und der Inhalt der Satzungen haben nur als Anhaltspunkte zu dienen. Wegen der zur Feststellung des tatsächlichen Betriebes erforderlichen Ermittelungen wird auf § 19 Abs. VIII, insbesondere den Schlußsatz zur genauesten Beachtung verwiesen.*

VII *Im Abs. II der Ziff. 6 des Art. 3 Abs. I ist zur Beseitigung von Zweifeln ausdrücklich bemerkt, daß nicht bloß die Genossenschaften, sondern auch die übergeordneten Verbände, die einen gewerblichen Gewinn anstreben, von der Gewerbsteuer nicht befreit sind. Ein gewerblicher Gewinn ist anzunehmen, wenn er bei einer auf dem Grundsatze der gegenseitigen Hilfe beruhenden Genossenschaft durch Geschäfte erzielt wird, die über diesen Zweck hinaus greifen, oder durch Geschäfte, die, abgesehen von den durch die Verwaltung bedingten Vorbereitungs- oder Vermittlungshandlungen, bei übergeordneten Verbänden in einer über den Verbandszweck hinausgreifenden Weise (zu vgl. Abs. IV oben) mit Nichtmitgliedern der Genossenschaft abgeschlossen werden, oder wenn es überhaupt in dem Zwecke der Genossenschaft liegt, ein Gewerbe zu treiben. Die Verteilung eines Gewinns, der einer nur mäßigen Verzinsung der Einzahlungen der Mitglieder auf ihre Geschäftsanteile entspricht, rechtfertigt bei den in Art. 3 Abs. I Ziff. 6 aufgeführten Genossenschaften für sich allein noch nicht die Annahme, daß sie gewerblichen Gewinn anstreben. Hiernach ist insbesondere auch die Steuerpflicht der Vorschuß- und Kreditvereine zu beurteilen; diese werden namentlich bei ausgedehntem bankähnlichem Betrieb steuerpflichtig sein.*

Bek. § 5.

(Zu Art. 3 Abs. II.)

Vormerkungsweise Veranlagung.

I *Der Staat ist nach Art. 3 Abs. I Ziff. 2 vorbehaltslos gewerbsteuerfrei. Von ihm betriebene Gewerbe unterliegen jedoch, soweit für sie nicht die Befreiungsmerkmale nach Art. 3 Abs. I Nr. 3 zutreffen, der Umlagenpflicht zugunsten der Gemeinden und Kreise (zu vgl. Art. 7, 8 Abs. I und II, Art. 30 Abs. II des Gesetzes zum Vollzuge des Finanzausgleichsgesetzes vom 28. April 1924, GVBl. S. 157). Zu diesem Zwecke sind die Bayerische Staatsbank und die übrigen gewerblichen Staatsbetriebe mit Ausnahme der Versorgungsbetriebe (§ 3 Abs. V) zufolge Art. 3 Abs. II vormerkungsweise zur Gewerbsteuer zu veranlagen.*

II *Die vom Staate betriebenen Verkehrsanstalten (§ 1 Abs. V) fallen im Hinblick auf Art. 1 Abs. II Ziff. 3 nicht unter Art. 3 Abs. II.*

III *Bei der vormerkungsweisen Veranlagung zur Begründung der Umlagenpflicht ist die bisherige Erwähnung der Reichsbank und ihrer Zweiganstalten weggefallen, weil nach dem neuen Bankgesetz vom 30. August 1924 (zu vgl. § 3 Abs. II oben) die Reichsbank und ihre Zweiganstalten nunmehr von allen Gewerbsteuern (nicht bloß wie früher von der Staatssteuer) befreit sind, also auch zu Gemeindeumlagen nicht mehr herangezogen werden dürfen.*

Abs. I Ziff. 2 und 3 des GewStG. 1921/23 sind durch neue Bestimmungen ersetzt. Nach Ziff. 2 sind neue Ziff. 3 und 4 eingeschaltet, wodurch die bisherigen Ziff. 3 und 4 die Bezeichnung Ziff. 5 und 6 erhielten. Die Ziffer 6 (bisher 4) Buchstabe b hat einen neuen Wortlaut erhalten. Ziff. 6 (bisher 4) Buchstabe e ist geändert. Abs. II des GewStG. 1921/1923 ist im Satz 1 nunmehr neu gefaßt (siehe Art. II AbändGes. S. 242).

1. Reich: Bek. § 3 I und V.

Die Änderung des Art. 3 I Ziff. 1 beseitigt die unbedingte Steuerfreiheit des Reichs. Die neue Steuergesetzgebung des Reichs vom 10. August 1925 hat sich den Grundsatz zu eigen gemacht, daß auch die in öffentlicher Hand befindlichen Betriebe zu den Steuerleistungen heranzuziehen sind und hat diesen Grundsatz auch im Körperschaftssteuergesetz und in dem Gesetz über die gegenseitigen Besteuerungsrechte des Reichs, der Länder und der Gemeinden in ziemlich weitgehendem Maße durchgeführt. In demselben Umfang ist nunmehr auch die Gewerbsteuerpflicht der Reichsbetriebe gegeben, nämlich insoweit sie körperschaftssteuerpflichtig sind. Von dieser Möglichkeit wird, wenn auch die Fälle, in denen die Heranziehung von Reichsbetrieben zur Gewerbsteuer praktisch wird, sehr selten sein werden, da alle Hoheits- und Versorgungsbetriebe frei bleiben, doch grundsätzlich Gebrauch zu machen sein. Es kommen nach § 2 Nr. 3 KStG. hauptsächlich Betriebe und Verwaltungen mit eigener Rechtspersönlichkeit in Betracht, die nach finanzwirtschaftlichen Grundsätzen Erträgnisse zugunsten des Reichs abwerfen (z. B. die Deutschen Werke A.-G.).

Weitere Betriebe (Reichsbank samt Zweiganstalten, Rentenbank, Deutsche Golddiskontobank und die Bank für deutsche Industrieobligationen) sind bereits kraft der einschlägigen Reichsgesetze steuerfrei. Ihre Erwähnung bedeutet deshalb keine Steuerbefreiung, sondern nur eine Aufzählung ohne rechtschaffende Wirkung. (Z. vgl. § 9 Nr. 2 des KStG.)

2. Staat: Bek. § 3 III. Die bisherige Freiheit des Staates ist in vollem Umfange aufrecht erhalten worden.

Bei Angleichung an die Grundsätze des neuen Körperschaftsteuergesetzes und des Gesetzes über die gegenseitigen Besteuerungsrechte des Reichs, der Länder und Gemeinden wäre an sich die Möglichkeit gegeben, auch die Betriebe des Staates, soweit es sich nicht um sogenannte Hoheitsbetriebe und Versorgungsbetriebe handelt, zur Gewerbsteuer heranzuziehen. Es besteht aber kein Zwang zu einer solchen Angleichung und Gründe der Zweckmäßigkeit dürften gegen die Angleichung sprechen, da durch die Erhebung der Staatssteuer nur eine Mehrarbeit, aber keinerlei Vorteil für die Staatskasse erwachsen würde, weil lediglich eine Ablieferung der Steuer von einer staatlichen Kasse zur andern, aber keine Mehreinnahme für das Staatsärar in Frage käme. Dies würde insbesondere auch für den Fall der Umstellung gewisser Staatsbetriebe in Gesellschaftsformen zutreffend bleiben, solange nur staatliches Gesellschaftskapital in Betracht kommt. Bei Einbeziehung von Privatkapital aber würde nicht mehr ein reiner Staatsbetrieb gegeben sein und daher die Ziff. 2 überhaupt nicht mehr Anwendung finden, sondern die Besteuerung nach den Grundsätzen für gemischtwirtschaftliche Unternehmungen zu erfolgen haben. (Begr.)

Siehe auch sogen. gemischt-wirtschaftliche Unternehmungen: Bek. § 3 VI und Anm. 4.

3. Versorgungsbetriebe: Bek. § 3 IV und V.

Die Steuerfreiheit der Versorgungsbetriebe d. s. öffentliche Betriebe, welche lebenswichtigen Bedürfnissen der Bevölkerung, der Versorgung mit Gas, Wasser, Elektrizität, dem öffentlichen Verkehr oder Hafenbetrieb dienen, greift nur insoweit Platz, als sie die ihre Eigenschaft als Versorgungsbetriebe begründenden Aufgaben erfüllen. Die Steuerfreiheit soll jedoch nicht soweit gehen, als die Versorgungsbetriebe gleichzeitig Geschäftszweige unterhalten, die nicht der Versorgung der Bevölkerung mit lebenswichtigen Bedürfnissen dienen. Hiernach sind z. B. bei Gas- und Elektrizitätswerken die Gewinne aus Installationsgeschäften und aus dem Verkaufe von Beleuchtungsartikeln zur Steuer heranzuziehen.

4. Unternehmungen, deren Erträge ausschließlich Körperschaften des öffentlichen Rechts zufließen: Bek. § 3 VI.

Hierher ist z. B. eine Aktiengesellschaft zu rechnen, deren sämtliche Aktien im Besitz des Reichs, eines Landes oder einer Gemeinde sind. Über die Frage, wann im Sinne des KStG. die Erträgnisse eines Unternehmens ausschließlich Körperschaften des öffentlichen Rechts zufließen, hat sich der RFH. XV S. 174 dahin geäußert, daß der vom Gesetzgeber gewählte Ausdruck „ausschließlich" ganz eindeutig sei. Er besage sprachlich ohne jede Ausnahme, also ohne auch nur die geringste Ausnahme. Es darf also keine Privatperson oder juristische Person zu den Aktionären oder Gesellschaften des betreffenden Unternehmens gehören und zwar weder unmittelbar noch mittelbar. Der bayerische Finanzminister hat zu der Frage der gemischtwirtschaftlichen Betriebe gelegentlich der Gesetzgebungsverhandlungen folgende Erklärung abgegeben: Wenn bei gemischtwirtschaftlichen Betrieben bei einem Beteiligten der Gesichtspunkt der Steuerfreiheit nicht zutreffe, sei der ganze Betrieb steuerpflichtig, selbst wenn andere öffentliche Körperschaften dabei beteiligt seien, die die Steuerfreiheit in Anspruch nehmen könnten. Wenn bei einem Werke das Reich und das Land beteiligt seien, das Reich aber, da es sich um keinen Versorgungsbetrieb handelt, nicht steuerfrei sei, müsse der ganze Betrieb die Steuer entrichten und die Steuerfreiheit des Landes komme hier nicht in Betracht. In einem solchen Falle zahle eben das Unternehmen die Steuer aus seinen Erträgnissen und die Teilhaberschaft des Landes trete gar nicht in Erscheinung. (Stenographische Berichte Nr. 129 S. 770.)

5. **Landwirtschaftsbank:** Bek. § 3 Abs. VII.

6. **Genossenschaften:** Bek. § 4. Die Gewerbsteuerfreiheit der Genossenschaften, Wirtschaftsverbände (Bek. § 4 II und III) und ihr übergeordneter Verbände (Bek. § 4 IV) erstreckte sich — und erstreckt sich auch jetzt — soweit, wie deren seinerzeitige Einkommensteuerfreiheit nach dem alten bayerischen EStG. von 1910 (Art. 4 Ziff. 9). Eine sachliche Änderung besteht hinsichtlich der Baugenossenschaften in der Herabsetzung des privilegierten Zinsfußes. Die in Art. 3 Abs. 1 Ziff. 4c des Gewerbsteuergesetzes in der Fassung v. 18. Juli 1923 bestimmte Zinsgrenze für die Anerkennung der Baugenossenschaften als gemeinnützig (10%) wurde als den bisherigen Verhältnissen nicht mehr entsprechend durch die Zinsgrenze des Gesetzes vom 27. Juli 1921 (5%) ersetzt. Die näheren Bestimmungen der Voraussetzungen der „Gemeinnützigkeit" sind festgelegt in den §§ 6—9 der DurchfVO. z. KStG. Zur Erzielung der Übereinstimmung der Vorschriften ist das Staatsministerium der Finanzen in die Lage versetzt worden, den Hundertsatz den reichsrechtlichen Vorschriften anzugleichen. Ausdrücklich ist betont, daß auch bei den „übergeordneten Verbänden" das Anstreben eines gewerblichen Gewinns die Befreiung ausschließt, ferner daß bei diesen ebenfalls Voraussetzung der Steuerfreiheit ist, daß sich ihre Tätigkeit auf den Kreis ihrer Mitglieder beschränkt. (Vgl. jedoch hiezu Bek. § 4 IV.)

Die umfangreichen Erläuterungen Breunigs in seinem Kommentar zum alten bayerischen EStG., die auch eine eingehende Darlegung der historischen Entwicklung geben (§ 39—53 Anm. 13 bis 24), bleiben nach wie vor verwertbar.

Den vom Staatshaushaltsausschuß an den Landtag gestellten Antrag:

Die Staatsregierung sei zu ersuchen in die Vollzugsvorschriften zum Gewerbsteuergesetz eine Bestimmung aufzunehmen, nach der die Finanzämter gehalten sind, bei der Gewerbsteuerveranlagung die Steuerpflicht der in Art. 3 Ziff. 6 genannten Genossenschaften und Wirtschaftsverbände, sowie übergeordneten Verbände sorgfältig zu prüfen und von denjenigen landwirtschaftlichen Genossenschaften und übergeordneten Verbänden, die sich mit der Abgabe von Waren befassen, neben oder an Stelle der Steuererklärung ein vom Vorstand und Aufsichtsrat genehmigtes Verzeichnis aller Waren, die sie führen, einzufordern.

wurde Zustimmung erteilt. (Siehe Bek. § 3 VI mit § 19 Abs. VIII.) Ein Eventualantrag Dr. Roth (B. Bl.) der den gestellten Antrag auf alle Genossenschaften, Wirtschaftsverbände und übergeordneten Verbände ausgedehnt wissen wollte, wurde abgelehnt, nachdem der Finanzminister und der Vorsitzende Abg. Speck dargelegt hatten, daß auch ohne eine solche Erweiterung die Finanzämter an und für sich überall dort, wo Genossenschaften, Wirtschaftsverbände usw. den Geschäftsbetrieb über ihren eigentlichen Zweck hinaus ausgedehnt haben, entsprechend vorgehen.

Der Antrag Ackermann (Soz.), der nicht nur die landwirtschaftlichen und Produktivgenossenschaften von der Gewerbsteuer befreit wissen wollte, sondern diese Steuerbefreiung auch auf die Konsumgenossenschaften ausgedehnt verlangte, wurde abgelehnt mit der Begründung, daß die landwirtschaftlichen und Produktivgenossenschaften sich auf einen ganz bestimmten Kreis erstrecken und den Zweck haben, diesen Kreis konkurrenz- und wettbewerbsfähig zu erhalten.[1]) Dort wo die Genossenschaften über ihren eng gezogenen Kreis hinausgehen und mit anderen Worten Handel treiben, sollten sie selbstverständlich gewerbsteuerpflichtig bleiben.

Aus der Rechtsprechung der OVG. seien folgende Leitsätze aufgeführt:

a) „**Förderung des Erwerbs** (nicht der Hauswirtschaft)" (Bek. § 4 I): erfüllt, auch wenn für die Genossen Kohlen und Mehl beschafft werden, wenn die beschafften Mengen sich nur im Rahmen des Bedarfs der Betriebe halten. (OVG. XIII, 204, XV, 85 a. M. [allerdings ohne nähere Begründung] Ringelmann-Mühlfeld S. 47 unter Bezugnahme auf OVG. X, 85.)

b) „**Ausdehnung über den Kreis der Mitglieder**" (Bek. § 4 III): als unschädlich wurde erachtet von Seiten eines Kreditvereins die Hereinnahme von Geldern von Nichtgenossen insoweit, als diese nötig waren, um das Kreditbedürfnis der Mitglieder zu befrie-

---

[1]) über d. manchmal flüssige Grenze v. Konsumgen.- u. Produktivgenossensch. vgl. OVG. X, 85, über d. sog. Konsumanstalten (Wohlfahrtseinrichtungen v. Großbetrieben): PrOVG. 9, 411.

digen, ferner die Einlegung überflüssiger Mittel bei Bankanstalten und vereinzelte Darlehensgabe an Nichtgenossen (OVK. XV, 207), ferner Rohstoffbezug bei Mißernten (OVK. XX, 115). Dagegen wurde die Steuerpflicht bejaht bei einer Lieferungsgenossenschaft von Schneidern, die während des Krieges längere Zeit Nichtgenossen fast in demselben Umfang wie ihren Genossen Heereslieferungen vermittelte (OVK. XX, 15).

c) „**Übergeordnete Verbände**" (Bek. § 4 IV): die eingeräumte Vergünstigung ist zwar von einer „bestimmten" rechtlichen Form nicht abhängig (sie kann auch einem rechtsfähigen Verein zustehen: OVK. XIV, 41) aber die Form mußte bisher derart sein, daß sie kein wesentliches Begriffsmerkmal einer Genossenschaft (z. B.: unbegrenzte Zahl der Mitglieder) vermissen ließ. Aktiengesellschaften entsprachen dieser Begriffsbestimmung nicht. (OVK. XIV, 151). Diese Einschränkung ist nunmehr durch die geänderte Wortfassung des Gesetzes in Wegfall gekommen. (So auch Bek. § 4 IV a. E. Kein Verlust der Vergünstigung für den übergeordneten Verband, weil entgegen seiner Absicht eine angeschlossene Genossenschaft durch Gestaltung ihres Betriebes gewerbsteuerpflichtig wird (OVK. XVI, 92).

d) **Baugenossenschaften** (Bek. § 4 V und VI): Voraussetzung der steuerlichen Begünstigung ist, daß der satzungsgemäß festgelegte Zinsfuß (jetzt 5%) auch tatsächlich innegehalten wird (OVK. XVIII, 18 [vgl. auch **e**]).

e) „**Anstreben eines gewerblichen Gewinnes**" (Bek. § 4 VII mit III): V e r n e i n t: bei Baugenossenschaften das bloße Vermieten von Gebäuden zu Wohn- und Betriebszwecken (OVK. XVIII, 18); bei Vorschußvereinen Ausführung vereinzelter Effekten und allgemeiner Geldgeschäfte (XV, 98), bei landwirtschaftlichen Genossenschaften der im Rahmen ihrer Aufgabe sich haltende Güterhandel (XIV, 201). D a g e g e n: gewerbsmäßiger Betrieb eines Bankgeschäftes durch einen Kreditverein (XV, 243). Siehe auch XVI, 281 (landwirtschaftliche Genossenschaftsbrennerei) XVIII, 18 (Betrieb einer Bierwirtschaft durch eine Baugenossenschaft).

Wird bei einer Genossenschaft das Vorliegen eines Gewerbebetriebes bejaht (wie z. B. bei dem Kreditverein, der ein Bankgeschäft betreibt), dann sind auch solche Teile der Einkünfte als g e w e r b l i c h e Einkünfte und Erträge steuerbar, die, wie das bei Einnahmen aus Hausbesitz der Fall ist, mit dem Gewerbebetrieb nicht in unmittelbarem Zusammenhang stehen (XV, 243). Dagegen begründet, wenn sonst die Voraussetzungen der Steuerfreiheit erfüllt sind, ein gewerblicher Nebenbetrieb von nebensächlicher Bedeutung noch nicht die Steuerpflicht der Genossenschaft (XVIII, 18). Vgl. auch Anm. 4a zu Art. 1 und Anm. 2 zu Art. 2.

7. Gewerblicher Gewinn der Genossenschaften und übergeordneter Verbände: Als gewerblicher Gewinn hat jener Gewinn zu gelten, der durch Geschäfte erzielt wird, die über den der Genossenschaftsgattung entsprechenden Zweck hinausgehen oder die — abgesehen von den durch die Verwaltung bedingten Vorbereitungs- und Vermittlungshandlungen — mit Nichtangehörigen der Genossenschaft abgeschlossen werden (OVK. XXII, 212).

8. **Vormerkungsweise Veranlagung:** Bek. § 5 vgl. ferner Bleyer, Steuerrecht der bayerischen Gemeinden, 2. Aufl. S. 80 ff. Die vormerkungsweise Veranlagung der vom Staate betriebenen Gewerbe, z. B. das Hofbauamt, die staatlichen Bergwerke, die Staatsbank usw. ist aufrecht erhalten worden. Die Veranlagung der Staatsbetriebe hinsichtlich der sog. Versorgungsbetriebe besteht dagegen nicht mehr

Art. 4[1][2][3].

Mehrere Unternehmer eines Gewerbes.

I Das Gewerbe ist, auch wenn es von mehreren Personen gemeinschaftlich betrieben wird, einheitlich als einziges Gewerbe zu veranlagen[4], die Unternehmer gelten als Gesamtschuldner[5] der Steuer.

Mehrere Gewerbe eines Unternehmers.

II Mehrere Gewerbe desselben Unternehmers werden einheitlich wie ein einziges Gewerbe veranlagt[6]. Kommen für sie verschiedene Wirtschaftsjahre in Betracht, so gilt als Steuerabschnitt (Art. 13) das Wirtschaftsjahr, das als letztes im Kalenderjahr endet und beim Zusammentreffen vom Kalenderjahr abweichender Wirtschaftsjahre mit dem Kalenderjahr das Kalenderjahr. In diesen Fällen sind bei der Ertragsermittlung die Erträge aus einem Betriebe, dessen Wirtschaftsjahr mit dem Steuerabschnitt nicht übereinstimmt, nicht mit dem im Steuerabschnitt erzielten, sondern mit dem im Wirtschaftsjahr erzielten Betrag anzusetzen[7].

Bek. § 6.

(Zu Art. 4.)

Einheitliche Veranlagung.

I *Nach Art. 4 Abs. I ist das Gewerbe, auch wenn es von mehreren Personen gemeinschaftlich betrieben wird, einheitlich als ein einziges Gewerbe zu veranlagen. Das gilt insbesondere für die offenen Handelsgesellschaften und für die einfachen Kommanditgesellschaften, auch für offene Handelsgesellschaften, die sich in Liquidation befinden, solange sie noch ein Gewerbe betreiben. Eine einheitliche Veranlagung kann aber auch z. B. dadurch veranlaßt sein, daß etwa meh-*

rere Ärzte als Unternehmer gemeinschaftlich ein Sanatorium gewerbsmäßig betreiben (zu vgl. § 11 Abs. III).

II *Mehrere Gewerbe desselben Unternehmers werden einheitlich wie ein einziges Gewerbe veranlagt. Diese Vorschrift ist auch dann anzuwenden, wenn mehrere Gewerbe von einem und demselben Unternehmer unter verschiedenen Firmen betrieben werden. Kommen bei dieser einheitlichen Veranlagung verschiedene Wirtschaftsjahre in Betracht, so ergibt sich die Frage, nach welchem dieser Wirtschaftsjahre sich mit Rücksicht auf Art. 13 Abs. I und II der für die Gewerbsteuerveranlagung maßgebende Steuerabschnitt richtet. Art. 4 Abs. II Satz 2 trifft hierüber in Angleichung an § 10 Abs. 2 Satz 2 EStG. eine Regelung entsprechend dem in Art. 13 Abs. I aufgestellten Grundsatz. Näheres hierüber siehe unter § 16 Abs. I.*

Unverändert gegenüber Art. 4 Abs. I GewStG. 1921/23. Art. 4 Abs. II hat gegenüber Art. 4 Abs. 2 GewStG. 1921/23 einen Zusatz erhalten.

(S. Art. III a AbändG. S. 243.)

Die Bestimmung steht im Einklang mit § 65 Abs. I Nr. 2 und 3 EStG. und § 22 KStG. in Verbindung mit § 15 AusfBest. z. EStG. und § 3 AusfBest. z. KStG.

a) Gemeinsamer Betrieb eines Gewerbes durch mehrere Personen.

1. Wirkung des Eintritts oder Ausscheidens von Teilhabern der offenen Handelsgesellschaft auf den Stand der Einkommen- oder Ertragsquelle OVG. XVIII, 136 XIX, 24.

2. Kuxe einer Gewerkschaft als gewerbliches Betriebskapital einer A.-G., die sämtliche Kuxen der Gewerkschaft besitzt. OVG. XX, 134.

3. Gemeinschaftlicher Betrieb des Musikergewerbes. OVG. XXI S. 98.

4. Einheitliche Veranlagung: Bek. § 6 I. Die Begründung zu § 26 des RBewG. hebt auf Seite 39 hervor, daß sich bei den Gewerbesteuern der Länder die Besteuerung des Vermögens der offenen Handels- und Kommanditgesellschaften sehr bewährt habe und auch dem Charakter der Gewerbesteuer als einer auf dem Betrieb als solchem ruhenden Realsteuer entspreche. § 26 Abs. 2 S. 3 und 46 des Reichsbewertungsgesetzes bestimmen daher, daß offene Handelsgesellschaften und Kommanditgesellschaften für die Steuern vom Vermögen einen selbständigen gewerblichen Betrieb bilden; es ist demgemäß ein Einheitswert für das gesamte Vermögen der Gesellschaft — also nicht etwa anteilsmäßig für jeden Gesellschafter — festzustellen. Entsprechend dieser Regelung bestimmt das Vermögenssteuergesetz, daß offene Handelsgesellschaften und Kommanditgesellschaften als solche subjektiv vermögenssteuerpflichtig sind. Im Gegensatz zur Einkommensteuer werden also statt der einzelnen Gesellschafter die Gesellschaft als solche zur Vermögenssteuer und auch zur bayerischen Gewerbsteuer herangezogen.

5. Gesamtschuldner: Bek. § 6 I. Abweichung gegenüber § 80 II AO. Steht ein Gegenstand mehreren zur gesamten Hand zu (Gesamthandgemeinschaft), so sind die Beteiligten so zu besteuern, wie wenn sie nach Bruchteilen berechtigt wären.

b) Mehrere Gewerbe eines Unternehmers.

6. Bek. § 6 II: Diese Bestimmung stand im Widerspruch mit § 9 LStG., der die Ausgestaltung der Ertragssteuern wie Einkommensteuern verbot. Das an Stelle des LStG. getretene Fin.-Ausgl. G. hat im § 10 dieses Verbot fallen gelassen. Nach der Neufassung soll nur die allgemeine steuerliche Leistungsfähigkeit nicht berücksichtigt werden.

7. Bek. § 6 II. Nach Art. 13 des GewStG. 1921/23 wurde die Gewerbsteuer jeweils für ein Rechnungsjahr (= Zeitraum von April mit März) veranlagt. Eine besondere Bestimmung über die Art und Weise, wie die einheitliche Veranlagung mehrerer Gewerbe in der Hand eines Unternehmers zu vollziehen war, war bei dieser Regelung nicht erforderlich, weil, wenn auch für die mehreren Gewerbe u. U. verschiedene Besteuerungsgrundlagen in Betracht kommen konnten, diese mehreren Grundlagen doch stets von selbst zu einer einheitlichen Steuer für ein Rechnungsjahr führten.

Im Anschluß an die Neuregelung für die Einkommen- und Körperschaftssteuer nach den Gesetzen vom 10. August 1925 ist nunmehr durch den Zusatz zu Art. 4 II für die Gewerbsteuer das bisherige Rechnungsjahr als Steuerjahr und Erhebungsjahr aufgehoben und für den Steuerpflichtigen der Steuerabschnitt im Einklang mit § 10 Abs. II EStG. an dessen Stelle gesetzt worden.

Vgl. im übrigen bezügl. Veranlagung mehrerer Betriebe mit verschiedenen Wirtschaftsjahren die Begründung zum Entwurf des Einkommensteuergesetzes S. 40.

Art. 5.

Ehegatten als Unternehmer.

I Mit dem Gewerbe des Ehemanns ist ein von dessen Ehefrau selbständig betriebenes Gewerbe ohne Rücksicht auf den ehelichen Güterstand einheitlich zu veranlagen[1]).

II Im Falle einheitlicher Veranlagung gelten die Ehegatten als Gesamtschuldner der Steuer, wenn nicht nachgewiesen wird, welches Betriebskapital und welcher

Ertrag auf das Gewerbe der Ehefrau treffen; in diesem Falle haftet die Ehefrau nur für den hierauf entfallenden Teil der Steuer[2]).

III Die einheitliche Veranlagung hat zu unterbleiben, wenn die Ehegatten dauernd getrennt leben[3]).

IV Die einheitliche Veranlagung erfolgt erstmals für das auf den Eintritt der Voraussetzungen folgende Kalender- oder Wirtschaftsjahr und dauert bis zum Wegfalle der Voraussetzungen. Für die Bestellung des für die Zusammenveranlagung maßgebenden Steuerabschnittes finden die Bestimmungen in Art. 4 Abs. II Satz 2 und 3 entsprechende Anwendung[4]).

Bek. § 7.
(Zu Art. 5.)

Veranlagung der Ehegatten.

I *Art. 5 Abs. I stellt den Grundsatz auf, daß mit dem Gewerbe des Ehemanns ein von dessen Ehefrau selbständig betriebenes Gewerbe ohne Rücksicht auf den ehelichen Güterstand einheitlich zu veranlagen ist. Die Ehefrau ist bei bestehender Ehe für ein von ihr selbständig betriebenes Gewerbe nur dann selbständig zu veranlagen, wenn sie dauernd vom Ehemann getrennt lebt. Eine dauernde Trennung ist anzunehmen, wenn die Ehegatten die häusliche Gemeinschaft aufgegeben haben und wenn nach den Umständen zu folgern ist, daß sie nicht die Absicht haben, sie wieder herzustellen. Als solche Trennung gilt für sich allein nicht die Abwesenheit des einen Ehegatten auf einer längeren Reise oder in einer Pflegeanstalt u. dgl. (Art. 5 Abs. III).*

II *Die einheitliche Veranlagung erfolgt erstmals für das auf den Eintritt der Voraussetzungen folgende Kalender- oder Wirtschaftsjahr und dauert bis zum Wegfall der Voraussetzungen. Für die Dauer der Zusammenveranlagung bestimmt sich der maßgebende Steuerabschnitt in der gleichen Weise wie in den Fällen des Art. 4 Abs. II (Art. 5 Abs. IV und § 6 Abs. II oben). Die Vorschriften sind sonach den Vorschriften in §§ 22, 25 Abs. 4 und § 10 Abs. 2 Satz 2 EStG. angeglichen.*

Art. 5 I, II, III unverändert gegenüber Art. 5 I, II, III GewStG. 1921/23.

Art. 5 IV geändert gegenüber Art. 5 Abs. IV GewStG. 1921/23.

(S. AbändG. Art. III b S. 243.)

1. Bek. § 7 I: Nur ein von der Ehefrau selbständig betriebenes Gewerbe ist bei dauernder Trennung der Ehegatten besonders zu veranlagen. Bleibt die getrennt lebende Ehefrau Mitinhaberin des Gewerbebetriebs des Ehemannes, so bewendet es bei der einheitlichen Veranlagung gemäß Art. 4 I.

2. Während der Ehemann für die gesamte Steuerschuld haftet, kann für die Ehefrau die Haftung auf den Betrag beschränkt werden, der nachweisbar auf das dem Gewerbe der Ehefrau treffende Betriebskapital und Ertrag entfällt.

3. Die Bestimmung ist den Vorschriften der §§ 22, 25 Abs. 4, 10 Abs. 2 des EinkStG. angeglichen. S. auch Anm. 1.

4. Bek. § 7 II: Die Regelung ist mit der im EinkStG. getroffenen Regelung gleich.

II. Veranlagungsmaßstab, Steuertarif und Steuerermäßigungen.

Art. 6.

Betriebskapitals- und Ertragsanlage.

I Die Gewerbsteuer setzt sich aus einer Betriebskapitalsanlage[1]) und einer Ertragsanlage[2]) zusammen.

II Den Maßstab für die Betriebskapitalsanlage bildet der Wert des Betriebskapitals (des Betriebskapitals im engeren Sinne und des Anlagekapitals, Art. 8, 9).

III Den Maßstab für die Ertragsanlage bildet der gewerbliche Reinertrag (Art. 10).

Filialenzuschlag.

IV Werden von einem Gewerbtreibenden zum Zwecke des Absatzes der Erzeugnisse des eigenen Geschäftsbetriebs oder zur Ausdehnung eines Handelsgewerbes mehr als ein Verkaufsladen oder mehr als eine ständige Niederlage zum Warenverkaufe gehalten, so ist für jeden weiteren Verkaufsladen und jede weitere ständige Niederlage der Betriebskapitalsanlage um einen Zuschlag von fünf vom Hundert zu erhöhen[3])[4]). Auf Konsumvereine und auf die im Art. 3 Abs. I Ziff. 6 aufgeführten Genossenschaften und übergeordneten Verbände findet diese Vorschrift keine Anwendung.

Art. 7.

Tarif.

I Die Betriebskapitalsanlage beträgt:

für die ersten	6,000 RM	des Wertes des steuerbaren gewerblichen Betriebskapitals	0,75 v. Tausend
„ „ folgenden	4,000 „		0,80 „ „
„ weitere	10,000 „		0,85 „ „
„ „	10,000 „		0,90 „ „
„ „	10,000 „		0,95 „ „
„ „	10,000 „		1,00 „ „
„ „	10,000 „		1,20 „ „
„ die weiteren Beträge			1,50 „ „

II Die Ertragsanlage beträgt:

für die ersten	3,000 RM	des steuerbaren gewerblichen Reinertrages	0,25 v. Hundert
„ „ folgenden	2,000 „		0,50 „ „
„ weitere	2,000 „		0,75 „ „
„ „	2,000 „		1,00 „ „
„ „	2,000 „		1,10 „ „
„ „	1,000 „		1,20 „ „
„ „	1,000 „		1,30 „ „
„ „	1,000 „		1,40 „ „
„ „	16,000 „		1,50 „ „
„ „	20,000 „		1,60 „ „
„ „	70,000 „		1,70 „ „
für die weiteren Beträge			1,90 „ „ [5]

Abrundung.

III Das steuerbare gewerbliche Betriebskapital ist auf volle Tausend, der steuerbare gewerbliche Reinertrag auf volle Hundert nach unten abzurunden. Die hiernach sich berechnende Betriebskapitalsanlage und Ertragsanlage sind ebenfalls auf volle Reichsmark nach unten abzurunden.

Staatszuschlag.

IV Zu der gemäß Abs. I bis III zu entrichtenden Gewerbsteuer wird zur Deckung des Staatsbedarfs bis auf weiteres ein Zuschlag von 100 Prozent für die Staatskasse erhoben. Die Erhebung von Umlagen (Kreis-, Bezirks-,

Gemeinde- und Kirchenumlagen) aus dem Zuschlag ist unzulässig [6]).

Bek. § 8.

(Zu Art. 6 und 7.)

Maßstab, Filialenzuschlag, Tarif. (Anlagen 1 und 2.)

I *Die Gewerbsteuer wird nach dem doppelten Maßstab des Werts des Betriebskapitals einerseits und des gewerblichen Reinertrags andererseits als Betriebskapitalsanlage und Ertragsanlage erhoben. Zur Vereinfachung der Steuerberechnung sind Hilfstafeln für die Betriebskapitalsanlage und für die Ertragsanlage als Anlagen 1 und 2 angefügt.*

II *Die Vorschrift im Art. 6 Abs. IV (Filialenzuschlag) bezieht sich nicht auf jede Art von Betriebsstätten, sondern nur auf Verkaufsläden und ständige Niederlagen zum Warenverkaufe. Dazu gehören auch die Schank- und Bierverkaufsstellen der Bierbrauereien. Niederlagen, die lediglich der Lagerung von Waren, nicht aber dem Warenverkaufe zu dienen bestimmt sind, ebenso Verkaufsläden und ständige Niederlagen zum Warenverkaufe, bezüglich deren nicht der Gewerbetreibende selbst als Unternehmer im Sinne des Art. 2 Abs. I in Betracht kommt, sondern die von anderen Personen auf eigene Rechnung, etwa infolge eines Pachtverhältnisses, gehalten werden, ferner Filialen, die außerhalb Bayerns gelegen sind, fallen nicht unter Art. 6 Abs. IV; ebenso nicht vereinzelt aufgestellte Automaten. Art. 6 Abs. IV bezieht sich im Hinblick auf Art. 1 Abs. II Ziff. 2 auch nicht auf Wanderlager. Der Filialenzuschlag ist aus dem Gesamtbetrage der Betriebskapitalsanlage, nicht bloß aus dem auf den Filialbetrieb entfallenden Teilbetrage der Betriebskapitalsanlage zu berechnen; er wird auch der Umlagenberechnung zugrunde gelegt, auch wenn die Gemeinde noch eine besondere Filialsteuer gemäß Art. 5 Abs. III des Vollzugsgesetzes zum Finanzausgleichsgesetz vom 28. April 1924 (GVBl. S. 157) erhebt. Der Filialenzuschlag gilt für die Behandlung in der Steuerliste usw. als Teil der Betriebskapitalsanlage.*

Art. 6 unverändert gegenüber Art. 6 GewStG. 1921/23 mit der Ausnahme, der im Abs. IV Satz 2 erfolgten Änderung der Artikelfolge bezügl. der Genossenschaften (Siehe AbändG. Art. III c S. 243.)

Art. 7 Abs. I und II enthält eine Änderung des Tarifs gegenüber Art. 7 Abs. I und II des GewStG. 1921/23. Abs. III enthält wieder die Ziffern des Gesetzes vom 27. Juli 1921. Abs. IV enthält neu die Erhebung des Staatszuschlages. Die im Art. 7 Abs. IV GewStG. 1921/23 enthaltene Höchstgrenze für die Belastung des gewerblichen Reinertrages ist nicht mehr eingefügt. (Siehe AbändG. Art. IV S. 243.)

1. Betriebskapitalsanlage: baut sich auf den Grundsätzen des Reichsbewertungsgesetzes auf. Siehe hierüber Art. 8 und 9. Diese Angleichung ist bedingt durch die Vorschriften des Reichsbewertungsgesetzes, wonach die Vermögensbewertung für Steuern, die das Reich, die Länder oder Gemeinden nach dem Merkmale des Wertes erheben, einheitlich sein muß (Einheitswertbesteuerung).

2. Ertragsanlage: baut sich auf den Grundsätzen des Reichseinkommens bzw. Körperschaftssteuergesetzes auf. Siehe hierüber Art. 10. Betriebskapitalsanlage und Ertragsanlage werden zusammen gerechnet; die Summe ergibt im Regelfall die Gewerbsteuer. (Siehe aber auch Art. 12.)

3. Filialen-Zuschlag: Bek. § 8 II. Zum Schutze der Kleingewerbetreibenden „gegen solche Gewerbe, die durch Errichtung von Filialen eine solche Ausdehnung gewinnen, daß andere Gewerbetreibende hart bedrängt werden", ist der sog. Filialzuschlag eingeführt, der Unternehmer mit mehr als einem Verkaufsladen oder mit mehr als einer ständigen Niederlage durch einen Zuschlag von 5 v. H. für jedes weitere Filialgeschäft zur gesamten Betriebskapitalsanlage erfaßt z. B. Warenhäuser, die Filialen unterhalten.

Voraussetzung hiefür ist:

a) daß es sich um eine Niederlage oder einen Laden handelt, in dem verkauft wird,
b) daß diese Niederlagen in Bayern ihren Sitz haben,
c) daß der Gewerbetreibende sie selbst auf eigene Rechnung betreibt.

Niederlagen ohne Verkaufseinrichtung, also bloße Warenlager oder Betriebsstätten ohne Verkaufsabteilung oder solche, die nicht in Bayern gelegen sind oder solche, die von anderen Personen, z. B. im Pachtverhältnis betrieben werden, begründen nicht den Filialzuschlag, für den alle drei oben angeführten Voraussetzungen zutreffen müssen.

Befreit vom Filialzuschlag sind die Konsumvereine und die im Art. 3 Abs. I Ziff. 6 aufgeführten Genossenschaften und übergeordneten Verbände. Ein Antrag Maurer, der die Filialen der Konsumvereine und aller Genossenschaften, die Filialen unterhalten, mit der Filialsteuer belegt wissen wollte, wurde im Landtag abgelehnt.

Der Filialenzuschlag findet auf Betriebsstätten keine Verwendung, die Waren nur im großen an Wiederverkäufer abgeben. Der Filialenzuschlag unterliegt auch der Umlagenberechnung.

4. Gemeindliche Filialsteuer: Art. 5 des bayerischen Gesetzes z. Vollz. d. FAG. (GVBl. 1924 S. 156 ff.). S. auch Bleyer, Steuerrecht der bayer. Gemeinden, 2. Aufl. S. 70.

Darnach können die Gemeinden — nicht Bezirke und Kreise — beschließen:

a) daß gewerbliche Unternehmungen, deren Geschäftsbetrieb zur gewinnbringenden Verwertung größerer Betriebsmittel eine außergewöhnliche Ausdehnung hat und durch die Art des Geschäftsverfahrens von den Grundsätzen und Formen der üblichen Gewerbeausführung wesentlich abweicht, besondere Zuschläge zur Gewerbsteuer zu entrichten haben (Warenhaussteuer),

b) daß Gewerbetreibende, die im Gemeindebezirk, ohne in ihm ihren Wohnsitz oder Hauptbetriebssitz zu haben, Verkaufsstellen oder Lager unterhalten, von denen aus Waren zum Verkaufe abgegeben werden, zur Entrichtung besonderer Zuschläge zur Gewerbsteuer verpflichtet sind (Filialsteuer).

Diese Zuschläge dürfen 200%, im Falle b) für Gewerbebetriebe, die nicht unter a) fallen, 50% der auf die Gemeinde treffenden Gewerbsteuer nicht übersteigen. Diese Zuschläge nach Art. 7 VollzG. werden neben der Gewerbsteuer und neben den hierauf nach dem VollzG. treffenden Umlagen erhoben; der Filialenzuschlag und die Umlagenerhebung hieraus wird durch sie gleichfalls nicht berührt (Ringelmann-Mühlfeld S. 64).

5. Tarif: Bek. § 8[1].

Proportionale Belastung bei den Objektsteuern, progressive Belastung bei den Subjektsteuern. Dies ist ein alter finanzpolitischer Grundsatz, der Gemeingut von Wissenschaft und Praxis der Steuergesetzgebung seit Einführung moderner Steuersysteme ist.

Das bayerische Gewerbsteuergesetz von 1910 hatte den Gedanken der proportionalen Belastung von Betriebsvermögen und Betriebserträgnis zur Durchführung gebracht. Die für die kleineren Betriebsvermögen unter 50000 Mark und Erträgnisse unter 14000 Mark vorgesehene Degression ist der beste Beweis dafür, daß es sich bei der Gewerbsteuer 1910 um eine proportionale Steuer handelte. Die Regierungsvorlage des Jahres 1921 ist auf der gleichen Linie geblieben. Nicht die Staatsregierung, sondern der Landtag änderte die Tendenz des alten Gewerbsteuergesetzes, indem er die Regierungsvorlage im Sinne einer stärkeren Erfassung der größeren Vermögen und Erträgnisse umgestaltete. Die außerordentlich starke Progression dieses Inflationstarifs war für die Praxis eigentlich vollkommen bedeutungslos, da Betriebskapitalsanlage wie Ertragsanlage auch bei den kleinsten Unternehmungen ohne weiteres in die höchsten Stufen des Tarifs einzureihen waren. Jetzt, da wir in Goldmark rechnen, müssen derartige Unterschiede wieder viel stärker in die Erscheinung treten.

Die Regierungsvorlage des jetzigen Gewerbsteuergesetzes hat die Staffelung des Tarifs von 1921 und 1923 beibehalten und noch eine weitere Höchststufe eingeführt, die bei der Betriebskapitalsanlage 2 v. T., bei der Ertragsanlage 2 v. H. beträgt, weiterhin einen 100%igen Staatszuschlag. Die gesamte bayerische Wirtschaft hat gegen diese ungewöhnlich hohe Belastung, mit ihrer

Auswirkung durch die Gesamtumlagen von 460%, den schärfsten Einspruch erhoben, insbesondere gegen die progressive Ausgestaltung, wodurch die Leistungsfähigkeit des Steuerpflichtigen in den Vordergrund gerückt wird, was mit dem Wesen einer Ertragssteuer unvereinbar ist. Der Finanzminister äußerte sich hierzu gelegentlich der Behandlung des Gesetzes im Landtag u. a.: Es sei gesagt worden, die Progression sei bei der Gewerbsteuer nicht zulässig. Hier mache man einen Fehler in bezug auf das System der Besteuerung. Es sei klar, daß die allgemeine Leistungsfähigkeit nur bei der allgemeinen Einkommensteuer berücksichtigt werden könne; anderseits sei es unbedenklich, die besondere Leistungsfähigkeit aus einer bestimmten Ertragsquelle heraus bei der Ergänzungssteuer zu berücksichtigen. Sei das noch unter dem früheren Landessteuergesetz etwas zweifelhaft gewesen, so sei es nunmehr nach dem neuen Finanzausgleichsgesetze vom Vorjahre klar gestellt. Er verweise auf § 9 dieses Gesetzes. (Stenograph. Bericht Nr. 129 S. 781.)

Von maßgebenden Wirtschaftsverbänden wurde beantragt, auf den Tarif von 1910 zurückzugreifen. Der Staatshaushaltsausschuß hat laut Beilage 2215 eine Änderung des Art. 7 Abs. I und II beantragt.

Zur Orientierung über die vorgeschlagenen Änderungen folgt nachstehend sowohl der im Gesetzentwurf enthaltene, als auch der vom Staatshaushaltsausschuß vorgeschlagene Tarif:

Die **Betriebskapitalsanlage** betrug:

a) nach der Regierungsvorlage:

für die ersten	6 000	*RM*	des Wertes des steuerbaren gewerblichen Betriebskapitals	0,75	vom Tausend
„ „ folgenden	4 000	„		0,80	„ „
„ weitere	10 000	„		0,85	„ „
„ „	10 000	„		0,90	„ „
„ „	10 000	„		0,95	„ „
„ „	10 000	„		1,00	„ „
„ „	50 000	„		1,50	„ „
„ die weiteren Beträge				2,00	„ „

b) nach dem Antrag des Staatshaushaltsausschusses:

für die ersten	6 000	*RM*	des Wertes des steuerbaren gewerblichen Betriebskapitals.	0,75	vom Tausend
„ „ folgenden	4 000	„		0,80	„ „
„ weitere	10 000	„		0,85	„ „
„ „	10 000	„		0,90	„ „
„ „	10 000	„		0,95	„ „
„ „	10 000	„		1,00	„ „
„ „	10 000	„		1,20	„ „
„ die weiteren Beträge				1,50	„ „

Die **Ertragsanlage** betrug:

a) nach der Regierungsvorlage:

für die ersten	3 000 *RM*		0,25 vom Hundert
„ „ folgenden	2 000 „		0,50 „ „
„ „ weiteren	2 000 „		0,75 „ „
„ „ „	1 000 „	des	1,00 „ „
„ „ „	1 000 „	steuerbaren	1,10 „ „
„ „ „	1 000 „	gewerblichen	1,20 „ „
„ „ „	1 000 „	Rein-	1,30 „ „
„ „ „	1 000 „	ertrages	1,40 „ „
„ „ „	18 000 „		1,50 „ „
„ „ „	20 000 „		1,60 „ „
„ „ „	70 000 „		1,70 „ „
„ „ „ Beträge			2,00 „ „

b) nach dem Antrag des Staatshaushaltsausschusses:

für die ersten	3 000 *RM*		0,25 vom Hundert
„ „ folgenden	2 000 „		0,50 „ „
„ „ weiteren	2 000 „		0,75 „ „
„ „ „	2 000 „	des	1,00 „ „
„ „ „	2 000 „	steuerbaren	1,10 „ „
„ „ „	1 000 „	gewerblichen	1,20 „ „
„ „ „	1 000 „	Rein-	1,30 „ „
„ „ „	1 000 „	ertrages	1,40 „ „
„ „ „	16 000 „		1,50 „ „
„ „ „	20 000 „		1,60 „ „
„ „ „	70 000 „		1,70 „ „
„ „ „ Beträge			1,90 „ „

Der Landtag hat am 9. Juli dem Antrag des Ausschusses für den Staatshaushalt (Beilage 2278) die Zustimmung erteilt. Außerdem hat der Landtag beschlossen:

1. Die Staatsregierung wird ersucht, alsbald nach Abschluß der Gewerbsteuerveranlagung für die im Kalenderjahre 1925 endenden Steuerabschnitte (Gewerbsteuerveranlagung für 1925) das Ergebnis dieser Veranlagung nach ihrem Sollbetrag unter möglichster Berücksichtigung der eingelegten Rechtsmittel und der voraussichtlichen Nachlässe feststellen zu lassen und, falls dieses Ergebnis einschließlich des Zuschlags von 100% für die Staatskasse das im Staatshaushalte für 1926 vorgesehene Gewerbsteuersoll von 24 Millionen Reichsmark wesentlich übersteigt, der Frage einer entsprechenden Milderung der Tarifsätze beziehungsweise des Zuschlags näherzutreten, die tunlichst schon bei den im Kalenderjahre 1927 stattfindenden Veranlagungen

für die im Kalenderjahre 1927 endenden Steuerabschnitte in Kraft treten soll.

2. Sollte auf Grund der Veranlagungen 1925 und 1926 noch vor der Abschlußzahlung feststehen, daß unter Berücksichtigung der eingelegten Rechtsmittel und einer angemessenen Quote für Rückstände und Nachlässe das im Staatshaushalte für 1926 vorgesehene Gewerbsteuersoll um 24 Millionen Reichsmark durch den 100%igen Zuschlag wesentlich überschreitet, wird die Staatsregierung ersucht, durch alsbaldige Senkung des Zuschlags eine Milderung herbeizuführen.

6. Die Erhebung von Umlagen war bereits aus dem zu den Gewerbsteuervorauszahlungen „zur Deckung des dringenden allgemeinen Staatsbedarfs" erhobenem Staatszuschlag unzulässig. (Siehe § 4 der VO. über die Entrichtung der Gewerbsteuer im Rechnungsjahre 1924 vom 5. Mai 1924 (GVBl. S. 155).

Art. 8.[7][8]).

Umfang des Betriebskapitals.

I Das Betriebskapital[1]) umfaßt — ohne Rücksicht darauf, ob die einzelnen Betriebskapitalbestandteile im Eigentum des Unternehmers (Art. 2) stehen oder nicht — sämtliche dem Gewerbebetrieb gewidmeten Gegenstände und Rechte[2]) mit Ausnahme jener, die der Grund- und Haussteuer unterliegen[3]).

II Unter der Voraussetzung dieser Widmung sind insbesondere hierher zu rechnen:[9])

1. benützbar gemachte Wasserkräfte nebst den zugehörigen Wasserbauten und Anlagen, Mineralquellen,
2. Maschinen, Werkzeuge, Gerätschaften, Vorräte an Kohlen, Holz, Petroleum usw.,
3. Tiere und Futtervorräte,
4. Realgewerbeberechtigungen, Urheber- und Patentrechte, Nießbrauchs-, Gebrauchs- und sonstige Nutzungsrechte.
5. Roh- und Hilfsstoffe einschließlich der in Bearbeitung befindlichen Stoffe und die zum Verkaufe bestimmten Vorräte an Erzeugnissen von Waren.
6. Vorräte an barem Gelde, Gold und Silber in Barren, Papiergeld, Banknoten, Wechseln, Wertpapieren, vom Gewerbebetriebe herrührende Ausstände einschl.

der Kontokorrentguthaben, Darlehensforderungen der Pfandbriefanstalten, der Darlehenskassen und der Kreditinstitute.

Schuldenabzug.

III An dem Werte der Gegenstände des umlaufenden Betriebskapitals (Abs. II Ziff. 5 und 6) dürfen die aus der Inanspruchnahme von Warenbezugskredit oder Bankkredit sowie alle sonstigen unmittelbar aus dem laufenden Geschäftsbetriebe herrührenden Kapitalschulden[4]) abgezogen werden. Zu diesen Kapitalschulden zählen auch die Pfandbriefschulden der Pfandbriefanstalten, die solchen Pfandbriefschulden gleichstehenden Verbindlichkeiten der Darlehenskassen und Kreditinstitute und die Prämienreserven der Versicherungsanstalten. Im übrigen ist der Schuldenabzug an dem Werte des Betriebskapitals nicht gestattet[5]).

Grundstücke und Gebäude als Betriebskapital.

IV Die Ausnahme des Abs. I gilt nicht, soweit Grundstücke und Gebäude wie Waren den Gegenstand des gewerbsmäßigen An- und Verkaufs bilden[6]). In diesem Falle ist jedoch die Betriebskapitalsanlage um die Grund- und die Haussteuer zu kürzen, mit denen solche Grundstücke oder Gebäude veranlagt sind.

Bek. § 9.

(Zu Art. 8.)

Betriebskapital.

I *Nach Art. 8 Abs. I umfaßt das Betriebskapital grundsätzlich sämtliche dem Gewerbebetrieb gewidmeten Gegenstände und Rechte. Diese für die Besteuerung geforderte Voraussetzung, daß die Gegenstände und Rechte einem bestehenden Betrieb gewidmet sind, wird in der Regel bei den erst in der Entstehung befindlichen Betrieben und Betriebsteilen, insbesondere bei im Bau begriffenen, noch nicht in Betrieb genommenen Neu- und Erweiterungsbauten nicht gegeben sein. Zur Vermeidung einer Doppelbesteuerung sind lediglich jene Gegenstände und Rechte ausgenommen, die bereits der Grund- und der Haussteuer unterliegen. Die weitere Ausnahme von der Steuerpflicht für Gegenstände und Rechte, „aus deren Erträgnissen Kapitalertragsteuer an das Reich zu entrichten ist“, ist weggefallen, nachdem eine Kapitalertragsteuer vom Reich nicht mehr erhoben wird. Die neben der Gewerbsteuerpflicht bestehende Verpflichtung zur Entrichtung des Steuerabzugs vom Kapitalertrag nach Maßgabe der §§ 85 bis 88 EStG. und § 24 KStG. begründet eine zu beseitigende Doppelbesteuerung nicht, weil es sich bei diesem Steuerabzug um die in besonderer Form erhobene Einkommensteuer und Körperschaftsteuer, nicht etwa um eine Ertragsteuer handelt. Dadurch, daß das Gewerbsteuergesetz jene Gegenstände und Rechte von der Gewerbsteuerpflicht ausnimmt, die der Grund- und der Haussteuer unterliegen, weicht es vom Reichsbewertungsgesetz ab, das zum Betriebsvermögen (§§ 26 bis 33) auch diese Teile einer wirtschaftlichen Einheit, die dem Betrieb eines Gewerbes als Hauptzweck dient, rechnet. Diese Abweichung gründet sich auf die ausdrückliche Ermächtigung in § 4 Abs. 2 Nr. 1 RBewG. Unter die Ausnahme des Art. 8 Abs. I hinsichtlich der Gegenstände und Rechte, die der Grund- und der Haussteuer unterliegen, fallen auch befreite Gebäude (zu vgl. §§ 2 und 33 des Haussteuergesetzes und § 5 des Finanzgesetzes für das Haushaltsjahr 1926 vom 9. Juli 1926, GVBl. S. 355).*

II *Aus dem Grundsatze, daß die Betriebskapitalsanlage sämtliche dem Gewerbebetrieb gewidmeten Gegenstände und Rechte umfaßt, ergab sich schon nach dem bisherigen Rechtszustand, daß sich die Gewerbsteuerpflicht grundsätzlich auch auf solche dem Gewerbebetrieb gewidmeten Gegenstände und Rechte erstreckte, die nicht im Eigentum des Unternehmers selbst stehen. Das Gesetz spricht dies nunmehr durch den Zusatz im Art. 8 Abs. I „ohne Rücksicht darauf, ob die einzelnen Betriebskapitalsbestandteile im Eigentum des Unternehmers (Art. 2) stehen oder nicht" ausdrücklich aus. Damit ist eine weitere Abweichung des Gewerbsteuergesetzes hinsichtlich der Umgrenzung des steuerbaren Betriebskapitals gegenüber der Umgrenzung des Betriebsvermögens im Sinne des Reichsbewertungsgesetzes klargestellt. Nach dem Reichsbewertungsgesetz gehören zum Betriebsvermögen zufolge §§ 9 und 26 Abs. 1 alle Teile einer wirtschaftlichen Einheit, die dem Betrieb eines Gewerbes als Hauptzweck dient, soweit die Gegenstände dem Betriebsinhaber gehören. Das Reichsbewertungsgesetz stellt somit den Umfang des Betriebsvermögens auf die im Eigentum des Unternehmers stehenden Gegenstände (Teile der wirtschaftlichen Einheit) ab und behandelt folgerichtig im § 26 Abs. 3 solche Gegenstände, die einem anderen als dem Eigentümer zum Betrieb eines Gewerbes dienen, als selbständigen gewerblichen Betrieb des Eigentümers, wenn sich unter ihnen dauernd dem Betrieb gewidmete Gegenstände (Gegenstände des Anlagekapitals) befinden, die als solche nach Art und Menge im wesentlichen zur Ausübung eines selbständigen Gewerbebetriebs genügen würden.*

Die Notwendigkeit, für die Gewerbsteuer den bisherigen Grundsatz beizubehalten, ergibt sich aus ihrem Charakter als Ertragssteuer; die Möglichkeit der Beibehaltung ergibt sich aus § 4 Abs. 2 Nr. 6 RBewG.

III *Nach Art. 8 Abs. III dürfen die aus der Inanspruchnahme von Warenbezugskredit oder Bankkredit sowie alle sonstigen unmittelbar aus dem laufenden Geschäftsbetrieb herrührenden Kapitalschulden an dem vollen Werte der Gegenstände des umlaufenden Betriebskapitals (Art. 8 Abs. II Ziff. 5 und 6) abgezogen werden. Das Verbot des Abzugs der Kapitalschulden, insoweit sie in Betriebskapitalbestandteilen ihre Deckung finden, aus deren Erträgnissen Kapitalertragsteuer an das Reich zu entrichten ist, ist infolge Wegfalls der Kapitalertragsteuer des Reichs (zu vgl. Abs. I oben) beseitigt. Das Gewerbsteuergesetz weicht, wie ersichtlich, auch hinsichtlich des Schuldenabzugs vom Reichsbewertungsgesetz ab, das nach § 28 Abs. 1 zur Ermittlung des Einheitswertes grundsätzlich alle mit der Gesamtheit oder mit einzelnen Teilen des gewerblichen Betriebs im wirtschaftlichen Zusammenhang stehenden Schulden mit Ausnahme der im § 47 Abs. 1 Nr. 1a und b bezeichneten Schulden abziehen läßt. Die abweichende Regelung des Schuldenabzugs nach dem Gewerbsteuergesetz gründet sich auf § 4 Abs. 2 Nr. 5 RBewG.. Die beim Reich nicht abzugsfähigen Belastungen nach der Rentenbankverordnung, dem Industriebelastungsgesetz und dem Aufbringungsgesetz sind bei der Gewerbsteuer schon nach dem Wortlaut des Art. 8 Abs. III vom Abzug ausgeschlossen.*

IV *Abgesehen von den vorstehend bezeichneten Abweichungen sind die Grundsätze des Art. 8 gegenüber dem bisherigen Rechte unverändert beibehalten (zu vgl. auch die Ausführungen in §§ 8 bis 11 der VV. z. GewStG. vom 28. Mai 1911 und die hierzu ergangene Rechtsprechung). Bei Anwendung dieser Grundsätze sind indessen, da die Betriebskapitalsanlage Einheitswertsteuer im Sinne des § 1 Abs. 2, 3 RBewG. geworden ist, zugleich die einschlägigen Vorschriften des RBewG. entsprechend zu beachten. Zu den hiernach bei der Feststellung des steuerbaren Betriebskapitals anzuwendenden Vorschriften werden insbesondere die Vorschriften im § 26 Abs. 4 und im § 27 RBewG. gehören. Die Begünstigung nach letzterer Vorschrift hat zufolge Art. XIX Abs. V des Gewerbsteueränderungsgesetzes auch für die Gewerbsteuer die in den §§ 14 bis 16 des Gesetzes über Steuermilderungen zur Erleichterung der Wirtschaftslage vom 31. März 1926 (RGBl. I S. 185) vorgesehene Erweiterung erfahren.*

Art. 8 Abs. I hat gegenüber Art. 8 Abs. I GewStG. 1921/23 eine neue Fassung erhalten.

Art. 8 Abs. II Ziff. 6 und Art. 8 Abs. III sind gegenüber den Bestimmungen des GewStG. 1921/23 geändert. (Siehe AbändG. Art. V S. 243).

1. Betriebskapital: Bek. § 9 I und II.

Das Betriebskapital, im Reichsbewertungsgesetz für die Vermögensbesteuerung „Betriebsvermögen" genannt, setzt sich zusammen aus dem sog. stehenden Betriebskapital (s. Abs. II Ziff. 1—4) und aus dem umlaufenden Betriebskapital (s. Abs. II Ziff. 5—6). Zur deutlichen Hervorhebung des Unterschieds zwischen dem Betriebskapital im Sinne des Art. 8 des GewStG. und dem Betriebsvermögen im Sinne des Reichsbewertungsgesetzes wurde der Zusatz „ohne Rücksicht darauf, ob die einzelnen Betriebskapitalsbestandteile im Eigentum des Unternehmers stehen oder nicht" in den Gesetzestext aufgenommen. Die Begründung zu Art. V des AbändG. sagt hierüber Folgendes:

„Zum Betriebsvermögen im Sinne des Reichsbewertungsgesetzes gehören nach § 9 und § 26 Abs. 1 „alle Teile einer wirtschaftlichen Einheit, die dem Betrieb eines Gewerbes als Hauptzweck dient, soweit die Gegenstände dem Betriebsinhaber gehören". Das Reichsbewertungsgesetz stellt somit den Umfang des Betriebsvermögens auf die im Eigentum des Unternehmers stehenden Gegenstände (Teile der wirtschaftlichen Einheit) ab. Folgerichtig behandelt es in § 26 Abs. 3 „solche Gegenstände, die einem anderen als dem Eigentümer zum Betrieb eines Gewerbes dienen, als selbständigen gewerblichen Betrieb des Eigentümers, wenn sich unter ihnen dauernd dem Betrieb gewidmete Gegenstände (Gegenstände des Anlagekapitals) befinden, die als solche nach Art und Menge im wesentlichen zur Ausübung eines selbständigen Gewerbebetriebs genügen würden". Im Gegensatz hierzu umfaßt das Betriebskapital im Sinne des bayerischen Gewerbsteuergesetzes nach Art. 8 Abs. I „sämtliche dem Gewerbebetrieb gewidmete Gegenstände und Rechte" ohne Unterschied, ob sie dem Betriebsinhaber gehören oder nicht. (Zu vergl. § 10 Abs. V der Vollzugsvorschriften vom 18. Januar 1922, GVBl. S. 19 ff. im Zusammenhalt mit § 8 Abs. III der Vollzugsvorschriften vom 28. Mai 1911, GVBl. S. 673 ff.) An dieser Umschreibung des Umfangs des gewerblichen Betriebskapitals dürfte festzuhalten sein. Die Ausscheidung des gewerblichen Betriebsvermögens nach den Eigentumsverhältnissen mag für die Vermögensteuer, für die das Reichsbewertungsgesetz doch in erster Linie in Betracht kommt, zweckdienlich sein; bei der Gewerbsteuer als Ertragssteuer handelt es sich aber um die einheitliche Erfassung aller Bestandteile, die im einzelnen Falle den zu besteuernden Betrieb darstellen und die in ihrer Gesamtheit zu dem zu besteuernden

Erträgnis führen. Es wäre nicht angängig den Betrieb in Ansehung des Betriebskapitals in zwei Teile — den Gewerbebetrieb des Unternehmers und einen fiktiven Gewerbebetrieb des Eigentümers, von dem der Unternehmer Betriebskapitalbestandteile geliehen oder gepachtet hat — zu zerlegen, den Ertrag aber als Ganzes beim Unternehmer zu besteuern. Die Möglichkeit der Beibehaltung des bisherigen Grundsatzes bietet § 4 Abs. 2 Nr. 6 des Reichsbewertungsgesetzes, wornach „die Länder bestimmen können, daß für die Gewerbsteuer dem für eine wirtschaftliche Einheit des Betriebsvermögens festgestellten Einheitswert der Wert solcher Gegenstände oder Teile von ihnen hinzugerechnet wird, die dem Betriebe dienen, aber nicht im Eigentum des Betriebsinhabers stehen und bei der Feststellung des Einheitswerts des gewerblichen Betriebs nach Maßgabe dieses Gesetzes nicht zu berücksichtigen sind". Es besteht daher Veranlassung von dieser Ausnahmebestimmung Gebrauch zu machen. Schwierigkeiten beim Gesetzesvollzug werden sich daraus nicht ergeben, weil der Wert, wie er nach § 26 Abs. 3 des Reichsbewertungsgesetzes zu ermitteln ist, dem Wert nach § 26 Abs. 1 a. a. O. leicht zugerechnet werden kann."

Während es im Wesen der Vermögenssteuer als Personalsteuer liegt, alle Steuermerkmale zu erfassen, die auf das Vermögen bzw. das Einkommen des Steuersubjektes Bezug haben, gilt es bei der Gewerbsteuer als Realsteuer, das dem Steuerobjekt, in diesem Fall dem Gewerbebetrieb, gewidmete Vermögen ohne Rücksicht auf die Personen, denen dieses Vermögen gehört und den Ertrag dieses dem Gewerbe gewidmeten Vermögens ohne Rücksicht auf die Verteilung an die am Gewerbebetrieb beteiligten Personen zu erfassen. Vgl. Bek. § 9 I (in Entstehung bef. Betriebe, Gegenstände, die der Grund- und Haussteuer unterliegen).

Aus diesem Grunde wird zur Vermögenssteuer alles herangezogen, was dem Steuerpflichtigen auch außerhalb seines Gewerbebetriebes gehört und scheidet alles aus, was innerhalb des Gewerbebetriebes zum Vermögen anderer Personen zählt. Zu der Betriebskapitalsanlage der Gewerbsteuer dagegen muß alles, was nicht mit dem Gewerbebetrieb in unmittelbarem Zusammenhang steht, ausscheiden und alles, was zu dem zu besteuernden Objekt in Beziehung steht, soweit es nicht von anderen Ertragssteuern erfaßt wird, herangezogen werden, ganz gleichgültig, zu wessen Vermögen der betreffende Bestandteil des Betriebskapitals gehört. Vgl. Bek. § 9 II.

Am besten dürfte ein Beispiel den Unterschied zwischen der Vermögenssteuerveranlagung und der Betriebskapitalsanlage der Gewerbsteuer veranschaulichen. Nehmen wir an, der Betriebsinhaber A. leite ein Fabrikunternehmen, dem ein Gebäude im Werte von 100000 *RM* mit einer Maschineneinrichtung im Werte von 50000 *RM* von seinem Schwiegervater B. pachtweise überlassen sei; außerdem arbeite noch ein gegen feste Verzinsung ausgeliehenes Kapital von 100000 *RM* seines Freundes C. in der Fabrik, während vom Betriebsinhaber A. selbst ein Vermögen von 150000 *RM* — 100000 *RM* in Immobilien und 50000 *RM* in Maschinen — investiert ist. Für die Vermögenssteuer mußten die drei Vermögen von den drei Steuersubjekten gesondert versteuert werden, nämlich von A. und B. je 150000 *RM*, von C. 100000 *RM*. Bei der Gewerbsteuer dagegen werden die den drei Personen gehörigen Bestandteile des Betriebskapitals als Ganzes unter Weglassung der Immobilien (200000 *RM*), die der Grund- und Haussteuer unterworfen sind, zur Steuer herangezogen und müssen daher in der Gewerbsteuererklärung mit 200000 *RM* als Betriebskapital des zu besteuernden Unternehmens erscheinen.

Nun ist es aber sehr wohl möglich, daß sich bei der Bilanzaufstellung die Aktiven außer den Immobilien um 100000 *RM* höher stellen, als das oben angeführte Betriebskapital, weil auf der Passiv-Seite unter Kreditoren ein Posten von 10000 *RM* für eine unbezahlte Maschine, ein Posten von 30000 *RM* für zu verarbeitende Vorräte und ein Posten von weiteren 25000 *RM* für eine Bankforderung und 35000 *RM* Reingewinn aufgeführt sind. Von diesen Posten darf nur der 2., 3. und 4., nämlich Warenkredite und Bankkredite, soweit sie aus dem laufenden Geschäft stammen und mit dem Gewerbebetrieb in unmittelbarem Zusammenhang stehen, sowie der Gewinn abgesetzt werden, dagegen ist es nicht möglich, den Posten für die unbezahlte Maschine vom Betriebskapital abzuziehen, weil diese dauernd dem Gewerbe gewidmet ist. Die Betriebskapitalsanlage erhöht sich somit von 200000 auf 250000 *RM*. (Bayerische Industrie- und Handelszeitung 1926 Heft 39.)

Während bei der Vermögenssteuer auch eine im Bau begriffene Anlage in die Vermögenswerte mit einbezogen werden muß, ist ein im Entstehen begriffener Bau- und Erweiterungsbau noch nicht dem Gewerbebetriebe gewidmet und kann daher nicht von der Gewerbsteuer erfaßt werden.

Zum gewerblichen Betriebskapital eines Theaterunternehmens zählt auch der vom Verpächter dem Pächter überlassene Fundus an Dekorations-, Ausstattungsgegenständen usw., ferner die maschinelle und sonstige Betriebseinrichtung des Theaters, selbst wenn sie wesentlicher Bestandteil des Gebäudes im Sinne des bürgerlichen Rechtes ist. OVG. XXII, 112.

2. Gegenstände und Rechte. Kein Betriebskapital sind nach § 8 d. (s. Anm. 7) VV. z. GewStG. vom 28. Mai 1911 — in § 9^{IV} der VV. dieses Ges. ausdrücklich in Bezug gen. — die sog. immateriellen Werte (wertvoller Kundenkreis, Ruf der Firma usw.), die im Gegensatz stehen zu den materiellen, aus Gegenständen des Rechtsverkehrs, Sachen und Rechten sich zusammensetzenden Teile eines Betriebsvermögens. Dagegen sind auch rein tatsächliche, des Rechtsschutzes entbehrende, gegen Entgelt erworbene immaterielle wirtschaftliche Güter, wie das sogen. Verlagskonto einer Zeitung, nach der Entscheidung des OVG. vom 12. März 1920 (S. 6 ff.) als „Gegenstände" und unter der Voraussetzung ihrer Widmung für den Betrieb auch als Bestandteil des steuerbaren Betriebskapitals zu erachten. Auch der Reichsfinanzhof hat sich mit der Zugehörigkeit der immateriellen Güter zum steuerbaren Vermögen schon früher (Bd. 2 S. 118, Bd. 10 S. 255 ff.) beschäftigt und sich dahin ausgesprochen, daß „ideelle Werte, wie die Kundschaft, regelmäßig nur werterhöhende Eigenschaften sind, die den Wert des Geschäfts erhöhen. Sie können ausnahmsweise aus besonderen Gründen auch als selbständige Vermögenswerte anzusehen sein, z. B., wenn die Kundschaft gegen Entgelt erworben und mit dem Betrage des Entgelts in die Bilanz eingestellt ist. In diesem Falle sind sie selbst steuerbares Vermögen". Für das Vermögenssteuerrecht hat der Reichsfinanzhof in dem bedeutungsvollen Urteil vom 13. April 1926 (I A 18/26 Bd. 19 S. 51) sich grundsätzlich dahin entschieden, daß der innere Wert eines Unternehmens zu bewerten ist, wenn er auch den Finanzämtern dabei besondere Vorsicht empfiehlt und rät, nur auf Grund bestimmter einwandfreier Anhaltspunkte von den dazu gemachten Angaben des Steuerpflichtigen abzuweichen. Der Reichsfinanzhof bestätigt damit die eingangs erwähnte Entsch. d. OVG. (S. 6 ff.).

Für die Einkommensteuer bleibt es bei der bisher herrschenden Meinung, daß der Geschäftswert nur zu aktivieren ist, wenn Aufwendungen für ihn gemacht sind. (Näheres Lion, Die Besteuerung des Geschäftswertes, StuW. 1925 S. 725, insbes. S. 760, 1926 S. 1002.) Für die preußische Gewerbesteuer gehören zum Gewerbekapital laut Runderlaß des preußischen Finanzministers vom 3. August 1925 ausdrücklich auch die entgeltlich erworbenen immateriellen Rechte und Gegenstände, wie Firma, Kundschaft usw.

3. Immobilien, also gewerbliche Liegenschaften, wie z. B. Fabrikgebäude, Lagerplätze, scheiden, als einer Ertragssteuer, nämlich der Grund- und Haussteuer unterworfen, zur Vermeidung der Doppelbesteuerung in der gewerblichen Betriebskapitalsanlage — also im Gegensatz zum Reichsbewertungsgesetz — unter allen Umständen aus. Beachtenswert ist hiebei, daß unter die Ausnahmen im einzelnen Falle auch haussteuerbefreite Gebäude fallen.

4. Kapitalschulden: Bek. § 9 III. Vgl. hiezu die unten — Anm. 7 — abgedruckten §§ 8—11 d. VB. z. GewStG. vom 28. Mai 1911. (Hier § 10.) S. auch Art. 9 und Bek. § 10 Z. 5.

5. Nichtabzug der Schulden (ausgenommen d. Kapitalschulden: Anm. 4). Diese Vorschrift ist begründet durch den grundsätzlichen Unterschied zwischen der Vermögensteuer als einer Personalsteuer, die sich nach der Leistungsfähigkeit des Steuerpflichtigen richtet und der Gewerbsteuer als Realsteuer, die grundsätzlich ohne Rücksicht auf die Leistungsfähigkeit des Steuerpflichtigen vom Steuerobjekt selbst erhoben wird. S. § 10 d. VB. von 1911 a. E. (Anm. 7).

6. Grundstückshandel. Beim gewerbsmäßigen Güterhandel müssen die als Ware dienenden Grundstücke und Gebäude zum Betriebskapital gerechnet werden, obwohl sie der Grund- und Haussteuer unterliegen; nur der Betrag der Grund- und Haussteuer darf abgezogen werden. S. den unter 7. abgedr. § 11 d. VB. von 1911.

7. Die im § 9 IV der Bek. in bezug genommenen §§ 8—11 d. VB. z. bayr. GewStG. von 1911 lauten:

§ 8.

(Art. 8 Abs. I.)

I Als Betriebskapital gelten — vorbehaltlich der Ausnahmevorschrift des Art. 8 Abs. I, § 8 Abs. IV — die sämtlichen dem Gewerbebetriebe gewidmeten Gegenstände und Rechte. Hierunter ist zu verstehen das gesamte in den einzelnen Betrieben werbende, zur Erzielung des gewerblichen Ertrags tatsächlich verwendete oder doch bestimmte Vermögen (das gewerbliche Vermögen), sonach das sog. stehende Betriebskapital (Anlagekapital, Gebrauchsgegenstände) und das umlaufende Betriebskapital (Betriebskapital im engeren Sinne, Veräußerungsgegenstände, Betriebsmittel).

II Als Gegenstände und Rechte im Sinne des Art. 8 Abs. I sind nur körperliche Sachen und verkehrsfähige Rechte zu betrachten. Wertanschläge für bloße Erwerbsmöglichkeiten und erwerbsfördernde Umstände, die nicht notwendig mit den Sachen und Rechten verbunden sind, wie z. B. die Lage eines Geschäfts, die Gewöhnung des Publikums, Verkehrszufälligkeiten, die Firma und die Kundschaft eines Geschäfts, eine persönliche Konzession, dann bloße Haftscheine, bedingte Berechtigungsurkunden für künftige Fälle, wie Urkunden über hypothekarische Kreditauktionen und Bürgschaftsurkunden, persönlicher Bankkredit und andere persönliche subjektive Momente, sind keine Betriebskapitalsbestandteile im Sinne des Abs. I und zwar auch dann nicht, wenn etwa ein Geschäftsinhaber für Dinge solcher Art Aufwendungen gemacht hat, wie dies beim Verkauf eines Geschäfts für die Überlassung der Kundschaft zu geschehen pflegt.[1])

---

[1]) Nicht mehr ganz zutreffend. Vgl. oben Anm. 2.

III Das Betriebskapital umfaßt sämtliche dem Gewerbebetriebe gewidmeten Gegenstände und Rechte der im Art. 8 Abs. II erwähnten Art, also gleichviel ob diese dem Betrieb unmittelbar (oder, wie z. B. die von Geschäften bei der Verkehrs- oder Zollverwaltung aufrecht gemachten Wertpapierkautionen, an andere Personen in Lombard gegebenen Wertpapiere, die in Wertpapieren angelegten Reserven usw., nur mittelbar gewidmet sind) Ohne Einfluß auf die Zugehörigkeit zum Betriebskapital ist es, ob die Betriebskapitalsbestandteile dem Unternehmer des Gewerbes eigentümlich gehören oder nicht. Es zählen daher zum Betriebskapital die gemieteten oder gepachteten Gegenstände oder Rechte und die (geliehenen Kapitalien). So gehört z. B. das Wirtschaftsinventar einer verpachteten Brauschankstelle zum Betriebskapitale des Pächters, nicht aber des Verpächters, dem das Inventar eigentümlich gehört. Die Gegenstände und Rechte müssen ferner, um als Bestandteile des Betriebskapitals gelten zu können, dem Betriebe tatsächlich gewidmet sein. Dies ist z. B. nicht der Fall bei dem Betriebskapitale des Verpächters bezüglich verpachteter Gewerbe, wie Brauschankstellen, (dann nicht bezüglich etwaiger aus den Betriebsmitteln ausgeschiedener Pensionsfonds und solcher Fonds für Wohlfahrtseinrichtungen), dann bezüglich der Maschinen, die dauernd außer Betrieb gesetzt sind, und sonstiger dem Betriebe dauernd entzogener Gegenstände. Zu den dem Betriebe tatsächlich nicht gewidmeten Gegenständen gehören auch die dem Unternehmer und Angestellten aufrecht gemachten Kautionen,[1], es sei denn, daß die Kautionen vereinbarungsgemäß in das Vermögen des Unternehmens übergehen.[2]) In Pfand gegebene Wertpapiere sind Betriebskapitalsbestandteile des Pfandgebers; die durch Pfand gesicherte Forderung, nicht also das Pfand, ist Betriebskapitalsbestandteil des Pfandnehmers. Sind aber die Gegenstände dem Betriebe tatsächlich gewidmet, dann ist es gleichgültig, ob sie an sich entbehrlich wären oder nicht, ob sie häufiger oder seltener benützt werden, ob sie den Ertrag des Gewerbes günstig beeinflussen oder nicht, ob sie in Bayern gelegen sind oder nicht usw. (vgl. in letzterer Richtung § 1 Abs. I). Die Frage, ob hypothekarisch versicherte Darlehen an Geschäftskunden, wie sie im Brauerei- und Müllergewerbe sowie beim Hopfenhandel vorkommen, noch dem gewerblichen Betriebe des Darlehensgebers gewidmet sind, ist nach Lage des einzelnen Falles zu entscheiden. Anhaltspunkte für die Entscheidung hierüber werden in der Regel die Geschäftsbücher, insbesondere die Buchung der

---

[1]) Ebenso pr. OVG. Bd. 7 S. 107, 108.
[2]) Vgl OVK. XIV, 59; XVII, 87, 243.

Zinsenanfälle durch den Darlehensgeber bieten. Werden von dem Darlehensgeber die Zinsenanfälle nicht unter den Einnahmen des gewerblichen Betriebs gebucht, so spricht jedenfalls die Vermutung dafür, daß die Darlehenszinsen und das Darlehen unter das KapStG. fallen.[1]) Die Widmung muß ferner wenigstens von gewisser Dauer sein. Dies wäre nicht der Fall bei einer nur einmaligen vorübergehenden Heranziehung fremder Betriebsmittel, die aus besonderen mit dem regelmäßigen Geschäftsbetriebe nicht zusammenhängenden Ursachen erfolgt. Das Merkmal einer Widmung von gewisser Dauer würde z. B. fehlen, wenn etwa anläßlich einer Wasserkatastrophe als Ersatz für eine unbenützbar gewordene Wasserkraft vorübergehend die Benützung anderer Triebkräfte notwendig geworden ist. Dies gilt auch von nur zeitweilig im Laufe des Geschäftsjahrs in Anspruch genommenen Kreditmitteln, die im maßgebenden Zeitpunkt, etwa bei der Bilanzaufstellung nicht mehr dem Betriebe gewidmet sind, weil sie infolge Rückzahlung dem Betriebe wieder entzogen sind. Die Betriebskapitalbestandteile müssen weiter die Eigenschaft von Teilen des gewerblichen Vermögens haben. Zum gewerblichen Vermögen einer Bank gehören daher nicht die von ihr in geschlossenes oder offenes Depot genommenen Wertpapiere. Der unter den Aktiven einer Bilanz enthaltene Jahresgewinn — einschließlich der aus dem Gewinne des laufenden Jahres entnommenen Beträge, die für die erhöhten Dividendenansprüche der bei einer Versicherungsanstalt auf Gewinnanteil versicherten Personen bestimmt sind, — ist daher nicht Bestandteil des Betriebskapitals, (wohl aber der aus dem Vorjahr übergetragene Aktivrest). Bei Einzelkaufleuten sind öfters sämtliche Vermögensbestandteile des Unternehmers in die Bilanz aufgenommen. In solchen Fällen ist zu untersuchen, welche Gegenstände dem Gewerbebetriebe gewidmet sind und welche das am Gewerbebetrieb unbeteiligte Vermögen bilden. Bei Aktiengesellschaften, die ein Gewerbe betreiben, wird davon auszugehen sein, daß alle in den Aktiven ausgewiesenen Gegenstände und Rechte gewerbliches Vermögen sind. Das Aktienkapital einer Aktiengesellschaft, das Kapitalkonto eines privaten Gewerbetreibenden u. dgl. können niemals Bestandteil des Betriebskapitals sein, sondern nur das, was mit dem einbezahlten Aktienkapital und dem vom privaten Gewerbetreibenden eingelegten Kapital angeschafft worden ist und auf der Aktivseite der Bilanz erscheint. Als Betriebskapital kom-

[1]) Nunmehr sind mit Rücksicht auf Art V c d. AbändG. derartige Darlehen als „Ausstände" im Sinne von Art. 8 II Ziff. 6 stets Bestandteil des Betriebskapitals.

men die dem Gewerbebetriebe gewidmeten Gegenstände und Rechte mit ihrem wirklichen gemeinen Werte in Betracht. Es gehören deshalb auch stille Reserven,[1]) wie sie sich durch Abschreibungen über das Maß der eingetretenen Wertsminderungen hinaus ergeben, zum Betriebskapitale. Diese Vorschrift soll aber nicht zum Anlasse kleinlicher Beanstandungen genommen werden, es sollen vielmehr selbst reichliche Abschreibungen und Abschreibungen verhältnismäßig belangloser Bilanzposten auf 1 Mk., z. B. bei Bureauinventar, unbeanstandet bleiben. Werden die Wertminderungen an den Aktiven nicht durch Abschreibungen an den Aktiven, sondern durch Dotierung von sog. Delkredere- oder Erneuerungsfonds bei den Passiven (Wertberichtigungskonti) ausgeglichen, so sind die Aktiven nur mit dem um die Wertberichtigungskonti gekürzten Betrag als Betriebskapitalsbestandteile zu betrachten. Sind die Wertberichtigungskonti höher dotiert als zur Ausgleichung der Wertsminderungen erforderlich ist, so bildet der Mehrbetrag stille Reserven, für die das gleiche gilt wie für die vorerwähnten durch Mehrabschreibung auf der Aktivseite entstandenen stillen Reserven. Stehen in einer Bilanz unter den Aktiven Zinsenguthaben für 12 Monate, während z. B. bis zur Aufstellung der Bilanz nur Zinsen für 8 Monate verdient und deshalb unter den Passiven wieder Zinsen für 4 Monate eingestellt sind, so sind nur die wirklich verdienten Zinsen für die 8 Monate Bestandteile des Betriebskapitals. Das gleiche gilt für Versicherungsgesellschaften hinsichtlich der vereinnahmten und noch nicht verdienten Prämien (Prämienüberträge).

IV Die Gegenstände und Rechte, die der Grund- und der Haussteuer unterliegen, zählen — vorbehaltlich der Vorschrift im Art. 8 Abs. IV — nicht zum Betriebskapitale. Solche sind der Grundbesitz, einschließlich der in ihm enthaltenen noch nicht geernteten Bodenfrüchte (Früchte auf dem Halme, Waldbestände), Fischwasser, der Hausbesitz. Auch die im § 36 des Grund- und in den §§ 2, 33 des HausStG. bezeichneten Objekte gehören nicht zum Betriebskapitale. Der Umstand, daß Steuernachlässe nach § 123 des Grund- und § 39 des HausStG. einzutreten haben, beseitigt die Gewerbsteuerfreiheit der Grundstücke und Gebäude nicht. Gegenstände, die nicht der Grund- und der Haussteuer unterliegen, sind dem Betriebskapitale zuzurechnen, auch dann, wenn sie unbewegliche Sachen sind, wie in Bergwerken zum Abbau eingebaute Vorrichtungen, Gleisanschlüsse einer Fabrik u. dgl.

[1]) OVK. XV, 197.

§ 9.

(Art. 8 Abs. II.)

I Die Aufführung im Art. 8 Abs. II ist nur eine beispielsweise. Unter Ziff. 1 fallen nicht etwa schon die in der Natur vorhandenen Wasserkräfte, die sich bei einem Gewerbebetriebe befinden, sondern nur die benützbar gemachten und zur Benützung bestimmten Wasserkräfte. Die Benützung eines natürlichen Wasserlaufs zu Reinigungszwecken u. dgl. ohne gleichzeitige technische und mechanische Vorrichtungen irgendwelcher Art fällt nicht unter Ziff. 1.

II Zu Ziff. 2 gehören z. B. der Wagenpark sowie eine etwaige Schienenanlage, Laden- und Geschäftsinventar, Warenkataloge, Reklameutensilien. Die in der Ziff. 2 gemeinten Holz- und Kohlenvorräte sind nur die zum Betriebe, nicht auch die zum Handel und zur Verarbeitung bestimmten Vorräte.[1])

III Sind die in der Ziff. 3 bezeichneten Tiere und Futtervorräte bestimmt, gleichzeitig einem landwirtschaftlichen Betriebe zu dienen, so darf nur ein entsprechender Teil des Wertes der Tiere und Vorräte als Bestandteil des gewerblichen Betriebskapitals gerechnet werden.

IV Zu Ziff. 4[2]) zählen auch die Halbfabrikate und das Verpackungsmaterial, ferner die in den Ziff. 1, 2, 3, 5 bezeichneten Betriebskapitalsbestandteile, soweit sie selbst den Gegenstand des Handels eines Gewerbebetriebs (Handelsware) bilden. Die Werkzeuge z. B., mit denen in einer Werkzeugfabrik zum Verkaufe bestimmte Werkzeuge hergestellt werden, fallen unter Ziff. 2; die hergestellten, zum Verkaufe bestimmten Werkzeuge aber fallen unter Ziff. 4.

V Unter Ziff. 5[3]) fallen die Realgewerbeberechtigungen, Tafernrechte, Realapotheken, Kaminkehrerrealrechte usw. Bei der Bewertung dieser Realgewerbeberechtigungen ist darauf zu achten, daß in dem Wert nicht etwa Anschläge für die nach § 8 Abs. II nicht zum Betriebskapitale zählenden Dinge, wie Bewertung der Kundschaft, Geschäftslage, Liebhaberwert u. dgl. eingerechnet werden dürfen. Zu Ziff. 5 zählen auch die Verlagsrechte.

VI Ziff. 6. Zu den Wechseln gehören auch Wechsel auf außerdeutsche Plätze, zu den Wertpapieren insbesondere Schuldverschreibungen des Reichs, des Staates, der Gemein-

---

[1]) Nicht aber Maschinen, die einen wesentlichen Bestandteil eines Gebäudes bilden. OVK. 1922 S. 112.

[2]) Nunmehr Ziff. 5.

[3]) Nunmehr Ziff. 4.

den, Schatzanweisungen, Pfandbriefe, Eisenbahn- und Industrieobligationen und Prioritäten, Bank-, Versicherungs-, Industrieaktien, Lotterie- und Prämienanleihen, Lose, Kuxe, Bohranteile und zwar samt den zahlbaren Zins- und Dividendenscheinen und gleichviel, ob es sich um inländische oder ausländische Wertpapiere handelt, ob sie auf den Namen oder auf den Inhaber lauten, ob sie vom Unternehmer selbst emittiert sind oder nicht. Ferner gehören unter Ziff. 6 Forderungen jeder Art, gleichviel ob sie Kapital- oder Zinsenforderungen sind, ob der Schuldner in Bayern wohnt oder nicht, ob die Forderungen durch Hypothekbestellung, lombardierte Wertpapiere, verpfändete Policen und Kautionen usw. versichert sind oder nicht, ob sie schon zahlbar sind oder nicht. Die in Lombard genommenen Wertpapiere und sonstige Pfandobjekte sind nicht Betriebskapitalsbestandteile des Geldgebers, bei dem schon die Forderung Betriebskapitalsbestandteil ist, sondern Betriebskapitalsbestandteile des Gewerbetreibenden, der sie in Pfand gegeben hat. Die in Ziff. 6 bezeichneten Betriebskapitalsbestandteile sind auch dann als unter Ziff. 6 fallend zu betrachten, wenn sie Handelsware sind. Es ist dies für den nachstehend behandelten Schuldenabzug von Bedeutung.

§ 10.

(Art. 8 Abs. III.)

I Um den Abzug nach Art. 8 Abs. III vornehmen zu können, ist in dem Steuererklärungsformular [Anlage 12 zu den VollzVorschr. zu EinkStG.] [1]) besonders die Frage nach der Höhe der in Ziff. 4, 6, [2]) bezeichneten Betriebskapitalsbestandteile vorgesehen. Betragen z. B. das gesamte Betriebskapital 150000 Mk., die zum Verkaufe bestimmten Gegenstände [d. h. die Betriebskapitalsbestandteile nach Ziff. 4] [3]) 50000 Mk., Kasse, Effekten, Guthaben und Debitoren [d. h. die Betriebskapitalsbestandteile nach Ziff. 6] 35000 Mk., die abzugsfähigen Kapitalschulden 70000 Mk., so dürften am Gesamtbetrage des Betriebskapitals zu 150000 Mk. nicht die vollen 70000 Mk., sondern nur $\frac{50000 \text{ Mk.}}{2} + 35000 \text{ Mk.} = 60000 \text{ Mk.}$ abgezogen werden.) [4])

Unter Kapitalschulden sind Schulden zu verstehen, die im maßgebenden Zeitpunkt auf Seiten einer anderen Person als des Unternehmers Kapitalforderungen, Vermögen darstellen; Zin-

[1]) Gemeint ist das bayerische vom 14. August 1910; s. Breunig, Komm. z. EStG. S. 474.

[2]) Nunmehr 5 und 6.

[3]) Nunmehr 5.

[4]) Nunmehr voll abziehbar.

sen- und Dividendenschuldigkeiten fallen in der Regel nicht unter die Kapitalschulden, es sei denn, daß sie durch Häufung infolge nicht rechtzeitiger Zahlung oder Erhebung die Eigenschaft von Kapitalschulden erhalten haben. Beim Vollzuge soll im Zweifel zur Abschneidung von Weitwendigkeiten der Abzug von Zinsenschuldigkeiten als Kapitalschulden nicht beanstandet werden. Rückständige Steuern und Abgaben, Passivreste aus dem Vorjahre sowie noch nicht fällige Zinsen sind keinesfalls Kapitalschulden. Ausgeschlossen vom Abzuge sind persönliche, nicht dem Geschäftsbetrieb usw. entsprungene Schulden. Aktienkapital und Reserven sind keine Schulden im Sinne des Art. 8 Abs. III; wegen der Prämienreserven der Versicherungsanstalten vgl. indes die Sondervorschrift im Art. 8 Abs. III, § 10 Abs. II. Nach Art. 8 Abs. III dürfen aber nicht alle Kapitalschulden, sondern nur die aus der Inanspruchnahme von Warenbezugskredit oder Bankkredit sowie alle sonstigen unmittelbar aus dem laufenden Geschäftsbetriebe herrührenden Kapitalschulden abgezogen werden. Zu den abzugsfähigen Schulden zählen die Schulden an die Lieferanten sowohl für die unter Ziff. 4 [1]) bezeichneten Betriebskapitalsbestandteile als auch für die bereits verkauften Waren und Vorräte (die Wechsel-, Lombard-, Bürgschaftsschulden, in der Regel auch Kontokorrentkreditschulden, wie überhaupt alle aus der Inanspruchnahme eines regelmäßigen, d. h. eines bei der Art des fraglichen Betriebs üblichen, gleichviel ob häufiger oder seltener benützten Bankkredits herrührenden Kapitalschulden, bar empfangene Depositengelder, bei den Pfandbriefanstalten verloste unerhobene Pfandbriefe. Nicht abzugsfähig sind dagegen dem gewerblichen Stammvermögen zugeführte Gelder, wie z. B. Beteiligungsgelder, die Einlagen stiller Gesellschafter und Kommanditisten, Obligationenschulden, ferner nicht Schulden, die zur Gründung, Erwerbung, Erweiterung oder etwa anläßlich einer zur Sanierung des Betriebs durchgeführten Finanzoperation aufgenommen worden sind und zwar auch dann nicht, wenn der Kreditgeber eine Bank ist, da alle diese Posten nicht aus dem laufenden Geschäftsbetriebe herrühren.

II Ohne Rücksicht auf den Ursprung dürfen nach dem Gesetze die Pfandbriefanstalten ihre Pfandbriefschulden und Kommunalobligationen, die Darlehenskassen ihre Schuldigkeiten an die Mitglieder und die übergeordneten Verbände, die Bayerische Notenbank die von ihr emittierten und noch umlaufenden Noten, die Versicherungsanstalten ihre Prämien- und Schadensreserven (Reserven für schwebende Versicherungsfälle) abziehen. Auch außer-

[1]) Nunmehr 5.

ordentliche Prämienreserven der Versicherungsanstalten sind ohne Rücksicht auf die ihnen bei der Bilanzaufstellung beigelegten Bezeichnungen abziehbar, wenn sie zur Ausgleichung des im Versicherungsgeschäfte selbst laufenden Risikos vom kaufmännisch-technischen Standpunkt aus sich als notwendig erweisen. Reserven der Versicherungsanstalten, die nicht diesem Zwecke dienen, insbesondere Gewinnreserven, sind nicht abziehbar.

§ 11.

(Art. 8 Abs. IV.)

Die Ausnahme im Art. 8 Abs. IV bezieht sich auf den gewerbsmäßigen An- und Verkauf von Grundstücken und Gebäuden (Terrain-, Häuser- und Güterhandel).[1] Die Werte der den Gegenstand dieses Handels bildenden Grundstücke und Gebäude sind daher Bestandteile des steuerbaren Betriebskapitals, nicht aber die Werte jener Gebäude, die etwa nicht Handelsgegenstand, sondern Bestandteil des Anlagekapitals sind. Das einer Terraingesellschaft gehörige Gebäude, in dem sich ihre Bureaus befinden und das nicht zum Verkaufe bestimmt ist, würde also nicht unter die steuerbaren Betriebskapitalsbestandteile fallen. Die zum Handel bestimmten Grundstücke und Gebäude fallen sonach in ihrer Eigenschaft als Handelsware unter Abs. II Ziff. 4[2]) mit der Folge, daß an der Hälfte ihres Wertes der im Abs. III bezeichnete Schuldkapitalienabzug zulässig ist. Die Eigenschaft solcher Grundstücke und Gebäude als Handelsware hat aber auch die weitere Folge, daß die auf den Grundstücken und Gebäuden ruhenden Hypothekschulden für die Erwerbung der Grundstücke und für sonstige mit dem Gewerbebetrieb unmittelbar zusammenhängende Zwecke, nicht auch für andere Zwecke, als abzugsfähige Warenschulden im Sinne des Art. 8 Abs. III zu gelten haben. Die Grund- und die Haussteuer, um die nach dem Schlußsatze der Art. 8 Abs. IV die Betriebskapitalsanlage gekürzt wird, ist die im Steuervorjahre zur Erhebung gelangende Grund- und Haussteuer einschließlich etwaiger durch das Finanzgesetz bestimmter Zuschläge, jedoch mit Ausschluß von Umlagen. Die einzelnen Grundstücke eines Güterhandelsunternehmens gelten nicht als Niederlagen zum Warenverkauf im Sinne des Art. 6 Abs. III.[3])

8. Die in § 9 IV Bek. in Bezug gen. Bestimmungen d. RBewG. (§ 26 IV, § 27): a) Nach § 26 Abs. 4 RBewG. gehören zum Betriebsvermögen nicht: Werke der bildenden Kunst, des Schrift-

[1]) Vgl. OVK. XV, 95 und XVIII, 170.
[2]) Nunmehr 5.
[3]) Nunmehr Art. 6 Abs. IV.

tums und der Tonkunst, sofern sie im Eigentum des Urhebers selbst oder im Falle des Todes des Urhebers im Eigentum seiner Ehefrau oder seiner Kinder stehen. Das gleiche gilt für Urheberrechte an solchen Werken und für nichtpatentierte Erfindungen, es sei denn, daß die Urheberrechte oder Erfindungen einem Dritten gegen die Verpflichtung zur einmaligen oder wiederholten Bezahlung fester Beträge auf bestimmte oder unbestimmte Zeit zur Ausnutzung übertragen sind.

b) § 27 RBewG. enthält das sog. Schachtelprivileg der im § 26 Abs. 2 Nr. 1 ReichsbewertG. bezeichneten Gesellschaften (A.-G., Kommandit-Gesellschaften a. A., Berggewerkschaften, G. m. b. H.s und Genossenschaften) nicht auch offenen Handelsgesellschaften oder Kommanditgesellschaften. Ist eine inländische Muttergesellschaft der in § 26 II Nr. 1 bez. Art. an einer inländischen Tochtergesellschaft mindestens zu einem Viertel beteiligt, so bleibt der Wert dieser Beteiligung bei der Muttergesellschaft außer Ansatz.

c) Das zu b) erwähnte Schachtelprivileg hat auf Grund der §§ 14—16 des Gesetzes über Steuermilderungen zur Erleichterung der Wirtschaftslage vom 31. März 1926 (RGBl. I S. 185) eine Erweiterung erfahren. Bei Zusammenschluß mehrerer Betriebe zu einem Gemeinschaftswerk können die daran beteiligten Muttergesellschaften selbst bei weniger als 25% Anteil (jedoch bei mindestens 35% Einbringung des eigenen Vermögens) beantragen, daß bei der Vermögenssteuer (und damit auch bei der Industriebelastung) ihre Anteile an dem Gemeinschaftswerk sowie bei der Körperschaftssteuer die Dividenden und sonstigen Gewinnanteile daraus steuerfrei bleiben. Die Vergünstigungen sind zeitlich beschränkt. Sie währen nur bis 1930. Mittelbar wirkt diese Steuermilderung auch für die Gewerbsteuer, die für die juristischen Personen sich nach der Körperschaftssteuer bemißt. (So auch AbändG. A. XIX II und Bek. § 9 IV a. E.)

9. Die in Abs. II aufgeführten **Beispiele** d. „**Widmung**" erfahren eine Erl. durch den unter 7. abgedr. § 9 d. VB. von 1911.

Art. 9.

Bewertung des Betriebskapitals.

Der Wert des Betriebskapitals bemißt sich nach dem auf Grund der Bestimmungen des Reichsbewertungsgesetzes jeweils festgestellten oder festzustellenden Einheitswerte des Betriebsvermögens, mit den durch dieses Gesetz bedingten Abweichungen. Dabei gilt noch folgendes:

1. Soweit gemäß Art. 1 Abs. II Ziff. 1 der Gartenbau der Gewerbsteuer unterliegt, ist er als ein zu einer

wirtschaftlichen Einheit des gärtnerischen Vermögens [1]) gehöriger Nebenbetrieb gewerblicher Art im Sinne des § 4 Abs. 2 Nr. 2 des Reichsbewertungsgesetzes zu behandeln, der hierauf treffende Teil des gärtnerischen Betriebsvermögens als gewerbliches Betriebskapital entsprechend auszuscheiden.

2. Soweit das Betriebskapital gemäß Art. 8 Abs. I aus Gegenständen und Rechten besteht, die nicht im Eigentum des Unternehmers stehen, ist der Wert dieser Gegenstände nach Maßgabe des § 4 Abs. 2 Nr. 6 des Reichsbewertungsgesetzes dem für die wirtschaftliche Einheit des Betriebsvermögens festgestellten Einheitswerte hinzuzurechnen [2]).

3. Soweit das Betriebsvermögen im Sinne des Reichsbewertungsgesetzes Gegenstände und Rechte umfaßt, die der Grund- und der Haussteuer unterliegen und die daher gemäß Art. 8 Abs. I von der Einbeziehung in das Betriebskapital ausgenommen sind, ist der für diese Gegenstände und Rechte nach § 31 Abs. 3 des Reichsbewertungsgesetzes festgestellte und bei Feststellung des Einheitswerts des gewerblichen Betriebsvermögens angesetzte Einheitswert für die Bemessung des Betriebskapitals gemäß § 4 Abs. 2 Nr. 1 und 4 des Reichsbewertungsgesetzes wieder abzusetzen [3]).

4. Soweit nach dem Reichsbewertungsgesetz Gewerbtreibende oder Gruppen von solchen den freien Berufen gleichgestellt sind und der Wert der dem Gewerbebetrieb dienenden Gegenstände bis zu einem bestimmten Betrage nicht als Betriebsvermögen anzusehen ist (§ 26 Abs. 1 Satz 3 des Reichsbewertungsgesetzes), ist der frei gelassene Betrag in den Wert des Betriebskapitals gemäß § 4 Abs. 2 Nr. 7 des Reichsbewertungsgesetzes wieder einzurechnen [4]).

5. Soweit bei der Feststellung des Einheitswertes für eine wirtschaftliche Einheit des Betriebsvermögens gemäß § 28 des Reichsbewertungsgesetzes Schulden in Abzug gebracht worden sind, die gemäß Art. 8 Abs. III bei der

Bemessung des Betriebskapitals nicht abzugsfähig sind, ist der treffende Betrag der Schulden gemäß § 4 Abs. 2 Nr. 5 des Reichsbewertungsgesetzes dem Einheitswert wieder hinzuzurechnen[5]).

Bek. § 10.

(Zu Art. 9.)

Ermittlung des Wertes des Betriebskapitals.

I *Die Betriebskapitalsanlage ist als Steuer, die nach dem Merkmal des Werts erhoben wird, eine Einheitswertsteuer im Sinne des § 1 Abs. 2, 3 RBewG. Dieser Steuer sind daher die nach den Vorschriften des Reichsbewertungsgesetzes festgestellten Werte zugrunde zu legen. Mit Rücksicht hierauf bestimmt Art. 9 nunmehr, daß sich der Wert des Betriebskapitals nach dem auf Grund der Bestimmungen des Reichsbewertungsgesetzes jeweils festgestellten oder festzustellenden Einheitswerte des Betriebsvermögens bemißt. Von diesem Grundsatz ergeben sich jedoch folgende Abweichungen:*

1. Soweit der Gartenbau gemäß Art. 1 Abs. II Ziff. 1 der Gewerbsteuer unterliegt (zu vgl. § 1 Abs. III), ist er als ein zu einer wirtschaftlichen Einheit des gärtnerischen Vermögens gehöriger Nebenbetrieb gewerblicher Art im Sinne des § 4 Abs. 2 Nr. 2 RBewG. zu behandeln. Der hierauf treffende Teil des gärtnerischen Vermögens ist als gewerbliches Betriebskapital entsprechend auszuscheiden. Soweit hiernach das gärtnerische Vermögen als steuerbares Betriebskapital erscheint, ist seiner Besteuerung der nach den Vorschriften in §§ 23 bis 25 RBewG. festgestellte Einheitswert zugrunde zu legen (Art. 9 Ziff. 1).

2. Soweit das Betriebskapital gemäß Art. 8 Abs. I aus Gegenständen und Rechten besteht, die nicht im Eigentum des Unternehmers stehen, ist der Wert dieser Gegenstände und Rechte nach Maßgabe des § 4 Abs. 2 Nr. 6 RBewG. dem für die wirtschaftliche Einheit des Betriebsvermögens festgestellten Einheitswerte hinzuzurechnen (Art. 9 Ziff. 2). In der Regel wird der Wert dieser Gegenstände und Rechte nach § 26 Abs. 3 RBewG. ermittelt sein und dem Werte nach § 26 Abs. 1 unschwer hinzugerechnet werden können. Soweit dies nicht der Fall ist, wäre der Wert dieser Gegenstände und Rechte nach Maßgabe der Vorschriften des Reichsbewertungsgesetzes besonders zu ermitteln.

3. Soweit das Betriebsvermögen im Sinne des Reichsbewertungsgesetzes Gegenstände und Rechte umfaßt, die der Grund- und der Haussteuer unterliegen, und die daher gemäß Art. 8 Abs. I von der Einbeziehung in das Betriebskapital ausgenommen sind, ist der für diese Gegenstände und Rechte nach

§ 31 Abs. 3 RBewG. festgestellte und bei der Feststellung des Einheitswertes des gewerblichen Betriebsvermögens angesetzte Einheitswert für die Bemessung des Werts des Betriebskapitals gemäß § 4 Abs. 2 Nr. 1 und 4 RBewG. wieder abzusetzen (Art. 9 Ziff. 3). Die Absetzung dieses Werts wird um so weniger Schwierigkeiten machen, als sein Betrag zufolge § 31 Abs. 3 RBewG. nach anderen Grundsätzen als der Wert des übrigen Betriebsvermögens im Sinne des Reichsbewertungsgesetzes festgestellt wird.

4. Soweit nach dem Reichsbewertungsgesetz Gewerbetreibende oder Gruppen von solchen den freien Berufen gleichgestellt sind und der Wert der dem Gewerbebetrieb dienenden Gegenstände bis zum Betrag von 6000 RM nicht als Betriebsvermögen anzusehen ist (§ 26 Abs. 1 Satz 3 RBewG.), ist der freigelassene Betrag in den Wert des Betriebskapitals gemäß § 4 Abs. 2 Nr. 7 RBewG. wieder einzurechnen (Art. 9 Ziff. 4). Das Reichsbewertungsgesetz hat im § 26 Abs. 1 den Begriff „des Betriebsvermögens“ nicht auf den gewerblichen Betrieb beschränkt, sondern auch auf die Ausübung der „nicht der reinen Kunst oder reinen Wissenschaft gewidmeten freien Berufe“ erstreckt mit dem Abmaße, daß bei den freien Berufen der Wert der der Ausübung des Berufs dienenden Gegenstände bis zu einem Betrag von 6000 RM nicht als Betriebsvermögen anzusehen ist. Die gleiche Vergünstigung ist jenen Gewerbetreibenden eingeräumt, die nach näherer Bestimmung des Reichsministers der Finanzen den Angehörigen der freien Berufe gleichgestellt sind. Diese Gleichstellung hat für die Gewerbsteuer keine Bedeutung. Es ist schon in der Begründung zum Reichsbewertungsgesetz (Drucksachen des Reichstags Nr. 797 für 1925 S. 37) ausdrücklich festgestellt, daß die Behandlung der freien Berufe als Gewerbebetrieb und die Gleichstellung gewisser Gewerbebetriebe mit den freien Berufen im Reichsbewertungsgesetz auf die Beurteilung der Gewerbsteuerpflicht keinen Einfluß hat. Für die Gewerbsteuer gilt nach wie vor der Grundsatz, daß die eigentlich freien Berufe der Gewerbsteuerpflicht nicht unterliegen, daß dagegen die Gewerbebetriebe, die nach dem Reichsbewertungsgesetz den freien Berufen gleichgestellt sind, nach wie vor in vollem Umfange gewerbsteuerpflichtig sind, daß also — vorbehaltlich der allgemeinen Vorschrift in Art. 12 — auch nicht ein Teil ihres gewerblichen Betriebskapitals von der Steuer frei bleibt. Da eine solche Befreiung eintreten würde, wenn der nach dem Reichsbewertungsgesetz festgestellte Einheitswert ohne weiteres der Berechnung der Betriebskapitalsanlage zugrunde gelegt würde, schreibt Art. 9 Ziff. 4 die entsprechende Wertzurechnung vor.

5. Soweit bei der Feststellung des Einheitswertes für eine wirtschaftliche Einheit des Betriebsvermögens gemäß § 28 R.-

BewG. Schulden in Abzug gebracht worden sind, die gemäß Art. 8 Abs. III bei der Bemessung des Werts des Betriebskapitals nicht abzugsfähig sind, ist der treffende Betrag der Schulden gemäß § 4 Abs. 2 Nr. 5 RBewG. dem Einheitswert wieder hinzuzurechnen (Art. 9 Ziff. 5). Welche Schulden abzugsfähig sind, ergibt sich aus Art. 8 Abs. III (zu vgl. § 9 Abs. III). Wenn Kapitalschulden nach Maßgabe des Art. 8 Abs. III abgezogen werden sollen, müssen wenigstens die gesamten Werte der für den Abzug als Gegenposten in Frage kommenden Gegenstände und Rechte des umlaufenden Betriebskapitals (Art. 8 Abs. II Ziff. 5 und 6) getrennt von den übrigen Bestandteilen nicht bloß ermittelt, sondern auch in der Steuererklärung — ebenso wie die Kapitalschulden — ausgeschieden vorgetragen werden. Werte, die nicht unter Art. 8 Abs. II Ziff. 5 und 6 fallen, dürfen in diese Wertziffern nicht eingerechnet werden. Die bloße Auszeigung der nach Abzug der abziehbaren Kapitalschulden verbleibenden Restwerte genügt nicht. Allenfalls können die Steuerpflichtigen angehalten werden, die entsprechenden Ausscheidungen schon in der Vermögenserklärung, die für die Zwecke der Einheitswertfeststellung des Betriebsvermögens abzugeben ist, vorzunehmen.

II *Wegen der Außerbetrachtlassung der Betriebskapitalbestandteile für außerbayerische Betriebsstätten und der Ausscheidung der Betriebskapitalbestandteile auf Betriebsstätten in mehreren bayerischen Gemeinden bleiben die Anordnungen im § 12 Abs. II und IV der VV. z. GewStG. vom 28. Mai 1911 vorbehaltlich der vom Reichsminister der Finanzen nach Maßgabe des § 86 Abs. 2 Nr. 2 RBewG. zu treffenden Bestimmungen bis auf weiteres anwendbar (zu vgl. Art. 13 und 14 des Vollzugsgesetzes zum Finanzausgleichsgesetz vom 28. April 1924).*

III *Einer bei den Verhandlungen im Staatshaushaltsausschuß des Bayer. Landtags (zu vgl. hiewegen StenBer. vom 9. Juli 1926 Nr. 129, Bd. V S. 773) gegebenen Anregung entsprechend wird bemerkt, daß an dem Grundsatze, wonach bei Festsetzung des Betriebskapitals nach Maßgabe der Bilanzaktiven von der Summe der Aktivwerte der in der Bilanz ausgewiesene Reingewinn des laufenden Jahres — nicht auch der aus dem Vorjahre übertragene Gewinnrest — abzuziehen ist (zu vgl. Mitteilungen der Oberberufungskommission Bd. XVI S. 207 und 225) gegebenenfalls auch fernerhin festzuhalten ist.*

Art. 9 hat gegenüber Art. 9 GewStG. 1921/23 eine vollständig neue Fassung erhalten. (Siehe AbändG. Art. VI S. 244.) Hiezu heißt es in der Begründung: „Die Gesetzesbestimmung zieht lediglich die Folgerungen aus dem durch das Reichsbewertungsgesetz vorgeschriebenen Grundsatze der Geltung der Einheitswerte für die nach dem Merkmale des Wertes zu erhebenden Landessteuern und gibt Vorschriften bezügl. der Behandlung der nach den Bedürfnissen der Landesgesetzgebung gebotenen Abweichungen vom Einheitswerte des Reichsbewertungsgesetzes."

Diese zulässigen Abweichungen enthält § 4 Abs. 2 ReichsbewertG., welcher lautet:

Die Länder können bestimmen,

1. daß die im § 31 Abs. 3 bezeichneten, zu einer wirtschaftlichen Einheit des Betriebsvermögens gehörigen Gegenstände oder Teile von diesen an Stelle der Gewerbsteuer der Grund- und Gebäudesteuer unterliegen;
2. daß die zu einer wirtschaftlichen Einheit des landwirtschaftlichen, forstwirtschaftlichen oder gärtnerischen Vermögens gehörigen Nebenbetriebe gewerblicher Art oder Teile von diesen an Stelle der Grund- und Gebäudesteuer unterliegen;
3. daß Teile einer wirtschaftlichen Einheit des landwirtschaftlichen, forstwirtschaftlichen oder gärtnerischen Vermögens oder des Grundvermögens der Grund- und Gebäudesteuer nicht unterliegen;
4. daß Teile einer wirtschaftlichen Einheit des Betriebsvermögens der Gewerbsteuer nicht unterliegen;
5. daß für die Gewerbsteuer Schulden, die bei der Feststellung des Einheitswerts für eine wirtschaftliche Einheit des Betriebsvermögens in Abzug gebracht worden sind (§ 28 Abs. 1), dem Einheitswert ganz oder teilweise wieder hinzugerechnet werden;
6. daß für die Gewerbsteuer dem für eine wirtschaftliche Einheit des Betriebsvermögens festgestellten Einheitswert der Wert solcher Gegenstände oder Teile von ihnen hinzugerechnet wird, die dem Betriebe dienen, aber nicht im Eigentum des Betriebsinhabers stehen und bei der Feststellung des Einheitswertes des gewerblichen Betriebs nach Maßgabe dieses Gesetzes nicht zu berücksichtigen sind. Satz 1 gilt für Gegenstände oder Teile von ihnen, die nach Abs. 1 Nr. 1 an sich der Grund- und Gebäudesteuer unterworfen werden können, nur dann, wenn sie zu dieser Steuer nicht herangezogen werden;
7. daß für die Gewerbsteuer, soweit sie sich auf Angehörige eines freien Berufs oder auf diesen gleichgestellten Gewerbetreibende bezieht, von der Anwendung der Vorschrift des § 26 Abs. 1 Satz 3 abgesehen wird;
8. daß zu der Grund- und Gebäudesteuer oder zu der Gewerbsteuer einzelne Gegenstände oder Teile von Gegenständen, die zu einer wirtschaftlichen Einheit gehören, mit einem

anderen Steuersatz herangezogen werden als die übrigen Teile der wirtschaftlichen Einheit.

(S. auch Begründung zum Reichsbewertungsgesetz S. 25 Ziff. IV: „Bedeutung des Entwurfs für das Grund- und Gewerbesteuerrecht".)

1. Gewerbsteuerpflichtiger Nebenbetrieb des Gartenbaues: Bek. § 10I 1. Zum gärtnerischen Vermögen gehören nach § 23 RBewG. alle Teile einer wirtschaftlichen Einheit, die dauernd einem gärtnerischen Hauptzweck dient (gärtnerischer Betrieb). Bewertung des gärtnerischen Betriebsvermögens. S. §§ 23—25 RBewG.

Über den Begriff des Gartenbaues im Sinne des GewStG. s. Anm. 4 III A zu Art. 1 II 1. S. S. 32.

Über die Frage, wenn ein gewerbsteuerpflichtiger Nebenbetrieb des Gartenbaues vorliegt s. Anm. 4 III C—E zu Art. 1 II 1. S. S. 34.

Über die Frage, wann ein gewerbsteuerpflichtiger Nebenbetrieb gemäß § 23—25 RBewG. festzustellen.

Beachte auch Art. 8 I und Art. 9 Ziff. 3 GewStG.

2. Hinzurechnung von Werten zum Betriebsvermögen: Bek. § 10 I 2. Nicht alle Gegenstände und Rechte, die einem Betrieb dienen, gehören zum Betriebsvermögen des Betriebsinhabers, z. B. dazugepachtetes Betriebsvermögen. Diese Gegenstände und Rechte sind jedoch für die Gewerbsteuer unter den aus § 4 Abs. 2 Nr. 6 ReichsbewGes. ersichtlichen Voraussetzungen dem Betriebsvermögen hinzuzurechnen.

3. Wiederabsetzung des Einheitswertes für Immobilien: Bek. § 10 I 3. Nach § 31 Abs. 3 ReichsbewG. wird in den Fällen, in denen Grundstücke zum Betriebsvermögen gehören, ein Einheitswert nicht nur für den gesamten gewerblichen Betrieb einschl. der Grundstücke, sondern zunächst für die Grundstücke selbst festgestellt; bei der Feststellung des Einheitswertes für den gesamten gewerblichen Betrieb, d. h. einschließlich der Grundstücke werden die Grundstücke mit dem Werte eingesetzt, der für sie selbst als Einheitswert festgestellt worden ist. Sollen nun gemäß § 4 Abs. 2 Nr. 1 solche Betriebsgrundstücke anstatt zusammen mit den übrigen Teilen des gewerblichen Betriebs zur Gewerbsteuer allein, zur Grund- und Gebäudesteuer herangezogen werden, so würden von dem für den gesamten gewerblichen Betrieb festgestellten Einheitswerte lediglich die Einheitswerte abzuziehen sein, die für die Betriebsgrundstücke festgestellt worden sind.

Beispiel: Einheitswert für einen gewerbl. Betrieb 1 000 000 Mk. Hierin sind die Einheitswerte zweier dem Betrieb dienenden Grundstücke enthalten und zwar mit 100 000 Mk. und 75 000 Mk.

zusammen also 175 000 Mk. Nach Landesrecht sollen die Betriebsgrundstücke nicht zur Gewerbsteuer, sondern zur Grund- und Gebäudesteuer herangezogen werden.

Der Gewerbsteuer unterliegt danach der Wert des gesamten gewerblichen Betriebs abzüglich des Werts der Grundstücke (1 000 000 Mk. — 175 000 Mk.) mit 825 000 Mk. Die Betriebsgrundstücke selbst werden mit ihren Einheitswerten, also mit 100 000 Mk. und 75 000 Mk. zur Grund- und Gebäudesteuer herangezogen. (Begr. des Reichsbewertungsgesetzes S. 27.)

4. Freigrenze nach dem Reichsbewertungsgesetz für Gewerbtreibende, die den freien Berufen gleichstehen („uneigentliche" freie Berufe): Bek. § 10I 4. (S. auch Art. 1 Anm. 2a.)

Das Reichsbewertungsgesetz stellt gewisse Gewerbetreibende den freien Berufen gleich, z. B. Zahntechniker, Heilkundige, Hebammen, Rechtskonsulenten, Bücherrevisoren usw. (S. § 10 DB. z. RBewG.) Wie bei den freien Berufen der Wert der der Ausübung des Berufs dienenden Gegenstände bis zu einem Betrag von 5000 Mk. nicht als Betriebsvermögen anzusehen ist, gilt die gleiche Vergünstigung für diese Gewerbtreibenden. Diese Gleichstellung hat jedoch für das bayerische Gewerbsteuerrecht keine Bedeutung. Dieses unterwirft die eigentlichen freien Berufe, wie bisher, überhaupt nicht der Gewerbsteuerpflicht, z. B. Ärzte, Zahnärzte, Rechtsanwälte usw. Ihre Einkünfte aus Beruf sind kein gewerblicher Ertrag, ihr Betriebsvermögen, z. B. Instrumente, Apparate, Bibliotheken, ist kein Betriebskapital im Sinne des Gewerbsteuergesetzes. (Abweichung vom RBewG. und VermögensteuerG.) Andererseits zieht es aber Gewerbebetriebe, die nach dem Bewertungsgesetz den freien Berufen „gleichgestellt" sind, mit ihrem Ertrag und den ihrem Betriebe dienenden Gegenstände zur Gewerbsteuer heran, z. B. Dentisten, Rechtskonsulenten, Hebammen usw., so daß für diese bei der Gewerbsteuer die Freigrenze von 6000 Mk. Betriebsvermögen des Reichsbewertungsgesetzes bedeutungslos wird. Es gilt also auch für die den freien Berufen gleichgestellten Gewerbtreibenden, die von uns „uneigentliche" freie Berufe genannt werden, lediglich die im Art. 12 GewStG. für das Betriebskapital festgesetzte Freigrenze von 5000 Mk.

Beispiele:

1. Ein Zahntechniker besitzt ein Betriebsvermögen von 9850 Mark. Die Betriebskapitalsanlage ist von dem auf volle Tausend nach unten abgerundeten Betrag, also aus 9000 Mk. zu berechnen, während nach dem Reichsbewertungsgesetz und damit für die Vermögensteuer in solchen Fällen nur diejenigen Gegenstände als Betriebsvermögen gelten, deren Wert den Betrag von 6000 Reichsmark übersteigt.

2. Ein Naturheilkundiger hat seinem Gewerbe Gegenstände im Werte von 6000 Mk. gewidmet. Dieser Wert ist nach dem Reichsbewertungsgesetz nicht als Betriebsvermögen anzusehen, nach dem Gewerbsteuergesetz aber mit dem ganzen Betrag von 6000 Mk. der Betriebskapitalsanlage unterworfen. Haben die Gegenstände nur einen Wert von 5000 Mk., braucht er keine Betriebsanlage zu entrichten. (Art. 12 GewStG.)

5. Wiederhinzurechnung von Schulden Bek. § 10I 5. **a)** Aus den in Anm. 5 zu Art. 8 genannten Gründen ist bestimmt worden, daß die Betriebsschulden, als welche u. a. gelten Zinsverbindlichkeiten, Steuerschulden usw. — siehe insbes. § 10 der Vollz.-Bestimmungen zum bayer. GewStG. von 1911, abgedruckt zu Art. 8 — dem Einheitswerte wieder hinzugerechnet werden müssen. Unzulässig ist also der Abzug von Kapitalschulden vom Werte des Anlagekapitals. Demgemäß können Kapitalschulden, die aus der Gründung, Erwerbung oder dauernden Erweiterung des Betriebes herrühren, nicht abgezogen werden. Die Anlagewerte werden also auch besteuert, wenn sie unter Aufnahme von Schuld-Kapitalien, d. h. mit fremden Mitteln beschafft wurden. **b)** Bis Erlassung von Bestimmungen des Reichsfinanzministers, nach welchem Maßstab und nach welchem Verfahren die Zerlegung der Einheitswerte für die Einheitswertsteuern der Länder und Gemeinden vorzunehmen ist, bleiben bis auf weiteres (siehe Bek. § 10II) die Anordnungen im § 12 Abs. II und IV des VB. zum GewStG. vom 28. Mai 1911 anwendbar. Diese lauten:

§ 12 Abs. II.

II Außer Betracht bleiben jene Bestandteile des Betriebskapitals, die ausschließlich dem Betrieb eines stehenden Gewerbes, einer Zweigniederlassung usw. außerhalb Bayerns gewidmet sind. Bestandteile, die dem Betrieb in Bayern und dem Betrieb außerhalb Bayerns gemeinschaftlich gewidmet sind und dem gesamten Betriebe dienen, sind angemessen auszuscheiden; hierüber vgl. § 1 Abs. I.

§ 12 Abs. IV.

IV Wenn zur Ausübung des stehenden Gewerbebetriebes Betriebsstätten in mehreren bayerischen Gemeinden oder auch in einem ausmärkischen Bezirk unterhalten werden, ist weiter zu beachten, daß die Betriebskapitalsanlage nach dem Werte der in den einzelnen Gemeinden oder in einem ausmärkischen Bezirke befindlichen Bestandteile des Betriebskapitals ausgeschieden werden muß. Die Frage, wo die einzelnen Bestandteile des Betriebskapitals befindlich sind, ist nach rein tatsächlichen Gesichtspunkten zu entscheiden; hierfür ist aber nicht die Widmung für die einzelne Betriebsstätte maßgebend. Es sind daher auch die Werte für derartig örtlich getrennte Bestandteile des Betriebskapitals eines Gesamtbetriebs tunlichst gesondert zu ermitteln und festzustellen. Der Steuerpflichtige ist nach Art. 16 Abs. 1 Ziff. 4, Art. 17 gehalten, diese getrennten Werte oder die Unterlagen für deren Feststellung anzugeben. (Art. 10 des UmlGes., §§ 29, 30 der VollzAnw. hierzu.)

c) Bezüglich Art. 13 und 14 des VollzGes. z. FA. vom 28. April 1924 s. Bleyer, Steuerrecht der bayer. Gemeinden. 2. Aufl. S. 87 ff.

d) Zu Bek. § 10 Abs. III: Absetzung des Gewinns aus dem laufenden Betriebsjahr vom Werte des Betriebskapitals: Dieser Bestimmung liegt die Erwägung zugrunde, daß der Gewinn für das dem Abschlusse zugrunde liegende Betriebsjahr begrifflich noch nicht Bestandteil des gewerblichen Vermögens und damit des Betriebskapitals geworden, sondern bloß Frucht des Kapitals ist. Es ist also zulässig, den in der Bilanz ausgewiesenen Gewinn aus dem laufenden Betriebsjahr — nicht auch den etwa aus dem Vorjahre übergetragenen Gewinnrest — vom Werte des Betriebskapitals abzusetzen. Der im maßgebenden Geschäftsjahr erzielte Reingewinn darf bei der Ermittelung des steuerbaren Betriebskapitals nur insoweit abgezogen werden, als er in den in der Bilanz ausgewiesenen Aktivwerten tatsächlich enthalten ist. (OVG. XXI S. 60.)

Art. 10.

Ermittlung des gewerblichen Reinertrags.

I Der gewerbliche Reinertrag ist unter Beachtung des Art. 4 Abs. I dieses Gesetzes nach den Grundsätzen zu ermitteln, die für die Ermittelung der Einkünfte aus Gewerbebetrieb bei natürlichen Personen nach dem Reichseinkommensteuergesetze und für die Ermittelung dieser Einkünfte bei gewerbetreibenden juristischen Personen und nichtrechtsfähigen Vereinigungen nach dem Reichskörperschaftsteuergesetze maßgebend sind[1]).

Werbungskosten.

II Zu den Werbungskosten[2]) (Betriebsausgaben), d. i. den zur Erwerbung, Sicherung und Erhaltung der Einkünfte aus dem Gewerbebetrieb gemachten Aufwendungen zählen insbesondere auch:

1. die Schuldzinsen[3]), die im Gewerbebetrieb anfallen,
2. die Ertragsteuern[4]) samt den hieraus zu entrichtenden Umlagen,
3. die Umsatzsteuer[5]),

4. Mehraufwendungen im Haushalt, die durch eine Erwerbstätigkeit der Ehefrau im Gewerbebetrieb erwachsen sind[6]).

Sonderleistungen.

III Zu den abzugsfähigen Sonderleistungen[7]) zählen insbesondere auch die Umlagen der Religionsgesellschaften und Religionsgemeinden[8]).

Nichtabzugsfähige Aufwendungen.

IV [9]) Nicht abgezogen werden dürfen insbesondere

1. die sämtlichen nicht im Gewerbebetrieb anfallenden Schuldzinsen,
2. die zur Bestreitung des Haushalts des Steuerpflichtigen und zum Unterhalte seiner Familienangehörigen aufgewendeten Beträge, soweit sie nicht unter Abs. II Ziff. 4 fallen[10]),
3. die vom Steuerpflichtigen entrichtete Einkommensteuer, Körperschaftssteuer sowie sonstige Personal-Steuern,
4. Zinsen für das im Gewerbebetrieb angelegte eigene Vermögen des Steuerpflichtigen[11]).

Gewerbebetrieb im eigenen Haus.

V Unternehmern, die den Geschäftsbetrieb in Räumen des eigenen Hauses ausüben, ist auf ihren Antrag der mit der Haussteuer veranlagte Mietertragsanschlag dieser Räume den Werbungskosten (Betriebsausgaben) zuzurechnen, soweit dieser Anschlag nicht bereits beim Buchabschluß unter den Ausgaben berücksichtigt ist. Daneben dürfen Schuldzinsen, die auf die Erwerbung, Instandsetzung oder Erweiterung dieser Geschäftsräume zurückzuführen sind, nicht unter den Werbungskosten erscheinen. Die Berücksichtigung des Antrags ist von der Erbringung der erforderlichen Unterlagen und Nachweise durch den Steuerpflichtigen abhängig[12]).

Abs. I unverändert gegenüber Abs. I des Gewerbsteuergesetzes in der Fassung vom 27. Juli 1921. Dagegen wurde Satz 2, den Art. 10 Abs. I durch das Gesetz vom 18. Juli 1923 als Zusatz erhalten hat, gegenstandslos. Der Zusatz bezog sich auf die Abänderungen, die das Einkommensteuergesetz und das Körperschaftssteuergesetz durch das sogen. Geldentwertungsgesetz vom 20. März 1923 erfahren hatten, die in der Hauptsache nur für die Veranlagung für 1922 Bedeutung erlangt haben und nunmehr durch die Bestimmungen der neuen Gesetze vom 10. August 1925 überholt sind. Die Änderungen in den Abs. II ff. des Art. 10 sind wesentlich nur redaktioneller Natur und bezwecken die Angleichung des Gewerbsteuergesetzes an das Einkommensteuergesetz tunlichst auch durch Übereinstimmung des Wortlautes äußerlich zu kennzeichnen und dabei doch die bei der Gewerbesteuer besonders bemerkenswerten Werbungskosten, Sonderleistungen und nicht abziehbare Ausgaben besonders hervorzuheben. (Siehe AbändG. Art. VII a—e S. 244.)

Art. 11.

Reinerträge aus Grund- und Haussteuer.

Vor Berechnung der Ertragsanlage dürfen auf Antrag des Steuerpflichtigen aus dem gewerblichen Betriebsgewinne diejenigen Reinerträge ausgeschieden werden, die aus Grundbesitz und Hausbesitz geflossen sind. Die Berücksichtigung des Antrags ist von der Erbringung der erforderlichen Unterlagen und Nachweise durch den Steuerpflichtigen abhängig.

Bek. § 11.

Gewerblicher Reinertrag. Allgemeine Grundsätze.

(Zu Art. 10.)

I *Das Gewerbsteuergesetz beruht auf dem Grundsatz der Besteuerung des gewerblichen Reinertrags. Zur Durchführung dieses Grundsatzes mußte nach Beseitigung der Landeseinkommensteuer der tunlichst enge Anschluß an die Reichsgesetzgebung über die Besteuerung der Einkünfte aus Gewerbebetrieb gesucht werden. Das Gesetz schreibt deshalb vor, daß für die Ermittlung des gewerblichen Reinertrags die für die Ermittlung der gewerblichen Einkünfte nach dem Reichseinkommensteuergesetz bei natürlichen Personen und nach dem Körperschaftsteuergesetz bei den gewerbetreibenden juristischen Personen und nichtrechtsfähigen Vereinigungen geltenden Grundsätze maßgebend sind. Die wichtigsten Grundsätze für die Ermittlung sind enthalten in § 7, §§ 11 bis 21, ferner in den Unterabschnitten 2 und 9 des Abschnitts III EStG. und im Abschnitt II KStG. Die Anwendung des § 8 EStG. wird bei der Ermittlung des gewerblichen Reinertrags nicht in Frage kommen, weil die dort aufgeführten Bezüge usw. nicht zum Einkommen aus Gewerbebetrieb gehören. Dagegen bleiben auch bei der Ermittlung des gewerblichen Reinertrags insbesondere außer Ansatz:*

1. die im § 11 Nr. 2 KStG. bezeichneten Einkünfte der dort aufgeführten Sparkassen, soweit für sie nach den Vorschriften des Gewerbsteuergesetzes eine Steuerpflicht in Frage kommt,

2. die in § 11 Nr. 3 KStG. bezeichneten Gewinnanteile der dort aufgeführten Gesellschaften, Betriebe und Verwaltungen an einer anderen Erwerbsgesellschaft. Zufolge Art. XIX Abs. V des Gewerbsteueränderungsgesetzes kommt die Erweiterung der Vergünstigungen nach § 11 Nr. 3 KStG., wie sie nach Maßgabe der §§ 15 und 16 des Gesetzes über steuerliche Milderungen zur Erleichterung der Wirtschaftslage vom 31. März 1926 (RGBl. I S. 185) für die Körperschaftsteuer gewählt wird, den Steuerpflichtigen auch für die Gewerbsteuer zugute.

II *Die Anlehnung an die nach dem Einkommensteuergesetz und dem Körperschaftsteuergesetz zu ermittelnden Einkünfte aus Gewerbebetrieb findet ihre Grenze in der Vorschrift des § 10 des Finanzausgleichsgesetzes in der Fassung vom 27. April 1926 (RGBl. I S. 203), wonach Besteuerungsmerkmale, die auf die allgemeine steuerliche Leistungsfähigkeit des Steuerpflichtigen abzielen, nicht zugrunde gelegt werden sollen. Es liegt daher in der Absicht des Gesetzes und ist auch beim Vollzug streng darauf zu achten, daß bei der Ermittlung des gewerblichen Reinertrags sowohl bei den Einnahmen, als auch insbesondere bei den Ausgaben alle Posten auszuscheiden haben, die sich nicht auf das Gewerbe, sondern auf den Unternehmer, auf die Person des Gewerbeinhabers beziehen (näheres hierüber siehe § 12).*

III *Der enge Anschluß an die Einkommensteuer und Körperschaftsteuer ist nunmehr auch hinsichtlich jener von mehreren (natürlichen oder juristischen) Personen gemeinschaftlich betriebenen Gewerbe erleichtert, die nach Art. 4 Abs. I einheitlich als ein einziges Gewerbe zu veranlagen sind. Zufolge § 65 Abs. 1 Nr. 2 EStG. und § 22 KStG. soll nämlich nunmehr einheitlich festgestellt werden bei Gewerbebetrieben der Geschäftsgewinn einer Gesellschaft oder Gemeinschaft, an der mehrere Personen als Unternehmer (Mitunternehmer des Betriebs) beteiligt sind. Für solche Fälle wird es daher nicht mehr notwendig sein, den gewerblichen Reinertrag wie bisher durch Zusammenrechnung der gewerblichen Erträgnisse der mehreren Unternehmer zu ermitteln (zu vgl. auch § 6 Abs. I, § 17 Abs. I, § 20 Abs. V).*

Bek. § 12.

(Zu Art. 10.)

Ermittlung des gewerblichen Reinertrags.
Im Einzelnen.

I *Der gewerbliche Reinertrag umfaßt den gesamten Ertrag (d. i. den von den abzugsfähigen Betriebsausgaben ge-*

reinigten Rohertrag) aus Gewerbe-, Handels-, Industrie- und Bergwerks-Unternehmungen, gleichviel ob sie in großem oder geringem Umfange fabrik- oder handwerksmäßig betrieben werden. Dazu gehört — unbeschadet der nachträglichen Ausscheidung gemäß Art. 11 — auch der Ertrag von Grundvermögen, der im Gewerbebetrieb anfällt. Die Veranlagung hat einheitlich zu erfolgen, auch wenn in Bayern an verschiedenen Orten Betriebsstätten unterhalten werden. Wenn sich Betriebsstätten einer in Bayern gewerbsteuerpflichtigen Unternehmung auch außerhalb Bayerns im Deutschen Reich befinden, so darf der Ertrag der Unternehmung nur mit dem Anteil zur Gewerbsteuer herangezogen werden, der in Bayern erworben wird (§ 11 des Finanzausgleichsgesetzes, zu vgl. § 1 Abs. I oben). Gleiches gilt, wenn sich Betriebsstätten einer bayerischen Unternehmung im Auslande befinden, sowie für Betriebsstätten außerbayerischer Unternehmungen in Bayern.

II *Für die Bemessung der zur Ermittlung des Reinertrags vom Rohertrag abzuziehenden Betriebsausgaben, im Art. 10 Abs. II im Anschluß an den Sprachgebrauch des Einkommensteuergesetzes als Werbungskosten bezeichnet, sind zunächst die Vorschriften des § 16 EStG. einschlägig, die nach § 13 KStG. auch für die Körperschaften gelten. Die Vorschrift im Art. 10 Abs. II soll nicht etwa bezwecken, die Vorschrift im Art. 16 EStG. zu ersetzen, sondern nur sie zur Beseitigung von Zweifeln zu ergänzen durch besondere Erwähnung jener Aufwendungen, die vom Standpunkt des bayer. Gewerbsteuergesetzes aus jedenfalls zu den Werbungskosten zu rechnen sind, wie auch durch Festlegung von Punkten, in denen bei Veranlagung der Gewerbsteuer gewisse Abweichungen erforderlich sind. Hierher gehören vor allem:*

1. die Schuldzinsen, die im Gewerbebetrieb anfallen. Das Einkommensteuergesetz zählt die Schuldzinsen nicht unter den Werbungskosten, sondern in einer gesonderten Nummer 3 des § 15 Abs. 1 auf. Das frühere bayerische Einkommensteuergesetz und mit ihm das Gewerbsteuergesetz hat den Unterschied zwischen gewerblichen und sonstigen Schuldzinsen dadurch scharf hervorgehoben, daß die gewerblichen Schuldzinsen im Art. 12 Abs. I Ziff. 3 des Einkommensteuergesetzes ausdrücklich als Betriebsausgaben anerkannt wurden, während die übrigen Schuldzinsen gemäß Art. 12 Abs. II Ziff. 1 lediglich als Verbrauchsausgaben zum Abzug an den gesamten Reineinkünften zugelassen wurden. Dieser Unterschied hat auch für das Gewerbsteuergesetz in der neuen Fassung seine volle Bedeutung beibehalten. Es ist streng darauf zu achten, daß für die Ermittlung des gewerblichen Reinertrags nur solche Zinsen zum Abzug zugelassen werden, die auf Schul-

den entfallen, die im Gewerbebetrieb entstanden sind. Alle Schuldzinsen, die der Gewerbeinhaber aus Anlässen, die außerhalb des Gewerbebetriebs liegen, zu entrichten hat, sind vom Abzug um so zuverlässiger auszuschalten, als nach § 10 des Finanzausgleichsgesetzes die allgemeine Leistungsfähigkeit des Steuerpflichtigen bei der Ertragsteuer außer Berücksichtigung gelassen werden soll. Sind die Schuldzinsen im Gewerbebetrieb angefallen, so macht es für die Abzugsfähigkeit wie bisher keinen Unterschied, ob sie unmittelbar aus dem laufenden Geschäftsbetrieb, insbesondere aus der Inanspruchnahme von Warenbezugs- oder Bankkredit herrühren oder ob sie vom Gewerbeinhaber infolge der Gründung, Erwerbung oder Erweiterung des Geschäfts oder für zum Geschäftsbetrieb geliehene und in ihm verwendete Kapitalien zu leisten sind. Daß es sich um gewerbliche Schuldzinsen handelt, ist im Zweifel von den Steuerpflichtigen nachzuweisen. Gemeinsame Schuldzinsen, z. B. solche für ein Kapital, das zum Teil der Erwerbung der Geschäftseinrichtung oder für Warenbeschaffung, zum Teil für Erwerb eines Hauses aufgenommen wurde, das wiederum nur zum Teil für gewerbliche Zwecke verwendet wird, sind entsprechend auszuscheiden. Nicht zu den abzugsfähigen Schuldzinsen gehören selbstverständlich Zinsen, die sich der Steuerpflichtige etwa zur Verzinsung seines eigenen im Gewerbebetrieb verwendeten Kapitals vorweg anrechnet. Solche Zinsen sind als Bestandteile des erzielten Gewinns dem Reinertrag zuzurechnen (zu vgl. § 18 Abs. 2 EStG. und Art. 10 Abs. IV Ziff. 4).

2. Die Ertragsteuern sind auch im § 16 Abs. 5 Nr. 1 E.-StG. als abzugsfähige Werbungskosten benannt; sie sind im Art. 10 Abs. II unter Ziff. 2 ausdrücklich aufgeführt, um Zweifel darüber auszuschließen, ob die Ertragsteuern und insbesondere die Gewerbesteuer auch bei der Feststellung des Reinertrags für die Ertragsteuer selbst abgezogen werden dürfen. Bei der Beratung des Gewerbsteuergesetzes vom 27. Juli 1921 im Ausschuß für den Staatshaushalt des Bayer. Landtags bestand Übereinstimmung darüber, daß die Ertragsteuern mit jenem Betrag als Abzugsposten einzustellen sind, der in dem für die Steuerveranlagung maßgebenden Jahr (nunmehr Steuerabschnitt) tatsächlich verausgabt worden ist. Im übrigen besteht eine Abzugsfähigkeit für die Ertragsteuern selbstverständlich nur insoweit, als sie zu dem Gewerbebetrieb in wirtschaftlicher Beziehung stehen (zu vgl. auch § 14 Abs. IV).

3. Die Umsatzsteuer zählt zu den öffentlichen Abgaben, welche zu den Geschäftsunkosten zu rechnen sind, soweit sie nicht einen Teil der Haushaltungskosten des Steuerpflichtigen bildet. Sie ist daher schon nach § 16 Abs. 5 Nr. 1 EStG. abzugsfähig. Die ausdrückliche Erwähnung im Art. 10 Abs. II

Ziff. 3 dient lediglich der Verdeutlichung. Auch hier erstreckt sich die Abzugsfähigkeit, wie sich aus den Worten „aus dem Gewerbebetrieb" im Eingang des Absatz II ergibt, lediglich auf die Beträge, die im Gewerbebetrieb anfallen.

4. Mehraufwendungen im Haushalte, welche durch eine Erwerbstätigkeit der Ehefrau im Gewerbebetrieb erwachsen sind, sind ausdrücklich als abzugsfähig anerkannt, obwohl eine entsprechende Vorschrift im Einkommensteuergesetz vom 10. August 1925 nicht mehr enthalten ist (zu vgl. § 13 Abs. 1 Nr. 1e des früheren Einkommensteuergesetzes). Es ist besonders zu beachten, daß eine Abzugsfähigkeit nur für solche Aufwendungen gegeben ist, die ausschließlich durch eine Erwerbstätigkeit der Ehefrau in dem zu besteuernden Gewerbebetrieb notwendig wurden. Im Zweifel hat der Steuerpflichtige die Notwendigkeit solcher Mehraufwendungen glaubhaft darzutun.

III *Nach § 7 Abs. 2 Nr. 1 EStG. gilt als Einkommen bei Einkünften aus Gewerbebetrieb der Gewinn. Nach § 12 Abs. 1 ist der Gewinn der Überschuß der Einnahmen über die Ausgaben mit entsprechenden die Erzeugnisse, Waren und Vorräte sowie das unbewegliche und bewegliche Anlagekapital betreffenden Zu- und Abrechnungen. Auch bei Steuerpflichtigen, die Handelsbücher nach den Vorschriften des Handelsgesetzbuches zu führen verpflichtet sind, oder ohne dazu verpflichtet zu sein, Handelsbücher nach den Vorschriften des Handelsgesetzbuches tatsächlich führen, sind zufolge § 13 EStG. bei der Ermittlung des Gewinns außer den Vorschriften in § 12 Abs. 2, §§ 19 bis 21 auch die Vorschriften über die abzugsfähigen Ausgaben (§§ 15 bis 18 EStG.) zu beachten. Nach § 13 KStG. finden die Vorschriften der §§ 12, 13, 15 und 17 EStG. sinngemäß Anwendung, soweit nicht in den §§ 14 bis 19 KStG. etwas anderes vorgeschrieben ist. Hieraus folgt, daß auch bei Ermittlung des gewerblichen Reinertrags nicht nur die Werbungskosten einschließlich der Schuldzinsen, die im Gewerbebetrieb anfallen, sondern auch Sonderleistungen als abzugsfähig in Betracht kommen. Die Abzugsfähigkeit der in § 17 Abs. 1 EStG. und § 14 KStG. aufgeführten Sonderleistungen ist jedoch für die Gewerbsteuer dadurch beschränkt, daß die Gewerbsteuer eine Ertragsteuer auf den gewerblichen Betrieb darstellt. Es werden daher für die Gewerbsteuer jedenfalls jene Sonderleistungen als nicht abzugsfähig auszuscheiden haben, die mit dem Gewerbebetrieb nicht in einem wirtschaftlichen Zusammenhang stehen, sondern nur den Unternehmer selbst oder seine Haushaltsangehörigen betreffen. Das wird z. B. bezüglich der meisten im § 17 Abs. 1 Nr. 1 bis 4 EStG. aufgeführten Sonderleistungen zu gelten haben. Nach Art. 10 Abs. III zählen zu den abzugsfähigen Sonderleistungen insbesondere auch im*

Anschluß an die Regelung nach § 17 Abs. 1 Nr. 5 EStG. die bisher als Werbungskosten zu behandelnden Umlagen der Religionsgesellschaften und Religionsgemeinden (zu vgl. Art. 10 Abs. II Nr. 2 des Gesetzes vom 27. Juli 1921).[1]

IV *Bei den der Körperschaftsteuer unterliegenden Gewerbsteuerpflichtigen kommen für den Abzug bei Ermittlung des gewerblichen Reinertrags außerdem insbesondere in Betracht die in §§ 15 und 16 KStG. aufgeführten Abzugsposten, von denen die zur Beseitigung einer Unterbilanz nach § 15 Nr. 3 verwendeten Beträge hervorzuheben sind.*

Bek. § 13.

(Zu Art. 10.)

Nicht abzugsfähige Ausgaben.

I *Die nicht zum Abzug zugelassenen Ausgaben bemessen sich zunächst nach den Vorschriften des § 18 EStG., für die der Körperschaftsteuer unterliegenden Gesellschaften usw. nach § 17 KStG. Die Aufzählung im Art. 10 Abs. IV hat gleich jener im Art. 10 Abs. II (zu vgl. § 12 Abs. II oben) nicht die Bedeutung einer Ausschaltung, sondern nur die einer Ergänzung der bezeichneten Vorschriften des Einkommensteuergesetzes und des Körperschaftsteuergesetzes. Bezüglich der nicht im Gewerbebetrieb anfallenden Schuldzinsen wird auf § 12 Abs. II Ziff. 1 oben verwiesen. Zur Wahrung des Charakters der Gewerbsteuer als Ertragsteuer im Sinne des § 10 des Finanzausgleichsgesetzes ist sorgfältig auf die Fernehaltung des Abzugs aller persönlichen Aufwendungen aus dem gewerblichen Ertrag zu achten. Einkommensteuer und Körperschaftsteuer sind gemäß § 18 Abs. 1 Nr. 3 EStG. und § 17 Nr. 3 KStG. schon vom Abzug bei diesen beiden Steuern ausgeschlossen und um so weniger bei der Ertragsteuer abzugsfähig.*

II *Wegen der Zinsen für das im Gewerbebetrieb angelegte eigene Vermögen des Steuerpflichtigen (§ 18 Abs. 2 EStG.) wird auf § 12 Abs. II Ziff. 1 Schlußsatz verwiesen.*

Bek. § 14.

(Zu Art. 10 Abs. V und Art. 11.)

Kürzungen am gewerbl. Reinertrag.

I *Die Vorschrift im Art. 10 Abs. V ist nach Zweck und Wirkung gleich der Vorschrift im Art. 10 Abs. II des Gewerb-*

---

[1]) Diese Bestimmung lautete: Zu den Werbungskosten (Betriebsausgaben, d. i. den auf die Erwerbung, Sicherung und Erhaltung der Roheinkünfte aus dem Gewerbebetrieb gemachten Aufwendungen zählen insbesondere auch die Ertragssteuern samt den hieraus zu entrichtenden Umlagen sowie den Umlagen der Religionsgesellschaften und Religionsgemeinden.

steuergesetzes vom 14. August 1910/17. August 1918; nur in der Form ist anstelle des Abzugs des mit der Haussteuer veranlagten Mietertragsanschlags für die Geschäftsräume des Unternehmers im eigenen Hause vom Reinertrag die Zusetzung dieses Mietertragsanschlags bei den Betriebsausgaben (Werbungskosten) getreten. Die Bestimmung kann dem Wortlaute des Gesetzes entsprechend nur für Geschäftsräume in Miethaussteuergemeinden in Anwendung kommen. Mietertragsanschlag im Sinne des § 10 Abs. V ist der jeweils bei der letzten Miethaussteuereinschätzung festgestellte steuerbare Mietertragsanschlag, also der nach Berücksichtigung des § 4 Abs. II des Haussteuergesetzes verbleibende Mietertrag. Derzeit gilt als abzugsfähiger Mietertragsanschlag die nach Abschnitt A und B der Verordnung vom 21. März 1924 (GVBl. S. 133) mit §§ 1 und 2 der Bekanntmachung vom 29. Dezember 1923 (GVBl. 1924 S. 3) der Haussteuer unterliegende Friedensmiete. Die Fassung des Satzes 2 des Abs. V bezweckt keine sachliche Änderung. Die einschlägigen Ausführungen im § 16 Abs. I der VV. z. GewStG. vom 28. Mai 1911 über die allenfallsige Ausscheidung der gegenüberstehenden Schuldzinsen werden daher auch fernerhin noch anwendbar sein.

II *Die Anwendung der Vorschrift des Art. 10 Abs. V ist nunmehr von einem ausdrücklichen Antrag des Steuerpflichtigen und von der Erbringung der erforderlichen Unterlagen und Nachweise durch ihn abhängig gemacht. Zweck dieser Einschränkung ist, den Veranlagungsbehörden zeitraubende, von Amts wegen zu pflegende Ermittlungen, Berechnungen usw. zu ersparen und ihnen zu ermöglichen, sich auf die Nachprüfung der vorgelegten Behelfe zu beschränken. Zur Erbringung des Nachweises ist indessen die Beibringung urkundlicher Behelfe (z. B. darüber, welcher Teilbetrag einer aufgenommenen Schuld auf die Erwerbung, Instandsetzung oder Erweiterung der Geschäftsräume trifft), durch den Steuerpflichtigen nicht erforderlich, es wird im allgemeinen genügen, wenn durch beigebrachte ziffermäßige Unterlagen die Berechtigung des Antrags glaubhaft gemacht wird.*

III *Das Gewerbsteuergesetz vom 27. Juli 1921 brachte durch die Vorschrift im Art. 11 eine wesentliche Neuerung zugunsten der Steuerpflichtigen gegenüber dem früheren Rechtszustand, indem nunmehr vor Berechnung der Ertragsanlage aus dem gewerblichen Betriebsgewinn die Reinerträge ausgeschieden werden dürfen, die aus Grund- und Hausbesitz geflossen sind. Damit sind auch Erträgnisse aus Grund- und Hausbesitz, die an sich zum gewerblichen Ertrag zu rechnen sind, wie beispielsweise die Erträgnisse aus Arbeiterwohnungen eines Fabrikunternehmens (zu vgl. Mitt. der Oberberufungskommission Band XIV S. 162, 165, siehe auch Band XIII S. 168, 173) von der Gewerbsteuer freigestellt. Eine Ausscheidung der Reinerträge aus Kapitalbesitz, aus denen Kapitalertragssteuer an das Reich zu entrichten ist, kommt nicht mehr in Betracht (zu vgl. § 9 Abs. I).*

IV *Zu beachten ist, daß Art. 11 nur die Reinerträge als ausscheidbar bezeichnet. Unter den Betriebsausgaben aufgerechnete, auf auszuscheidende Erträgnisse entfallende Aufwendungen müssen daher gleichfalls ausgeschieden werden, so daß tatsächlich nur Reinerträgnisse zum Abzug gelangen. Insbesondere haben nach Erklärung der Staatsregierung im Haushaltsausschuß des Bayer. Landtags bei der Beratung des Gewerbsteuergesetzes vom 27. Juli 1921 Ertragsteuern nebst Umlagen und die religionsgesellschaftlichen oder religionsgemeindlichen Umlagen (Art. 10 Abs. III), die auf die gemäß Art. 11 aus dem gewerblichen Reinertrag ausscheidenden Reinerträge, also auf die von der Ausscheidung berührten Objekte entfallen, aus den abziehbaren Werbungskosten und Sonderleistungen auszuscheiden (zu vgl. § 12 Abs. II Ziff. 2 und Abs. III Schlußsatz).*

V *Wegen der Antragstellung und der Erbringung der erforderlichen Unterlagen und Nachweise durch den Steuerpflichtigen gilt zu Art. 11 das Gleiche wie zu Art. 10 Abs. V (siehe Abs. II oben).*

Art. 11 hat gegenüber Art. 11 GewStG. 1921/23 eine neue Fassung erhalten. (Siehe AbändG. Art. VII f. S. 245.)

1. Gewerblicher Reinertrag: Bek. §§ 11 und 12 I. Das Wesen der Realsteuer macht sich auch bei der Ertragsanlage zur Gewerbsteuer geltend, obwohl für die Ermittlung der Einkünfte aus Gewerbebetrieben die entsprechenden Vorschriften des Einkommen- bzw. Körperschaftssteuergesetzes Anwendung finden. Wie bei der Betriebskapitalsanlage, so müssen auch bei der Ertragsanlage die gewerblichen Einkünfte verschiedener Personen, die an einem Unternehmen beteiligt sind (wie z. B. an einer offenen Handelsgesellschaft), wie bei der Einkommensteuer, gemeinsam erfaßt und deshalb auch in der Steuererklärung zusammengefaßt werden, während alle die einzelnen Personen, nicht den Gewerbebetrieb als solchen, treffende Ausgaben, Vergünstigungen und Schulden nicht vom Roheinkommen abgezogen werden dürfen. Sinngemäß sollten auch Einkünfte, die nicht aus dem Gewerbebetrieb stammen, eigentlich gar nicht aufgeführt werden; in diesem Punkt aber besteht im Gesetz bzw. in der Vollzugsbekanntmachung insofern ein kleiner Schönheitsfehler, als der Ertrag vom Grundvermögen, der im Gewerbebetrieb anfällt, aufgeführt werden muß — unbeschadet der nachträglichen Ausscheidung gemäß Art. 11 —. Dieser Schönheitsfehler besteht bei der

Betriebskapitalsanlage nicht, da dort Haus- und Grundbesitz ohne weiteres in der Betriebskapitalsaufstellung wegzulassen sind.

2. Werbungskosten: Bek. § 12 II. Nach der Begründung des Einkommensteuerges. S. 47 umfassen die Werbungskosten auch die Betriebsausgaben. Betriebsausgabe ist jede mit dem Geschäftsbetriebe sachlich zusammenhängende Ausgabe. Es sind daher im Regelfall grundsätzlich alle laufenden Geschäftsunkosten abzuziehen.

Nach § 16 des Einkommensteuergesetzes gehören zu den Werbungskosten

a) die Steuern vom Grundvermögen und Gewerbebetrieb und sonstige öffentliche Abgaben und die Beiträge zur Versicherung von Gegenständen, soweit diese Aufwendungen zu den Geschäftsunkosten oder Verwaltungskosten gehören;
b) die Jahresleistungen auf Grund der Industriebelastung;
c) die Jahresleistungen für die Rentenbankbelastung;
d) notwendige Ausgaben des Steuerpflichtigen durch Fahrten zur Wohnungs- und Arbeitsstätte;
e) Kosten für Flurbereinigung.

Von diesen Werbungskosten dürfen bei der Ertragsanlage die unter a) genannten Steuern, also auch die Grundsteuer, da ihr der Rohertrag aus Grund- und Hausbesitz gegenübersteht, abgesetzt werden, ebenso dürfte es auch angängig sein, die auf diesen Teil des Gesetzes entfallenden Versicherungs- und Verwaltungskosten abzuziehen, mithin also auch eine allenfallsige Rentenbankbelastung, dagegen darf der Rohertrag nicht um die unter d und e angeführten Posten gekürzt werden.

3. Schuld-Zinsen: Bek. § 12 II 1. Schuldzinsen sind alle fortlaufenden Leistungen, welche ein Schuldner gleichviel unter welcher Benennung an den Gläubiger für die Gewährung eines Darlehens zu entrichten hat, soweit sie nicht zur allmählichen Tilgung des aufgenommenen Kapitals verwendet werden. Hiezu zählen Vertrags-, Verzugs-, Prozeß-, gesetzliche Zinsen (§§ 256, 347, 452, 698 usw. BGB.). Sie sind nur abzugsfähig, soweit sie im Gewerbebetrieb anfallen. Nicht abzugsfähig sind dagegen Schuldzinsen, die mit dem Gewerbebetrieb in keinem unmittelbaren Zusammenhang stehen, beispielsweise die aus einem Reparaturdarlehen zu entrichtenden Zinsen, fernerhin auch nicht die Zinsen für das im Geschäftsbetrieb angelegte eigene Vermögen.

Zinsen, die dem Teilhaber einer offenen Handelsgesellschaft für nicht abgehobene, dem Betriebe darlehensweise belassene Gewinnanteile aus früheren Jahren gutgeschrieben werden, sind abzugsfähige Betriebsausgaben (OVG. XXII, 165).

4. Ertragssteuern: Bek. § 12 II 2. Ertragssteuern sind die Steuern vom Grundvermögen (Grund- und Haussteuer) und vom

Gewerbebetrieb (Gewerbesteuer), auch alle übrigen Real- oder Objektsteuern, d. h. direkte Steuern, bei denen bestimmend für Eintritt und Umfang der Steuerpflicht nicht individuell in der Person zusammengefaßte Verhältnisse des zum Steuerzahler gemachten Wirtschaftssubjekts sind (Personal- oder Subjektsteuern), sondern Vorhandensein und Eigenschaften einzelner Gegenstände, insbesondere dauernder Quellen der Gütererzeugung, grundsätzlich ohne Rücksicht auf die individuellen Verhältnisse des Steuersubjekts (Strutz, Grundbegriffe des Steuerwesens S. 12 ff.) Hiezu gehört auch die Grundwertabgabe nach Art. 4 des bayer. Ges. z. Vollz. des Finanzausgleichsgesetzes vom 30. April 1924 (GVBl. S. 156 ff.). S. jedoch Art. 11 mit Bek. § 14 Abs. IV.

5. Umsatzsteuer: Bek. § 12 II 3. Die im Gewerbebetrieb anfallende Umsatzsteuer ist eine öffentliche Abgabe, die zu den Geschäfts- und Verwaltungskosten zu rechnen ist.

6. Mehraufwendungen im Haushalt durch Erwerbstätigkeit der Ehefrau im Gewerbebetrieb: Bek. § 12 II 4.

Eine Abweichung vom Einkommensteuergesetz liegt in der Belassung der Ziff. 4. Im Entwurf war die Ziffer zunächst mit der Begründung gestrichen, daß die betreffenden Mehraufwendungen unter den Werbungskosten bei der Einkommensteuer nicht mehr aufgeführt sind. Der Berichterstatter Dr. Probst beantragte in der Landtagssitzung vom 9. Juli 1926 die Wiedereinsetzung dieser Bestimmung. Der Herr Staatsminister äußerte sich hiezu folgendermaßen:

> „Nach der früheren gesetzlichen Bestimmung sei in der Tat vorgesehen gewesen, daß die Mehraufwendungen im Haushalte, die durch eine Erwerbstätigkeit der Ehefrau im Gewerbebetrieb erwachsen seien, abgezogen werden dürften. Man habe die Bestimmung im Entwurfe weggelassen, weil sie auch im Einkommen- und Körperschaftssteuergesetze nicht mehr berücksichtigt sei und zwar um das Gesetz den Bestimmungen des Einkommensteuergesetzes anzugleichen. Er könne nicht in Abrede stellen, daß ein innerer Billigkeitsgrund für die Weitergeltung der Bestimmung spreche. Lediglich der Gesichtspunkt der Angleichung an das Einkommensteuergesetz habe die Veranlassung zur Streichung der Bestimmung gegeben. Er wisse, daß ein Antrag im Reichstage gestellt sei, der diese Bestimmung auch in das Einkommensteuergesetz aufgenommen wissen wolle. Er habe keine Erinnerung dagegen zu erheben, wenn die Bestimmung auch hier aufgenommen werden wolle."
> Entsprechend dem Antrage des Mitberichterstatters wurde die Ziff. 4 wieder eingefügt.

7. Sonderleistungen: Bek. § 12 III. Die im § 17 des EinkStG. geführten abzugsfähigen Sonderleistungen dürfen, soweit sie sich auf den Steuerpflichtigen und seine Haushaltungsangehörigen beziehen, was die Ziffern 1—4 betrifft, bei der Ertragsanlage nicht abgezogen werden. Es sind dies Beiträge zur Kranken-, Unfall-, Haftpflicht-, Angestellten-, Invaliden-, Erwerbslosen- Witwen-, Waisen-, Pensions- und Sterbekasse, sowie Versicherungsprämien auf den Lebens- oder Todesfall und Ausgaben für Fortbildung im Beruf. Die unter Ziff. 5—7 genannten Sonderleistungen, nämlich Steuern an Religionsgesellschaften, Beiträge zu den öffentlich-rechtlichen Berufs- und Wirtschaftsvertretungen, sowie zu den Berufsverbänden ohne öffentlich-rechtlichen Charakter und Zuwendungen an Unterstützungs-, Wohlfahrts- und Pensionskosten des Betriebes, wenn die dauernde Verwendung für die Zwecke der Kosten gesichert ist, sind selbstverständlich auch für die Ertragsanlage abzugsfähig.

8. Umlagen der Religionsgesellschaften und Religionsgemeinden: Bek. § 12 III.

Um eine Übereinstimmung mit dem Wortlaut des Einkommensteuergesetzes zu erreichen, erschien es erforderlich, nachdem das Einkommensteuergesetz vom 10. August 1925 den Begriff der „abzugsfähigen Sonderleistungen" eingeführt und unter diese auch die Steuern der Religionsgesellschaften aufgenommen hat (zu vgl. § 17 Abs. I Nr. 5 EinkStG.) die Umlagen der Religionsgesellschaften und Religionsgemeinden von dem bisherigen Art. 10 Abs. II Ziff. 2 in einem neuen Absatz III überzuführen.

9. Aus den zu Anm. 8 genannten Gründen wurde im bisherigen Absatz III nun IV Ziff. 2 und 3 der Wortlaut des § 18 Abs. 1 Nr. 2 und 3 des EinkStG. übernommen und in einer neuen Ziff. 4 die Bestimmung im § 18 Abs. 2 a. a. O. wiedergegeben.

10. Im Hinblick auf die in Abs. II erfolgte Wiedereinfügung der Ziff. 4 „Mehraufwendungen im Haushalte, die durch eine Erwerbstätigkeit der Ehefrau im Gewerbebetrieb erwachsen sind", wurde hinter dem Worte „Beträge" in Ziff. 2 auf Antrag des Berichterstatters eingefügt: „soweit sie nicht unter Abs. II Ziff. 4 fallen."

11. Bek. § 13.

Unter gar keinen Umständen dürfen abgezogen werden: „Alle Aufwendungen zur Verbesserung und Vermehrung des Vermögens, zu Geschäftserweiterungen, zu Kapitalsanlagen, zur Schuldentilgung oder zu Ersatzbeschaffungen, soweit diese über notwendige Reparaturen hinausgehen" (§ 18 EStG.).

12. Nutzwert der haussteuerpflichtigen eigenen Geschäftsräume: Bek. § 14.

Voraussetzung für die Abzugsfähigkeit (bzw. Zurechnung zu den Betriebsausgaben) des Mietertragsanschlages ist:

a) daß der Geschäftsbetrieb in Räumen des eigenen Hauses ausgeübt wird;

b) daß der Mietertragsanschlag zur Haussteuer veranlagt ist.

Wichtig und neu ist die Bestimmung, daß der mit der Haussteuer veranlagte Mietertragsanschlag der dem Gewerbebetrieb dienenden eigenen Räume nur dann zu den Werbungskosten zugerechnet werden darf, wenn ein ausdrücklicher Antrag unter Nachweis der Voraussetzungen gestellt ist. (Siehe auch OBK. XXII Seite 141 Ziff. 9.) Wenn ein Antrag gestellt wird, genügt eine Nachprüfung der Unterlagen, ohne daß weitschweifige Berechnungen erforderlich werden.

Hiezu äußerte sich in der Landtagssitzung vom 9. Juli 1926 der Finanzminister:

„Lediglich die Rücksicht auf die Arbeit der Finanzämter habe dazu geführt, die Berücksichtigung dieser Posten von einem Antrag abhängig zu machen. Aus der Begründung gehe hervor, daß die Finanzämter Bedenken erhoben und den Antrag gestellt hätten, überhaupt diese Abzüge nicht zuzulassen. Das Finanzministerium habe nicht so weit gehen zu sollen geglaubt und sich damit begnügt, die Berücksichtigung von einem Antrag abhängig zu machen. Damit werde zweifellos ein großer Teil von Kleinarbeit ausgeschieden. Nach seiner Meinung sollte man den Finanzämtern diese Berücksichtigung zuteil werden lassen. Wenn gesagt worden sei, daß der Pflichtige unter Umständen die Bestimmung übersehen könnte, so müsse er erklären, daß im Steuerformular ausdrücklich auf diese Bestimmung werde hingewiesen werden, daß auf Antrag eine Berücksichtigung dieser verschiedenen Posten stattfinde. Damit sei doch den geäußerten Bedenken genügend Rechnung getragen. Im übrigen ersuche er dringend, darauf Rücksicht zu nehmen, daß die Ämter heute vor einer ungeheuer schweren Aufgabe stünden und man sie mit Kleinarbeit möglichst verschonen sollte. Es werde eine Reihe von Dingen geben, auf die der Pflichtige selbst kein großes Gewicht lege; wenn aber das Finanzamt hier ex offecio verfahren müsse, müsse es Recherchen pflegen und habe unter Umständen eine ziemlich erhebliche überflüssige Arbeit zu leisten."

Ausdrücklich wird im Gesetz betont, daß Schuldzinsen, die auf die Erwerbung, Instandsetzung oder Erweiterung dieser Geschäftsräume zurückzuführen sind, nicht unter den Werbungskosten erscheinen dürfen.

Art. 12.

Befreiungsgrenzen (objektive Steuerfreiheit).

Bei Gewerbetreibenden, deren Betriebskapital nicht

mehr als 5000 *RM* beträgt, bleibt die Betriebskapitalsanlage und bei solchen, deren Reinertrag nicht mehr als 1000 *RM* beträgt, die Ertragsanlage außer Ansatz[1]).

Bek. § 15.

(Zu Art. 12.)

Objektive Steuerfreiheit.

Reinertrag im Sinne des Art. 12 ist der nach Maßgabe der Bestimmungen in Art. 10 Abs. V und Art. 11 gekürzte Reinertrag (zu vgl. § 14).

1. **Steuerliche Schonung der Kleingewerbetreibenden:** Bek. § 15.

Die durch das Gesetz vom 18. Juli 1923, dem Gesetz als Grenze für die Außeransatzlassung der Betriebskapitalsanlage und der Ertragsanlage eingefügten Inflationsziffern (150 000 Mk. für das Betriebskapital und 100 000 Mk. für den Reinertrag) wurden durch der wiedergefestigten Währung entsprechende Ziffern ersetzt. (S. AbändG. Art. VIII S. 245.)

Der Regierungsentwurf sah zunächst eine Freigrenze von 1500 Mk. für die Ertragsanlage vor.

Gegen die steuerliche Begünstigung der Kleingewerbetreibenden wurde von maßgebenden Wirtschaftskreisen Stellung genommen. Auf Antrag des Ausschusses für den Staatshaushalt wurde der von den Koalitionsparteien eingebrachte Antrag, die Freigrenze der Ertragsanlage von 1500 Mk. auf 1000 Mk. herabzusetzen, in der Landtagssitzung vom 9. Juli 1926 angenommen.

Der Art. 12 bezweckt die steuerliche Schonung der Kleingewerbetreibenden, die mit geringfügigem Betriebskapital oder mit nicht nennenswertem Reinertrag arbeiten.

III. Veranlagung der Steuer.

Art. 13.

Steuerabschnitt.

I Die Veranlagung der Gewerbsteuer erfolgt für einen Steuerabschnitt[1]), und zwar nach dem Einheitswerte des Betriebskapitals[2]), der für den Feststellungszeitraum, in dem dieser Steuerabschnitt endet, nach den Vorschriften des Reichsbewertungsgesetzes festzustellen ist oder festzustellen wäre, sowie nach Maßgabe des gewerblichen Reinertrags[3]), der in diesem Steuerabschnitte bezogen ist.

II Steuerabschnitt ist jener Zeitraum, der für die Veranlagung des Steuerpflichtigen zur Einkommensteuer oder zur Körperschaftsteuer maßgebend ist.

III Ist der Steuerabschnitt, für den eine Veranlagung erfolgt, kürzer als ein Jahr, so bleibt die Betriebskapitalsanlage in dem Verhältnis unerhoben, in dem die Zahl der Monate, in denen die Steuerpflicht*) bestanden hat, zu zwölf Monaten steht[4]).

IV Die Gewerbsteuer wird nach Ablauf des Steuerabschnitts veranlagt. Für den Zeitpunkt der Veranlagung sind die jeweils für die Veranlagung der Einkommensteuer und der Körperschaftsteuer geltenden Vorschriften maßgebend[5]).

Bek § 16.

Steuerabschnitt, Veranlagungs- und Erhebungsgrundlage. *(Zu Art. 13.)*

I *Die Veranlagung der Gewerbsteuer erfolgt für einen Steuerabschnitt. Steuerabschnitt ist nach Art. 13 Abs. II jener Zeitraum, der für die Veranlagung des Steuerpflichtigen zur Einkommensteuer oder zur Körperschaftsteuer maßgebend ist. Der Steuerabschnitt ist sonach für die Veranlagung der Gewerbsteuer der gleiche wie für die Veranlagung der Einkommensteuer und der Körperschaftsteuer. Er bestimmt sich nach den Vorschriften in § 10 EStG. und § 12 KStG. in Verbindung mit den Vorschriften in §§ 29 bis 32 EStAB. und in §§ 28 bis 31 KStAB. Für den Fall, daß ein Unternehmer mehrere Gewerbe mit verschiedenen Wirtschaftsjahren betreibt, die nach Art. 4 Abs. II einheitlich wie ein einziges Gewerbe zu veranlagen sind, trifft Art. 4 Abs. II Satz 2 und 3 die Regelung, die zu dem gleichen Ergebnis führt wie die Anwendung der Vorschriften im § 10 Abs. 2 Satz 2 EStG. Diese Regelung greift auch dann Platz, wenn eines der mehreren in Betracht kommenden Wirtschaftsjahre nach § 10 Abs. 1b EStG. das Kalenderjahr ist. In allen übrigen Fällen, insbesondere beim Zusammentreffen von Einkünften aus Gewerbebetrieb mit Einkünften anderer Art, bestimmt sich der Steuerabschnitt unmittelbar nach dem Grundsatze des Art. 13 Abs. II. Soweit für einen Gewerbebetrieb der Steuerabschnitt mit dem Wirtschaftsjahr nicht übereinstimmt, sind die Einkünfte aus diesem Gewerbebetrieb für die Ermittlung des gewerblichen Reinertrags nicht mit dem im Steuerabschnitt, sondern mit dem im Wirtschaftsjahr erzielten Betrag anzusetzen (Art. 13 Abs. I in Verbindung mit Art. 10 Abs. I Art. 4 Abs. II Satz 3 und § 10 Abs. 2 Satz 2 EStG.).*

*) Hier fehlt im Text offenbar „nicht".

II *Durch die Neufassung des Art. 13 ist die Veranlagung der Gewerbsteuer für ein Rechnungsjahr beseitigt. Es besteht jetzt für die Gewerbsteuer wie für die Einkommensteuer und für die Körperschaftsteuer die Regelung, daß der Ermittlungszeitraum, d. i. der Zeitraum, für den das in ihm bezogene Einkommen des Steuerpflichtigen ermittelt wird, und der Erhebungszeitraum, d. i. der Zeitraum, für den die Steuer erhoben wird, grundsätzlich zusammenfallen. Für die beiden Zeiträume wird die mit der reichsgesetzlichen Bezeichnung gleichlautende Bezeichnung „Steuerabschnitt" gebraucht. Diese Neuregelung ist insbesondere von Bedeutung für die Frage, bei welcher Veranlagung die im Laufe eines Kalenderjahrs entrichteten Gewerbsteuervorauszahlungen anzurechnen sind. Über den Steuerabschnitt als Erhebungszeitraum zu vgl. § 44.*

III *Nach Art. 13 Abs. I erfolgt die Veranlagung der Betriebskapitalsanlage nach dem Einheitswert des Betriebskapitals, der für den Feststellungszeitraum, in dem der maßgebende Steuerabschnitt endet, nach den Vorschriften des Reichsbewertungsgesetzes festzustellen ist oder festzustellen wäre. Diese Regelung entspricht der Vorschrift im § 7 RBew.-G., wonach bei der Veranlagung der als Einheitswertsteuer sich darstellenden Betriebskapitalsanlage § 1 RBewG.) der Einheitswert zugrunde zu legen ist, in dessen Feststellungszeitraum der für die Veranlagung der Einheitswertsteuer maßgebende Zeitpunkt, d. i. hier das Ende des Steuerabschnitts, fällt. Welcher Feststellungszeitraum hiernach im einzelnen Fall in Betracht kommt, ergibt sich aus §§ 5 und 6 mit §§ 75 und 76 RBewG. Es kann dies sowohl der Hauptfeststellungszeitraum sein (§ 6 Abs. 2, § 75 Abs. 4 Satz 2 RBewG.), als auch der hiervon abweichende Zeitraum, für den eine Neufeststellung gemäß § 75 Abs. 4 Satz 1 mit Abs. 2 RBewG. oder eine Nachfeststellung gemäß § 76 Abs. 3 mit § 75 Abs. 2 und 4 Satz 1 RBewG. gilt. Die für die Betriebskapitalsanlage maßgebende Einheitswertfeststellung ist also im einzelnen Fall eine Hauptfeststellung (§ 5 Abs. 2 RBewG.) oder eine Neufeststellung (§ 75 RBewG.) oder eine Nachfeststellung (§ 76 RBewG.). Stets ist aber jene Einheitswertfeststellung der Bewertung des Betriebskapitals zugrunde zu legen, die als letzte vor dem Ende des maßgebenden Steuerabschnitts wirksam geworden ist, deren Feststellungszeitpunkt (§ 5 RBewG.) also unmittelbar vor dem Ende dieses Steuerabschnitts liegt. Dagegen bleiben selbstverständlich alle Einheitswertfeststellungen unberücksichtigt, die in der Zeit zwischen dem Ende des Steuerabschnitts und der Gewerbsteuerveranlagung erfolgen, soweit sich ihre Wirkung auf einen nach dem Ende des Steuerabschnitts liegenden Feststellungszeitraum erstreckt. Ausschlaggebend ist eben nicht der Zeitpunkt der tatsächlichen Vornahme der Einheitswertfest-*

stellung, sondern der Zeitpunkt des Beginns ihrer Wirksamkeit. Durch die Fassung „nach den Vorschriften des Reichsbewertungsgesetzes festzustellen ist oder festzustellen wäre“, wird zum Ausdruck gebracht, daß die Vorschriften des Reichsbewertungsgesetzes auch dann zur Anwendung kommen, wenn im einzelnen Falle eine Feststellung des Einheitswerts für Reichssteuerzwecke nicht stattfindet.

IV *Nach Art. 13 Abs. I erfolgt die Veranlagung der Ertragsanlage nach Maßgabe des gewerblichen Reinertrags, der in einem Steuerabschnitte bezogen ist. Welcher gewerbliche Reinertrag hiernach im einzelnen Falle der Veranlagung zugrunde zu legen ist, ergibt sich unmittelbar aus den in Abs. I oben aufgeführten reichsrechtlichen Vorschriften. Bei Gewerbetreibenden mit einem Wirtschaftsjahr der im § 10 Abs. 1 b EStG. bezeichneten Art ist stets der Reinertrag dieses Wirtschaftsjahrs, das auch ein Kalenderjahr sein kann, maßgebend, auch wenn sich der Steuerabschnitt nicht nach diesem Wirtschaftsjahr bestimmt. Wegen des Wirtschaftsjahrs zu vgl. §§ 26 bis 28 EStAB., §§ 18, 25 bis 27 KStAB.*

V *Bei der Betriebskapitalsanlage ist die tarifmäßige Steuer grundsätzlich als eine Jahressteuer zu erachten. Sie kann daher bei kürzerer Dauer des Steuerabschnitts als ein Jahr nicht mit dem vollen Betrag angesetzt werden. Art. 13 Abs .III sieht für diese Fälle eine verhältnismäßige Kürzung des tarifmäßigen Betrags der Betriebskapitalsanlage vor, die sich unter Zugrundelegung von 12 Monaten für den tarifmäßigen Betrag nach der Zahl der Monate richtet, in denen die Steuerpflicht nicht bestanden hat. Bei der Ertragsanlage darf eine solche Kürzung ohne Rücksicht auf die Dauer des Steuerabschnitts nicht vorgenommen werden, weil die Ertragsanlage ebenso wie die Einkommensteuer und die Körperschaftsteuer mit dem tarifmäßigen Satz grundsätzlich nicht als Jahressteuer, sondern als Steuer für den Steuerabschnitt erhoben wird, der in besonderen Fällen kürzer oder länger als ein Jahr sein kann.*

VI *Die Gewerbsteuer wird nach Ablauf des Steuerabschnitts veranlagt (Art. 13 Abs. IV). Für den Zeitpunkt der Veranlagung sind die jeweils für die Veranlagung der Einkommensteuer und der Körperschaftsteuer geltenden Vorschriften maßgebend. Es besteht also nunmehr auch in dieser Richtung volle Übereinstimmung mit dem Reichsrecht ohne Rücksicht darauf, ob es sich um natürliche Personen oder um juristische Personen und nichtrechtsfähige Vereinigungen handelt. Die einschlägigen reichsrechtlichen Vorschriften sind § 25 EStG. und § 13 KStG. mit §§ 33 bis 35 EStAB. und §§ 32 bis 34 KStAB. Es finden hiernach auch bei der Gewerbsteuer zwei Veranlagungen im Kalenderjahr statt, nämlich eine Frühjahrsveranlagung und eine Herbstveranlagung. Durch diese Rege-*

lung wird es ermöglicht, daß die Gewerbsteuerveranlagung aller Steuerpflichtigen im unmittelbaren und engsten Zusammenhang mit der Einkommensteuer- und der Körperschaftsteuerveranlagung vorgenommen werden kann.

Art. 13 hat gegenüber Art. 13 GewStG. 1921/23 eine vollkommen neue Fassung erhalten. (S. Art. X AbänderG. S. 245.) Die Vorschrift in Abs. III entspricht der Vorschrift in Art. 46 Abs. VII des GewStG. 1921/23. Sie wurde in Art. 13 aufgenommen, weil sie mehr Veranlagungs- als Erhebungsvorschrift ist. Die Vorschriften in Art. 13 Abs. II—VII GewStG. 1921/23 wurden, um die Vorschriften über die Erhebung der Steuer zusammenzufassen, mit den erforderlichen Abänderungen in Art. 46 des nunmehr geltenden Gesetzes übernommen.

1. Steuerabschnitt: Bek. § 16 I und II.

Die Einkommen- und Körperschaftssteuergesetzgebung vom August 1925 hat den Ausdruck „Steuerabschnitt" geprägt, d. i. der Zeitraum, der der Ermittlung des Einkommens zugrunde gelegt wird und der gleichzeitig den Erhebungszeitraum bildet. Steuerabschnitt ist für buchführende Gewerbetreibende das Wirtschaftsjahr, für das sie regelmäßig Abschlüsse machen und für die übrigen Gewerbetreibenden das Kalenderjahr. Während nach dem Gewerbsteuergesetz 1921/23 die Gewerbsteuer für das Rechnungsjahr (d. i. die Zeit vom 1. April eines Jahres bis zum 31. März des folgenden Jahres), also einen in seinem Anfang und Ende für alle Steuerpflichtigen gleichen Zeitraum erhoben wurde, ist nunmehr der Erhebungszeitraum den Reichsvorschriften angepaßt, die Steuer wird also nicht mehr für das Rechnungsjahr, sondern für den Steuerabschnitt erhoben. Ermittelt wurde der gewerbliche Reinertrag, allerdings auch schon bisher nicht nach dem Rechnungsjahr, sondern nach dem Kalenderjahr oder davon abweichendem Wirtschaftsjahr. Der Unterschied gegenüber der bisherigen Regelung besteht also darin, daß auch die Erhebung der Gewerbsteuer für den Steuerabschnitt erfolgt. Für die Gewerbsteuer gilt der Steuerabschnitt, der für die Veranlagung der Einkommen- und Körperschaftssteuer maßgebend ist.

2. Veranlagung der Betriebskapitalsanlage: Bek. § 16 III.

Die Zugrundelegung des Einheitswertes des Betriebskapitals ist eine weitere wichtige neue Bestimmung des Art. 13.

Nach § 1 Abs. 2 RBewG. haben die Länder und Gemeinden, die Steuern nach dem Merkmal des Wertes einzelner Vermögensarten erheben, diesen Steuern (Einheitswertsteuern), die nach den Vorschriften des Reichsbewertungsgesetzes festgestellten Werte zugrunde zu legen. Obwohl diese Vorschrift die Länder für die Jahre 1925 und 1926 noch nicht bindet (§ 82 RBewG., § 55 DurchfBest. z. RBewG.) wird durch die Novelle auf Grund des

Reichsbewertungsgesetzes für die Betriebskapitalsanlage schon jetzt der Einheitswert zugrunde gelegt, in dessen Feststellungszeitraum der für die Veranlagung der Einheitswertsteuer maßgebende Zeitpunkt fällt. Feststellungszeitraum ist nach dem Reichsbewertungsgesetz in der Regel ein Kalenderjahr oder ein mehrjähriger Zeitraum, so z. B. die Zeit vom 1. Januar 1925 bis 31. Dezember 1926. Hieraus ergibt sich, daß jeweils jene Einheitswertfeststellung der Betriebskapitalsanlage zugrunde gelegt wird, die dem Ende des Steuerabschnitts unmittelbar vorausgeht. Regelmäßig ist das eine Feststellung auf den 1. Januar (Hauptfeststellungszeitpunkt). Für die Betriebskapitalsanlage ist demnach ein anderer Stand und Wert des Betriebsvermögens maßgebend als für die Berechnung der Ertragsanlage. Eine Übereinstimmung ließ sich sowohl aus praktischen Erwägungen als auch wegen der zwingenden Vorschrift des § 7 des RBewG. nicht erzielen.

Betriebe, deren regelmäßige Jahresabschlüsse nicht mit dem Hauptfeststellungszeitpunkt zusammenfallen, können nach § 29 RBewG. beantragen, daß an Stelle des Hauptfeststellungszeitpunktes der Ermittlung des Einheitswertes der Schluß des letzten Wirtschaftsjahres zugrunde gelegt wird.

Nach § 75 RBewG. wird eine Neufeststellung des Einheitswertes des Betriebsvermögens vorgenommen, wenn sich der Wert desselben um mehr als den fünften Teil oder um mehr als 100 000 *RM* infolge besonderer Umstände innerhalb des Hauptfeststellungszeitraums verändert hat. (Einzelheiten im § 75 R.-BewG.) Eine Nachfeststellung des Einheitswertes findet statt, wenn innerhalb des Hauptfeststellungszeitraums ein Betrieb neu gegründet wird. (Einzelheiten im § 76 RBewG.) Wenn eine Neufeststellung oder Nachfeststellung erfolgt ist, so tritt der neue Einheitswert an die Stelle der Hauptfeststellung, er gilt bis zur nächsten Hauptfeststellung. (§ 6 RBewG.) Für die Vermögenssteuer 1925 und 1926 finden nach § 22 Abs. 1 des Steuermilderungsgesetzes vom 31. März 1926 (RGBl. I, 185) die Vorschriften der §§ 75, 76 RBewG. mit folgender Maßgabe Anwendung:

a) Die Neufeststellung ist nicht von dem Vorliegen besonderer Umstände (§ 75 Abs. 1 Satz 1, 2 RBewG.) abhängig.

b) Bei Neu- und Nachfeststellungen wird zwar für die Feststellung des Vermögens nach Art und Menge der Stand an dem für die Neu- oder Nachfeststellung maßgebenden Feststellungszeitpunkt, für die Bewertung des Vermögens jedoch der Stand vom 1. Januar 1925 zugrunde gelegt.

Eine Neufeststellung in den Jahren 1925 und 1926 kommt also nur in Betracht, wenn die Veränderung des Wertes des Vermögens um mehr als ein Fünftel oder um mehr als 100 000 Mk. auf einer Änderung des Vermögensumfanges beruht (z. B.

durch Anwachsen der Schulden, Verluste von Warenbeständen), dagegen nicht, wenn das seinem Umfange nach gleichgebliebene Vermögen sich lediglich in seinem Wert verändert hat. (RMdF. III von 1666 I 2b vom 31. März 1926.)

Beispiele: Die Veranlagung 1927 eines Gewerbsteuerpflichtigen, der auf den 30. April abschließt, erfolgt im Herbst 1927 nach dem gewerblichen Reinertrag den er in der Zeit vom 1. Mai 1926 mit 30. April 1927 bezogen hat, und nach dem Betriebskapital, das nach dem Reichsbewertungsgesetz für den 1. Januar 1927 festgestellt wird, außer es wird Einheitswertfeststellung auf den 30. April 1926 beantragt. Die Veranlagung 1927 einer Aktiengesellschaft, die auf den 30. September abschließt, erfolgt im Frühjahr 1928 nach dem Reinertrag, der für die Zeit vom 1. Oktober 1926 mit 30. September 1927 erzielt wurde, und nach dem Betriebskapital, dessen Einheitswert auf den 1. Januar 1927 festgestellt wurde; auch hier kann die Aktiengesellschaft beantragen, daß die Einheitswertfeststellung für den 30. September 1926 erfolgt. Die Gewerbsteuerveranlagung 1927 eines Pflichtigen, der mit dem Kalenderjahr abschließt, erfolgt im Frühjahr 1928 nach dem Reinertrag des Kalenderjahrs 1927 und nach dem Betriebskapital, das auf den 1. Januar 1927 festgestellt wurde. Für Berechnung der Betriebskapitalsanlage ist also ein anderer Stand und Wert des Betriebsvermögens maßgebend als für Berechnung der Ertragsanlage: Letztere Berechnung knüpft an den Stand und Wert am Ende des Wirtschaftsjahrs (Kalenderjahrs) an, die Betriebskapitalsanlage ist dagegen nach dem Stand und Wert von dem 1. Januar zu berechnen, der dem Ende des Steuerabschnitts unmittelbar vorhergeht oder auf Antrag des Steuerpflichtigen nach dem Stand und Wert am Schluß des dem Hauptfeststellungszeitpunkt (1. Januar) unmittelbar vorangegangenen Wirtschaftsjahres. (Münchner Jahrbuch 1927 S. 292.)

3. Gewerblicher Reinertrag: Bek. § 16 IV.

Die Ertragsanlage bestimmt sich nach dem gewerblichen Reinertrag, der in dem Steuerabschnitt bezogen wurde.

4. Änderung des Gewerbebetriebs: Bek. § 16 V.

Der Steuerabschnitt kann kürzer sein als 1 Jahr, wenn z. B. im Laufe des Steuerabschnitts ein Gewerbe neu entsteht, oder bei einem Gewerbe die Voraussetzungen der Steuerbefreiung wegfallen.

5. Zeitpunkt der Veranlagung: Bek. § 16 VI.

Die Veranlagung erfolgt nach Ablauf des Steuerabschnitts. In jedem Kalenderjahr finden zwei Hauptveranlagungen zur Gewerbsteuer statt und zwar die eine im Frühjahr (Frühjahrsveranlagung) für diejenigen Steuerpflichtigen, deren Steuerabschnitt in der zweiten Hälfte des vorangegangenen Kalenderjahres oder mit dem Kalenderjahr endet, die andere im Herbst (Herbstveranlagung) für diejenigen Steuerpflichtigen, deren Abschnitt in der ersten Hälfte des Kalenderjahres endet. Die frühere unterschiedliche Behandlung der natürlichen und juristischen Personen hinsichtlich des Zeitpunkts der Veranlagung ist somit in Angleichung an das Reichssteuerrecht beseitigt.

Art. 14.

Veranlagungsort.

I Die Veranlagung erfolgt an dem Orte[1]), an dem der Gewerbsteuerpflichtige, bei einheitlicher Veranlagung eines von mehreren Personen betriebenen Gewerbes (Art. 4 Absatz I)[2]) an dem Orte, an dem einer der Unternehmer zur Reichseinkommensteuer oder zur Körperschaftsteuer zu veranlagen ist oder zu veranlagen wäre.

II Für Pflichtige, die in Bayern zwar zur Gewerbsteuer, zur Reichseinkommensteuer oder zur Körperschaftsteuer aber außerhalb Bayerns[3]) zu veranlagen sind, liegt die Zuständigkeit bei jenem Finanzamt, in dessen Bezirk das Unternehmen betrieben wird; wird das Unternehmen in mehreren Bezirken betrieben, so ist zuständig

a) in erster Linie jenes in Bayern gelegene Amt, in dessen Bezirk sich die Leitung[4]) des Betriebes befindet,

b) in zweiter Linie jenes in Bayern gelegene Amt, in dessen Bezirk der nach Art. 2 ernannte Vertreter wohnt[5]),

c) in letzter Linie — wenn ein Vertreter nicht bestellt ist — jenes in Bayern gelegene Amt, in dessen Bezirk sich der größere Teil des in Bayern gelegenen oder untergebrachten Vermögens[6]) befindet.

III Die bezüglich des Veranlagungsorts weiter erforderlichen Bestimmungen sind durch das Staatsministerium der Finanzen zu treffen.

Bek. § 17.

(Zu Art. 14.)

Ort der Veranlagung.

I *Nach Art. 14 Abs. I erfolgt die Veranlagung zur Gewerbsteuer an dem Orte, an dem der Gewerbsteuerpflichtige, bei einheitlicher Veranlagung eines von mehreren Personen be-*

triebenen Gewerbes (Art. 4 Abs. I) an dem Orte, an dem einer der Unternehmer zur Reichseinkommensteuer oder zur Körperschaftsteuer zu veranlagen ist oder zu veranlagen wäre. Durch diese Vorschrift ist die örtliche Zuständigkeit und die Bestimmung der zuständigen Veranlagungsbehörde für die Fälle geregelt, in denen ein Gewerbsteuerpflichtiger von einem Finanzamt in Bayern zur Einkommensteuer oder zur Körperschaftsteuer veranlagt wird. In diesen Fällen hat das für die Veranlagung der Einkommensteuer oder der Körperschaftsteuer zuständige Finanzamt auch die Veranlagung der Gewerbsteuer des Pflichtigen vorzunehmen. Die Zuständigkeit eines Finanzamts zur Einkommensteuer- und zur Körperschaftsteuerveranlagung von Gewerbetreibenden bemißt sich nach den Vorschriften in §§ 51 bis 53 AO. mit §§ 2 bis 13 EStAB. und §§ 2 bis 12 KStAB. Hiernach ist bei gewerbetreibenden natürlichen Personen in erster Linie das Finanzamt des Wohnsitzes, bei gewerbetreibenden juristischen Personen und nichtrechtsfähigen Vereinigungen in erster Linie das Finanzamt zuständig, in dessen Bezirk der Ort der Leitung des Unternehmens liegt. Wird der Geschäftsgewinn einer Gesellschaft oder Gemeinschaft, an der mehrere Personen als Unternehmer (Mitunternehmer des Betriebs) beteiligt sind, nach Maßgabe des § 65 Abs. 1 Nr. 2 EStG., § 22 KStG. mit § 15 EStAB. und § 14 KStAB. einheitlich festgestellt, so ist das Finanzamt, das in diesem Falle nach § 6 EStAB. und § 6 KStAB. zur einheitlichen Feststellung zuständig ist, auch für die Veranlagung der Gewerbsteuer des Unternehmens zuständig (Art. 14 Abs. III). Wird das zuständige Finanzamt für einen Gewerbetreibenden durch das übergeordnete Landesfinanzamt oder durch den Reichsminister der Finanzen bestimmt, so ist dieses Finanzamt zunächst auch für die Veranlagung der Gewerbsteuer zuständig. Von der Entscheidung des Reichsministers der Finanzen ist jedoch im Einzelfall dem Staatsministerium der Finanzen im Hinblick auf Art. 14 Abs. III Kenntnis zu geben. In zweifelhaften Fällen ist die Entscheidung des Staatsministeriums der Finanzen einzuholen.

II *Für die Fälle, in denen der Pflichtige zur Reichseinkommensteuer oder zur Körperschaftsteuer außerhalb Bayerns zu veranlagen ist, richtet sich die Zuständigkeit des Finanzamts und der Veranlagungsort nach Art. 14 Abs. II. Auch in diesen Fällen bestimmt sich die Zuständigkeit des Finanzamts hinsichtlich des Standes der die Zuständigkeit bedingenden Verhältnisse für natürliche Personen nach § 7 EStAB., für juristische Personen und nichtrechtsfähige Vereinigungen nach § 7 KStAB.*

III *Jede gewerbsteuerpflichtige natürliche oder juristische Person und nichtrechtsfähige Vereinigung ist für einen Steuer-*

abschnitt mit dem steuerbaren Betriebskapital und dem steuerbaren Reinertrag nur an einem Orte in Bayern (Veranlagungsort) zur Gewerbsteuer zu veranlagen.

Unverändert gegenüber Art. 14 GewStG. 1921/23.

1. Veranlagungsort: Bek. § 17 I.

Der Veranlagungsort bestimmt sich nach der Veranlagung zur Reichseinkommen- bzw. Körperschaftssteuer.

2. Einheitliche Veranlagung eines von mehreren Personen betriebenen Gewerbes: Bek. § 17 I.

Die in der Bekanntmachung erwähnten §§ 6 und 15 ESt.AB., die sich im wesentlichen mit den §§ 6 und 14 KStAB. decken, lauten:

§ 6 EStAB. „(Einheitliche Feststellung der Einkünfte.) (1) Für die einheitliche Feststellung der Einkünfte in den Fällen des § 65 Abs. 1, 2 d. Ges. ist das Finanzamt zuständig, in dessen Bezirk der Ort der Leitung der Gesellschaft oder Gemeinschaft liegt. Fehlt es an einem Ort der Leitung, so ist das Finanzamt zuständig, in dessen Bezirk der zur Empfangnahme von Schriftstücken bestellte Vertreter seinen Wohnsitz oder gewöhnlichen Aufenthalt hat. Ist kein Vertreter bestellt, so ist das Finanzamt zuständig, in dessen Bezirk sich das Vermögen der Gesellschaft oder Gemeinschaft befindet, oder, wenn dies für mehrere Finanzämter zutrifft, das Finanzamt, in dessen Bezirk sich der wertvollste Teil des Vermögens befindet. Ist Vermögen im Inland nicht vorhanden, so bestimmt sich die Zuständigkeit nach dem Sitz der Gesellschaft oder Gemeinschaft.

(2) Als Ort der Leitung ist der Ort anzusehen, an dem sich der Mittelpunkt der gesamten geschäftlichen Oberleitung befindet."

§ 15 EStAB. „(Gewerbebetrieb.) (1) Bei offenen Handelsgesellschaften u. Kommanditgesellschaften wird der Gewinn der Gesellschaft einheitlich festgestellt (§ 65 Abs. 1 Nr. 2 d. Ges.); ebenso bei einem Gewerbebetrieb, einer Gesellschaft oder Gemeinschaft, an der mehrere Personen als Unternehmer (Mitunternehmer) beteiligt sind; als gemeinschaftlicher Gewerbebetrieb ist es nicht anzusehen, wenn die Beteiligung nur für kurze Zeit oder für ein einzelnes Geschäft besteht.

(2) Wenn sich mehrere Personen zur Ausübung ihres Gewerbes in der Weise zusammengeschlossen haben, daß sie gemeinschaftlich die Betriebs- oder Geschäftsunkosten tragen, im übrigen sich aber auf eigene Rechnung betätigen (§ 65 Abs. 1 Nr. 2, Abs. 2 d. Ges.), so liegt eine Beteiligung im Sinne des Abs. 1 nicht vor."

3. Außerhalb Bayerns: Bek. § 17 II.

Beispiel: Ein Unternehmer, der in Leipzig wohnt und dort sein Hauptgeschäft hat, unterhält in München eine Filiale. In diesem Fall ist das Finanzamt München für die Veranlagung der Gewerbsteuer zuständig.

4. Leitung: Werden die kaufmännische und die technische Leitung an verschiedenen Orten geführt, so wird abzuwägen sein, welche Leitung überwiegt; für das Steuerrecht ist nicht allein die Vertretung nach außen entscheidend, jedoch wird es im Zweifel auf die kaufmännische Leitung ankommen. Auch bei Niederlassungen an mehreren Orten ist als Ort der Leitung angenommen, wo das Hauptbuch geführt wird. B. 11. Juli 1922 VB 44/22 StW. I Nr. 865 (Becker Anm. 2 zu § 52 a. O.).

5. **Wohnt:** Wohnt der Vertreter an verschiedenen Orten, so kann nicht § 57 a. O. zur Anwendung kommen, da es sich ja nicht um einen nach Maßgabe der AO. ernannten Vertreter handelt. Vielmehr wird dann das Bayerische Finanzministerium das zuständige Finanzamt zu bestimmen haben. Vgl. auch Abs. III des Art. 14.

6. **Vermögen:** Die Regelung entspricht § 51 AO. Abs. 3 Ziff. 2. Vgl. Becker Anm. 4 zu § 51 AO.

Art. 15.

Gewerbeverzeichnis.

I Die Gemeindebehörde[1]) hat vor Beginn des Veranlagungsgeschäfts eine Nachweisung sämtlicher im Gemeindebezirke betriebenen Gewerbe und ihrer Unternehmer und Vertreter (Gewerbeverzeichnis) herzustellen; für die Herstellung kann sie die Mitwirkung der Hausbesitzer in Anspruch nehmen.

II Das Staatsministerium der Finanzen ist ermächtigt, mit Zustimmung des Reichs die Herstellung des Gewerbeverzeichnisses mit der zur Veranlagung der Reichseinkommensteuer stattfindenden Personenstandsaufnahme zu verbinden oder von dessen Herstellung ganz oder teilweise Umgang nehmen zu lassen[2]).

Bek. § 18.

(Zu Art. 15.)

Gewerbeverzeichnis.

I *Die Herstellung des Gewerbeverzeichnisses hat in Verbindung mit der für die Zwecke der Einkommensteuerveranlagung stattfindenden Personenstands- und Betriebsaufnahme und nach dem für diese Aufnahme maßgebenden Stand zu erfolgen (§§ 36 bis 39 EStAB., §§ 35 bis 37 KStAB.). Die Unterlagen für die Herstellung des Gewerbeverzeichnisses bilden die Haushaltungslisten, Betriebsblätter und Hauslisten und die von den Gemeindebehörden im Vollzuge der §§ 40 bis 48 ESt.-AB. und der §§ 38 bis 46 KStAB. anzulegenden Urlisten und Forensenverzeichnisse, ferner, wenn solche aufgestellt sind, die Einkommensnachweisungen der Gemeindebehörden (§§ 58, 59 EStAB.). Beschränkt sich die jährliche Personenstands- und Betriebsaufnahme auf die Feststellung der eingetretenen Änderungen, so findet nur eine Berichtigung des Gewerbeverzeichnisses nach Maßgabe dieser Feststellungen und der Veränderungsanzeigen statt (§ 36 Abs. 2, § 48 Abs. 1 Satz 3 EStAB., § 35 Abs. 2, § 46 Satz 3 KStAB.).*

II *Der Präsident des Landesfinanzamts bestimmt die Einrichtung des Gewerbeverzeichnisses und den Gebrauch eines einheitlichen Vordrucks für dieses Verzeichnis.*

III *Die Ermächtigung nach Art. 15 Abs. II von der Herstellung des Gewerbeverzeichnisses ganz oder teilweise Umgang nehmen zu lassen, wird den Präsidenten der Landesfinanzämter übertragen. Unter der Voraussetzung, daß bei der Personenstands- und Betriebsaufnahme bzw. bei der Herstellung der Urlisten (§§ 36 bis 47 EStAB. und §§ 35 bis 45 KStAB.) die Inhaber von Geschäftsräumen und die gewerblichen Betriebsstätten richtig festgestellt werden, kann in der Regel eine wiederholte Inanspruchnahme der Hausbesitzer zum Zwecke der Ermittlung der Gewerbetreibenden und der Betriebsstätten (eine förmliche Personenstands- und Betriebsaufnahme für die Gewerbsteuerveranlagung) sowie die Anfertigung von Gewerbeverzeichnissen unterbleiben.*

IV *Der Präsident des Landesfinanzamts kann mit der Personenstands- und Betriebsaufnahme Erhebungen für die Gewerbsteuerveranlagung verbinden (§ 38 Abs. 2 EStAB. und § 37 Abs. 2 KStAB.) und bestimmen, daß in die Urliste weitere Eintragungen für die Gewerbsteuerveranlagung aufzunehmen sind (§ 47a EStAB. und § 45a KStAB.).*

V *Wegen der Steuerlisten wird auf § 43 verwiesen.*

Unverändert gegenüber Art. 15 GewStG. 1921/23.

1. **Gemeindebehörde:** Siehe VO. vom 22. Mai 1919 (GVBl. S. 239) Art. 3 und 6.

2. **Personenstands- und Betriebsaufnahme:** Die in der Bekanntmachung angezogenen Ausführungsbestimmungen zum Einkommen- und Körperschaftssteuergesetz bestimmen, daß zum Zwecke der namentlichen Feststellung der Steuerpflichtigen in der Regel alljährlich nach dem Stande vom 10. Oktober eine Aufnahme des Personenstandes und der Betriebe unter Mitwirkung der Hausbesitzer stattfindet.

Art. 16.

Steuererklärungspflicht.

I Jeder Gewerbetreibende hat auf öffentliche Aufforderung eine Steuererklärung abzugeben[1]).

II Für Personen, die unter elterlicher Gewalt, unter Vormundschaft oder Pflegschaft stehen, sowie für juristische Personen und nicht rechtsfähige Vereine ist die Steuererklärung von deren Vertretern abzugeben.

III Für Personen, die durch Abwesenheit oder andere Umstände verhindert sind, die Steuererklärung selbst abzugeben, kann sie durch Bevollmächtigte abgegeben werden.

IV Die Erfüllung der Steuererklärungspflicht durch einen von mehreren Vertretern oder Bevollmächtigten befreit die übrigen Vertreter oder Bevollmächtigten von dieser Verpflichtung.

V Die Staatsregierung kann mit Zustimmung des Reichs anordnen, daß Pflichtige, die eine Steuererklärung zur Einkommensteuer oder zur Körperschaftsteuer abzugeben haben, mit dieser ihre Gewerbsteuererklärung verbinden; sie kann in den Fällen des Art. 3 Abs. I die Steuererklärung erlassen.

Bek. § 19.

(Zu Art. 16.)

Aufforderung zur Abgabe der Steuererklärung.

I *Der Zeitraum für die* *a l l g e m e i n e* *Abgabe der Gewerbsteuererklärung soll tunlichst so festgestellt werden, daß er mit dem Zeitraum für die* *a l l g e m e i n e* *Abgabe der Einkommensteuer- und der Körperschaftsteuererklärungen zusammenfällt, d. i. für die Frühjahrsveranlagung (§ 25 Abs. 2 EStG. und § 13 KStG. mit § 33 EStAB. und § 32 KStAB.) die zweite Hälfte des Monats Januar, für die Herbstveranlagung (§ 25 Abs. 3 EStG. und § 13 KStG. mit § 33 EStAB. und § 32 KStAB.) die erste Hälfte des Monats September (§ 77 EStAB., § 68 KStAB.).*

II *In einzelnen Fällen kann das Finanzamt auf Antrag die Frist entsprechend den Vorschriften in § 77 Abs. 2 EStAB. und § 68 Abs. 2 KStAB. verlängern.*

III *Bei Wegfall der Steuerpflicht oder in besonderen Fällen setzt das Finanzamt die Frist für die Abgabe der Steuererklärung fest. Auch in diesen Fällen soll die Frist tunlichst so festgesetzt werden, daß sie mit der für die Abgabe der Einkommensteuer- und der Körperschaftsteuererklärungen festzusetzenden Frist zusammenfällt (§ 77 Abs. 3 EStAB., § 68 Abs. 3 KStAB.).*

IV *Vor Beginn der allgemeinen Frist für die Abgabe der Steuererklärungen hat das Finanzamt die Steuerpflichtigen durch amtliche Bekanntmachung (Muster hiefür siehe Anlage 3) zur Abgabe der Steuererklärungen aufzufordern. Die Bekanntmachung ist in gleicher Weise wie die Bekanntmachung der Aufforderung zur Abgabe der Einkommensteuer- und der Körper-*

schaftsteuererklärungen zu veröffentlichen. Sie kann mit letzterer Bekanntmachung verbunden werden (zu vgl. Abs. X unten). Die Bekanntmachung ist grundsätzlich vom Finanzamte zu erlassen; in geeigneten Fällen kann sie vom Präsidenten des Landesfinanzamts oder von mehreren Finanzämtern gemeinsam erlassen werden (§ 86 EStAB., § 73 KStAB.).

V *Gleichzeitig mit der öffentlichen Aufforderung soll allen Gewerbsteuerpflichtigen, denen zufolge der Vorschriften im § 87 EStAB. und § 74 KStAB. ein Vordruck zur Einkommensteuer- oder zur Körperschaftsteuererklärung zugeht, auch ein Vordruck zur Gewerbsteuererklärung zugesandt werden. Die Zusendung der Vordrucke für die Gewerbsteuererklärung soll tunlichst mit der Zusendung der Vordrucke für die Einkommensteuer- und für die Körperschaftsteuererklärung verbunden werden. Für die übrigen Fälle hat sich das Finanzamt schlüssig zu machen, welchen Gewerbsteuerpflichtigen noch eine besondere Aufforderung (Art. 17 Abs. IV) unter Anlage eines Vordrucks der Steuererklärung zugesandt werden soll. Dabei werden insbesondere amtsbekannt säumige Steuerpflichtige, dann Pflichtige, denen aus irgend welchen Gründen die öffentliche Aufforderung amtsbekannt schwer zugängig ist, ferner Steuerfälle, in denen eine Einkommensteuer- oder Körperschaftsteuerveranlagung in Bayern nicht erfolgt, in Frage kommen. Die Verpflichtung zur Abgabe einer Steuererklärung auf Grund der öffentlichen Aufforderung besteht für alle Fälle auch dann, wenn ein Vordruck für die Gewerbsteuererklärung nicht zugesandt worden ist.*

VI *Die Zusendung eines Vordrucks gilt als besondere Aufforderung. Sie kann formlos durch die Post oder durch Vermittlung der Gemeindebehörde (Art. 20 Abs. II) erfolgen. Das Finanzamt hat dafür zu sorgen, daß während der Erklärungsfrist die Vordrucke für die Gewerbsteuererklärungen in der gleichen Weise bereitgestellt und an die Steuerpflichtigen abgegeben werden wie die Vordrucke für die Einkommensteuer- und die Körperschaftsteuererklärung § 87 Abs. 3, 4 EStAB., § 74 Abs. 2, 3 KStAB.). Für die Bereitstellung und Abgabe außerhalb des Finanzamtssitzes werden insbesondere die Gemeindebehörden in Betracht kommen (Art. 20 Abs. II).*

VII *Der rechtzeitige Eingang der Steuererklärungen ist zu überwachen. Geht die Steuererklärung eines Steuerpflichtigen, der zur Abgabe einer Steuererklärung auf Grund der öffentlichen Aufforderung verpflichtet, oder der hierzu besonders aufgefordert ist, nicht fristgemäß ein, so kann das Finanzamt eine nochmalige besondere Aufforderung unter angemessener Fristfestsetzung und Androhung einer Geldstrafe zusenden. Muster 16 zu § 89 Abs. 2 EStAB. und Muster 10 zu § 76 Abs. 2 KStAB. können entsprechend verwendet werden. Dabei ist aber zu berücksichtigen, daß § 210 Abs. 3 AO. bei der Veranlagung der Gewerbsteuer keine Anwendung findet (Art. 44). Die Aufforderung kann solange wiederholt werden, bis der Steuerpflichtige die geforderte Erklärung abgibt. Das Finanzamt kann von einer weiteren Aufforderung absehen und die Veranlagung auf Grund einer Schätzung vornehmen.*

VIII *Ob in den Fällen, in denen Zweifel über die Gewerbsteuerpflicht und über die Anwendbarkeit der Befreiungsbestimmungen des Art. 3 bestehen können, auf die Einforderung einer Steuererklärung verzichtet werden kann, bleibt dem Ermessen des Finanzamts überlassen (§ 169 AO.). Es ist jedoch zweckmäßig, wenn in solchen Fällen vor Einforderung einer Steuererklärung zunächst die Abgabe einer Erklärung über die für die Beurteilung der Steuerpflicht wesentlichen Tatsachen verlangt wird. Führen die angestellten Ermittlungen zu keinem Ergebnisse, so muß auf Abgabe einer Steuererklärung bestanden werden. Hat das Finanzamt bereits wegen der Körperschaftsteuerveranlagung solche Ermittlungen gepflogen, so ist ihr Ergebnis auch bei der Prüfung der Frage zu verwerten, ob eine Gewerbsteuererklärung verlangt werden soll (§ 60 Abs. 3 KStAB.). Die Finanzämter sind gehalten bei der Gewerbsteuerveranlagung die Steuerpflicht der im Art. 3 Abs. I Ziff. 6a und b genannten Genossenschaften und Wirtschaftsverbände sowie übergeordneten Verbände sorgfältig zu prüfen und von denjenigen landwirtschaftlichen Genossenschaften und übergeordneten Verbänden, die sich mit der Abgabe von Waren befassen, neben oder an Stelle der Steuererklärung ein vom Vorstand und Aufsichtsrat genehmigtes Verzeichnis aller Waren, die sie führen, einzufordern.*

IX *Ein Steuerpflichtiger, der gleichzeitig von mehreren Finanzämtern zur Abgabe einer Steuererklärung aufgefordert wird, ist nur einem die Erklärung abzugeben verpflichtet; den übrigen Finanzämtern hat er mitzuteilen, welchem Finanzamt er die Steuererklärung abgegeben hat.*

X *Der Präsident des Landesfinanzamts kann anordnen, daß die öffentliche Aufforderung zur Abgabe der Gewerbsteuererklärungen mit der Aufforderung zur Abgabe der Einkommensteuer- und der Körperschaftsteuererklärungen verbunden wird (§ 88 Abs. 2 EStAB., § 75 Abs. 2 KStAB.). Im Interesse der Geschäftsvereinfachung soll von dieser Befugnis tunlichst Gebrauch gemacht werden. Abweichungen von dem Wortlaute des Musters 3 sind im Bedarfsfalle gestattet.*

Bek. § 20.

(Zu Art. 16.)

Steuererklärung.

I *Jeder Gewerbetreibende (Unternehmer, zu vgl. Art. 2*

Abs. I, II) — natürliche und juristische Personen sowie nichtrechtsfähige Vereinigungen — ist ohne Rücksicht auf die Höhe seines Betriebskapitals und des von ihm in dem maßgebenden Steuerabschnitt (Art. 13) erzielten gewerblichen Reinertrags zur Abgabe einer Steuererklärung verpflichtet, sobald die öffentliche Aufforderung hiezu durch das Finanzamt ergangen ist. Bei juristischen Personen ist die Steuererklärung von den gesetzlichen Vertretern, bei nichtrechtsfähigen Personenvereinigungen sowie bei öffentlichen Betrieben und Verwaltungen von den Vorständen oder Geschäftsführern und, soweit solche nicht vorhanden sind, von den Mitgliedern oder Beteiligten (§§ 84, 86 AO.). allenfalls von den nach § 61 Abs. 2 KStAB. als Bevollmächtigten zu behandelnden Beteiligten abzugeben. Prokuristen und Handlungsbevollmächtigte sind zur Abgabe der Erklärungen nicht berechtigt, es sei denn, daß sie als Vertreter gemäß Art. 2 Abs. III aufgestellt sind. Steht nach der Satzung, Stiftung oder sonstigen Verfassung die gesetzliche Vertretung nur mehreren Personen gemeinsam zu, so ist zur Abgabe der Steuererklärung die Mitwirkung der für die Gesamtvertretung vorgeschriebenen Anzahl von Personen erforderlich.

II *Zur Abgabe einer Steuererklärung besteht außerdem für jeden Gewerbetreibenden eine besondere Verpflichtung, wenn er hiezu vom Finanzamt besonders aufgefordert wird. (Art. 17 Abs. IV, § 169 AO., § 19 Abs. V und VI dieser Bekanntmachung.)*

III *Die Abgabe der Steuererklärung durch einen Vertreter oder Bevollmächtigten des Steuerpflichtigen regelt Art. 16 Abs. II bis IV. Wird die Steuererklärung durch einen Bevollmächtigten abgegeben, so ist die schriftliche Vollmacht der Steuererklärung beizufügen, soferne sie nicht bereits zu den Akten des Finanzamts gegeben ist (zu vgl. auch Abs. I oben).*

IV *Für einen Steuerpflichtigen, der nach dem Beginn des Steuerabschnitts, aber vor Abgabe einer Steuererklärung verstorben ist, ist die Steuererklärung, soweit ein Testamentsvollstrecker oder ein Nachlaßpfleger die Verwaltung des Nachlasses übernommen hat, von diesen Personen, im übrigen von den Erben abzugeben. Sind mehrere Erben vorhanden, so ist jeder der Erben zu der Abgabe der Erklärung verpflichtet. § 94 AO. findet Anwendung (Art. 63).*

V *Wird ein Gewerbe von mehreren Personen gemeinschaftlich betrieben, so ist jeder Unternehmer zur Abgabe der Steuererklärung verpflichtet. § 94 AO. findet Anwendung. Das Finanzamt soll sich darauf beschränken, die Abgabe der Steuererklärung von den nach § 78 EStAB., § 69 KStAB. als Vertreter zu behandelnden Personen zu verlangen.*

Art. 17.

Inhalt der Steuererklärung.

I Die Steuererklärung hat insbesondere zu enthalten[2]):

1. die Bezeichnung der Gewerbebetriebe und der Betriebsstätten des Pflichtigen innerhalb und außerhalb des Veranlagungsorts sowie der Unternehmer und ihrer Vertreter,
2. die Angabe des Wertes der Bestandteile des Betriebskapitals im Anhalt an die Ausscheidung nach Art. 8 Abs. II,
3. die Angabe des gewerblichen Reinertrags und nach näherer Anordnung der Vollzugsvorschriften jene Angaben, die bei den einzelnen Gewerbsarten zur verlässigen Ermittelung des Ertrages dienen,
4. die Angabe des Glaubensbekenntnisses des Pflichtigen[3]) und der Umstände, die für die Umlagenberechtigung der Gemeinden und Ortschaften maßgebend sind[4]).

II Dem Pflichtigen ist anheimgegeben, Steuerbefreiungs- oder Steuerermäßigungsgründe sowie sonstige zur Erläuterung dienliche Bemerkungen anzufügen[5]).

Pflicht zur Vorlage der Geschäftsberichte und Jahresabschlüsse.

III Steuerpflichtige, die Handelsbücher im Sinne des Handelsgesetzbuchs führen, haben den Steuererklärungen die Geschäftsberichte und Jahresabschlüsse (Bilanzen, Gewinn- und Verlustrechnungen) für das maßgebende Jahr (Geschäfts- oder Betriebs-, eventuell Kalenderjahr) anzufügen, soweit solche nicht bereits zur Einkommensteuer- oder zur Körperschaftssteuerveranlagung eingereicht worden sind (§ 174 Reichsabgabenordnung).

IV Die übrigen näheren Anordnungen über die Abgabe der Steuererklärungen und die öffentliche Aufforderung zur Abgabe werden durch das Staatsministerium der Finanzen erlassen. Dieses ist auch zu der Anordnung ermächtigt, daß an Stelle der öffentlichen Aufforderung zur Abgabe der Steuererklärung allgemein oder in besonderen Fällen oder neben der öffentlichen Aufforderung in besonderen Fällen eine besondere Aufforderung einzelner Steuerpflichtiger oder Vertreter von solchen treten kann.

Art. 18.

Schätzung des Reinertrags.

Soweit der Reinertrag nur durch Schätzung ermittelt werden kann, genügt es, in die Steuererklärung statt der ziffermäßigen Angaben (Art. 17 Abs. I Ziff. 2, 3) die tatsächlichen Nachweisungen aufzunehmen, deren es zur Schätzung bedarf[6]).

Bek. § 21.

(Zu Art. 16 bis 18.)

I *Die Steuererklärung ist beim Finanzamt schriftlich einzureichen oder mündlich zu Protokoll zu geben. Sie ist bei schriftlicher Einreichung unter Benützung eines Vordrucks aufzustellen und vom Steuerpflichtigen bzw. von den zur Abgabe der Erklärung verpflichteten Personen (§ 20) eigenhändig zu unterschreiben. Sie muß die im Art. 17 Abs. I und im § 63 KStAB. bezeichneten Angaben und die Versicherung enthalten, daß die Angaben nach bestem Wissen und Gewissen gemacht sind (§ 168 AO.).*

II *In den Fällen des Art. 5 Abs. I muß die Steuererklärung des Ehemanns auch die für die Besteuerung des von der Ehefrau betriebenen Gewerbes notwendigen Angaben umfassen.*

III *Dem Steuerpflichtigen steht es frei, Steuerbefreiungs- und Steuerermäßigungsgründe anzufügen und die seinen Angaben in der Steuererklärung zugrunde liegenden Einzelberechnungen und andere zum Verständnis seiner Angaben dienende Erläuterungen und Zusätze in die Steuererklärung oder in eine beizufügende Anlage aufzunehmen (zu vgl. § 171 AO.). Er kann auch auf eine abgegebene Einkommensteuer-, Körperschaftsteuer- oder Vermögenserklärung Bezug nehmen.*

IV *Soweit der gewerbliche Reinertrag nur durch Schätzung ermittelt werden kann, kann der Steuerpflichtige die Schätzung des Ertrags selbst vornehmen und unter Mitteilung der Tatsachen, auf die sich seine Schätzung gründet, deren Ergebnis in die Steuererklärung eintragen oder nur die Tatsachen angeben, die er zur Ermittlung des Ertrags beizubringen vermag (Art. 18).*

V *Steuerpflichtige, die Handelsbücher im Sinne des Handelsgesetzbuchs führen, haben den Steuererklärungen die Geschäftsberichte und Jahresabschlüsse (unverkürzte Bilanzen, Gewinn-*

und Verlustrechnungen) für das maßgebende Wirtschafts- (allenfalls Kalender-)jahr anzufügen, soweit solche nicht bereits zur Einkommensteuer- oder zur Körperschaftsteuerveranlagung eingereicht worden sind (Art. 17 Abs. III, § 174 AO., § 76 Abs. 2 EStAB., § 67 Abs. 2 KStAB.). Ist nach den in Betracht kommenden Vorschriften die Berichtigung einzelner Posten der handelsrechtlichen Bilanz notwendig oder zulässig, so kann der Steuerpflichtige diese Berichtigungen in der Bilanz selbst oder in einer besonderen Anlage hiezu vornehmen, oder er kann eine besondere Steuerbilanz aufstellen, in der die Berichtigungen berücksichtigt sind. Im letzteren Falle hat er die Steuerbilanz mit der handelsrechtlichen Bilanz einzureichen. Wird eine Steuerbilanz nicht aufgestellt, so ist die etwaige Gewinnberichtigung in der handelsrechtlichen Bilanz oder in einer Anlage hiezu näher zu erläutern (§ 76 Abs. 3 EStAB., § 67 Abs. 3 KStAB.).

VI *Wird die Steuererklärung mündlich vor dem Finanzamt abgegeben, so ist nach Maßgabe der Vorschriften in § 90 EStAB., § 77 KStAB. zu verfahren.*

VII *Muster zur Steuererklärung für die wichtigeren Steuerfälle liegen an (zu vgl. Anlagen 4 und 5). Die Präsidenten der Landesfinanzämter werden ermächtigt, diese Steuererklärungsmuster im Rahmen der Vorschriften des Gewerbsteuergesetzes und dieser Bestimmungen den Bedürfnissen ihres Bezirks anzupassen und von der Befugnis nach § 88 Abs. 1b, Abs. 2 EStAB., § 75 Abs. 1b, Abs. 2 KStAB. Gebrauch zu machen. Es wird sich empfehlen, für einfacher gelagerte Steuerfälle vereinfachte Muster mit leicht verständlicher Fragestellung vorzusehen.*

Art. 16 und 17 unverändert gegenüber Art. 16 und 17 GewStG. 1921/23. In Art. 18 sind gegenüber dem Art. 18 GewStG. 1921/23 die Worte „der Wert von Bestandteilen des Betriebskapitals oder" gestrichen. Die Streichung dieser Worte ist mit Rücksicht darauf erfolgt, daß für die Bewertung des Betriebskapitals nunmehr die Vorschriften des Reichsbewertungsgesetzes über die Feststellung des Einheitswertes des Betriebsvermögens (insbesondere §§ 5—7, 26—33) maßgebend sind. Siehe hiezu Anm. 2 zu Art. 13. (S. Art. X AbänderG. S. 245.)

1. Eine Steuererklärung abzugeben ist jeder Gewerbetreibende verpflichtet, auch wenn er einkommensteuerfrei ist, kein Betriebskapital besitzt und keinen Ertrag erzielt.

Die Entscheidung darüber, ob Steuerfreiheit einzutreten hat, ist der Veranlagungsbehörde vorbehalten. Die Steuererklärung ist auch dann abzugeben, wenn ein Vordruck für die Gewerbesteuererklärung nicht zugesandt worden ist.

2. Während Art. 16 die Verpflichtung zur Abgabe einer Steuererklärung aufstellt, regelt Art. 17 und 18 ihren Inhalt.

3. Die Angabe des Glaubensbekenntnisses bezweckt eine Grundlage für die Erhebung der Kirchenumlagen der natürlichen Personen zu finden.

4. Über die Umlagenberechtigung der Gemeinden und Ortschaften siehe Art. 7 ff. Bayer. Ges. z. Vollz. d. FAG. (GVBl. 1924 S. 156 ff.).

5. Steuerermäßigungsgründe können sich nur auf die Bestimmung in Art. 12, Steuerbefreiungsgründe auf die Bestimmungen des Art. 3 Abs. I stützen. Die Nachlässe nach Art. 64 Abs. II können als Steuerbefreiungen oder -Ermäßigungen wohl kaum angesprochen werden. (So auch Ringelmann-Mühlfeld S. 197.)

6. Als solche Nachweisungen (Merkmale) gelten z. B.: Bei kleineren gewerblichen Betrieben vor allem Bezeichnung des Gewerbes, dann Umfang und Art der zum Gewerbebetriebe verwendeten Räumlichkeiten, die Mengen der verbrauchten Hilfsstoffe und der hergestellten und abgesetzten Erzeugnisse, Art und Zahl der im Gebrauche stehenden Maschinen, Verwendung etwaiger mechanischer Kräfte (Wasser-, Dampf-, elektrische Kraft), Zahl der im Betriebe verwendeten fremden Personen und deren durchschnittliche Entlohnung, Zahl der im Betriebe tätigen Familienangehörigen, deren Lebensalter und Entlohnung, Zahl und Art der im Betriebe verwendeten Tiere, Umsatz, Art und Umfang etwaiger Nebenbetriebe, Absatzgebiete, etwaige Verwertung von Patenten, Erwerbspreis und Verkaufswert des Geschäfts, Schuldenbelastung, Zahl der geschlachteten Tiere bei Metzgereien, Zahl der verkauften Viehstücke (Groß- und Kleinvieh) bei Viehhändlern usw. (Vgl. auch Anl. 13 Ziff. 2, b d. VB. zum BayEStG. von 1910 GVBl. 1911 S. 455.)

Art. 19[1][2].

Zuschlag wegen Versäumung der Steuererklärungsfrist.

Wird die Steuererklärung innerhalb der festgesetzten Frist nicht abgegeben, so kann das Finanzamt zugunsten der Staatskasse einen Zuschlag bis zu zehn vom Hundert der endgültig festgesetzten Steuer auferlegen[3]. Das Finanzamt hat den Zuschlag zu unterlassen oder zurückzunehmen, wenn die Versäumnis entschuldbar erscheint.

Bek. § 22.

Steuerzuschlag. *(Zu Art. 19.)*

I *Hat ein Steuerpflichtiger trotz bestehender Verpflichtung eine Steuererklärung nicht innerhalb der gesetzten Frist ab-*

gegeben, so kann ihm das Finanzamt einen Zuschlag bis zu 10 vom Hundert der veranlagten Gewerbsteuer (Betriebskapitals- und Ertragsanlage) auferlegen. Der Zuschlag braucht nicht in einem bestimmten Hundertsatz des Gewerbsteuerbetrags ausgedrückt und festgesetzt zu werden, er ist auf einen auf volle Reichsmark nach unten abzurundenden Betrag festzusetzen.

II *Der Zuschlag ist zu unterlassen oder zurückzunehmen:*

a) *wenn Umstände dargetan werden, welche die Versäumung der rechtzeitigen Abgabe der Steuererklärungen entschuldbar erscheinen lassen, insbesondere wenn der Steuerpflichtige zur Einhaltung der Frist durch Naturereignisse oder unabwendbare Zufälle verhindert war,*

b) *wenn die Steuererklärung von dem Steuerpflichtigen nachweislich spätestens an dem letzten Tage der ihm gesetzten Frist an das zuständige Finanzamt abgesandt worden ist.*

Unverändert gegenüber Art. 19 GewStG. 1921/23.

1. Der Art. 19 steht in Übereinstimmung mit § 170 Abs. 2 AO. Der Zuschlag ist eine Ungehorsamsfolge, er kann daher in den in der Bekanntmachung im § 22 Abs. II näher angeführten Gründen erlassen bzw. zurückgenommen werden.

2. Postsendungen müssen innerhalb der Frist zur Verfügung des Finanzamtes stehen (RFH. 8, 220.)

3. Gegen die Auferlegung eines Zuschlages kann eine fristlose und an keine Form gebundene Aufsichtsbeschwerde an das vorgesetzte Landesfinanzamt und darnach an das Staatsministerium der Finanzen gestellt werden. (So auch Ringelmann-Mühlfeld S. 200.)

Art. 20.

Anwendung der Reichsabgabenordnung.

I Auf die weitere Behandlung der Steuererklärungen, dann auf die Vervollständigung der Veranlagungsunterlagen finden die Bestimmungen in Teil II Abschnitt III der Reichsabgabenordnung sinngemäß Anwendung mit der Maßgabe, daß für die dort vorgesehenen Amtshandlungen der Landesfinanzämter, soweit sie ausschließlich zur Gewerbsteuerveranlagung erforderlich werden, die Landesmittelstellen zuständig sind [1]).

II Die Gemeindebehörden sind verpflichtet, bei der Veranlagung der Gewerbsteuer mitzuwirken.

III Das Staatsministerium der Finanzen ist ermächtigt, die erforderlichen näheren Anweisungen zu erlassen.

Bek. § 23.

(Zu Art. 20.)

Steuerveranlagung, Vorbereitung.

Zum Zwecke der Veranlagung hat das Finanzamt sämtliche gewerbsteuerpflichtige natürliche und juristische Personen und nichtrechtsfähige Vereinigungen seines Bezirks zu ermitteln und von Amts wegen die für die Veranlagung dieser Pflichtigen maßgebenden Verhältnisse zu erforschen, soweit dies nicht bereits zum Zwecke der Veranlagung der Einkommensteuer und der Körperschaftsteuer (§§ 79 bis 85 EStAB., §§ 70 bis 72 KStAB.) und zum Zwecke der Feststellung der Einheitswerte nach dem Reichsbewertungsgesetz (§§ 37 ff. der AusfBest. zum Reichsbewertungsgesetz vom 14. Mai 1926, Reichsministerialblatt S. 503) geschehen ist. Diese Ermittlungen sollen insbesondere dazu dienen, eine wirksame Kontrolle über den Inhalt der Steuererklärungen auszuüben und eine den wirklichen Verhältnissen entsprechende richtige Veranlagung derjenigen Steuerpflichtigen herbeiführen zu können, die Erklärungen nicht abgegeben oder brauchbare Angaben nicht gemacht haben. Allenfalls ist nach Maßgabe der Vorschriften im § 85 EStAB., § 72 KStAB. zu verfahren.

Bek. § 24.

(Zu Art. 20.)

Aktenbildung.

Für jeden Gewerbsteuerpflichtigen — natürliche und juristische Personen und nichtrechtsfähige Vereinigungen — soll ein besonderer Akt angelegt werden, in dem sämtliche diesen betreffenden Aktenstücke, wie Steuererklärungen, Zustellungsurkunden, Gesuche, Verhandlungen, Erhebungen, Entscheidungen, sonstige steuerlich erhebliche Mitteilungen usw. zu sammeln sind. Eine Vereinigung der die Gewerbsteuer betreffenden Akten mit den Einkommensteuer- oder Körperschaftsteuerakten eines Gewerbsteuerpflichtigen ist zu vermeiden. Auf dem ersten Blatt eines jeden Gewerbsteueraktes sollen die für die Besteuerung in einem Steuerabschnitt w i c h t i g s t e n Merkmale — zum mindesten die Höhe des vom Ausschuß festgesetzten steuerbaren gewerblichen Betriebskapitals und steuerbaren gewerblichen Reinertrags sowie der Betrag der hieraus für den Steuerabschnitt erhobenen Steuer, ferner die die Anwendung des Art. 6 Abs. IV begründenden Tatsachen (Zahl der weiteren Verkaufsläden und der weiteren ständigen Niederlagen) — kurz niedergelegt werden. Den Präsidenten der Landesfinanzämter bleibt es überlassen, hierüber nähere Anordnungen zu treffen, insbesondere auch zu bestimmen, ob für diese Aufzeichnungen ein gedrucktes Formblatt zu verwenden ist (zu vgl. §§ 99, 100 EStAB., §§ 86, 87 KStAB. und § 43 Abs. III d i e s e r Bekanntmachung).

Bek. § 25.

(Zu Art. 20.)

Prüfung der Steuererklärungen.

I *Die eingekommenen Steuererklärungen sind vom Finanzamt nach Form und Inhalt zu prüfen.*

II *Steuererklärungen, welche in formeller Hinsicht wesentliche Vorschriften nicht beachten, z. B. bei denen die vorgeschriebenen Versicherungen oder die Unterschrift fehlen, gelten überhaupt nicht als Steuererklärungen im Sinne des Gesetzes. Der Steuerpflichtige ist auf den Mangel hinzuweisen und aufzufordern, innerhalb einer angemessenen Frist den Mangel zu beseitigen oder eine ordnungsmäßige Erklärung abzugeben. Die Bestimmungen des § 19 Abs. VII finden Anwendung. Schon bei Eingang der Erklärungen ist nach Möglichkeit zu prüfen, ob die erforderlichen Unterlagen (Bilanzen, Gewinn- und Verlustrechnungen usw.; zu vgl. § 20 Abs. III, § 21 Abs. III, V) beigefügt oder mit der Einkommen- oder Körperschaftsteuererklärung bereits vorgelegt sind; nötigenfalls sind sie sofort anzufordern.*

III *Werden Angaben der Erklärung beanstandet, so sind die beanstandeten Punkte aktenkundig zu machen. Für die Beanstandung können Muster 17 zu § 97 EStAB. und Muster 11 zu § 84 KStAB. verwendet werden, wenn die Beanstandung der Gewerbsteuererklärung nicht überhaupt mit der Beanstandung der Einkommensteuer- oder der Körperschaftsteuererklärung verbunden werden kann. Bei der Verwendung dieser Muster ist jedoch darauf zu achten, daß die Beschränkung des Rechtsmittels im Falle der Schätzung nach § 210 Abs. 3 AO. für die Gewerbsteuer zufolge Art. 44 nicht Platz greift. Zu beachten ist ferner, daß die Vorschrift im § 208 Abs. 1 Satz 2 AO. für die Gewerbsteuerveranlagung nicht zur Anwendung kommt, daß es vielmehr dem pflichtgemäßen Ermessen des Ausschusses und des Finanzamts überlassen bleibt, inwieweit sie eine Beanstandung der Bücher und Aufzeichnungen als angezeigt erachten. Von der Befugnis, eidesstattliche Versicherungen zu fordern (§ 176 AO.), soll nur Gebrauch gemacht werden, wenn andere Mittel zur Erforschung der Wahrheit nicht vorhanden sind und die Höhe des in Frage kommenden Steuerbetrags diese immerhin außergewöhnliche Maßnahme rechtfertigt. Dem Steuerpflichtigen ist für die Antwort auf die Beanstandung eine angemessene Frist zu setzen. Kleinliche Beanstandungen, insbesondere solche, deren Ergebnis voraussichtlich nicht in angemessenem Verhältnis zu der hierauf aufgewendeten Arbeit und den Kosten steht, sind zu vermeiden. Im Falle der mündlichen Verhandlung (§ 172 AO.) ist Steuerpflichtigen, denen die für die Veranlagungsverhandlungen erforderliche Sach-*

gewandtheit mangelt, mit leicht verständlichen Aufklärungen tunlichst an die Hand zu gehen. Auch ist darauf Bedacht zu nehmen, daß die Steuerpflichtigen ihre lediglich für die Veranlagungsorgane bestimmten Angaben nicht in Anwesenheit anderer Steuerpflichtiger machen müssen.

IV *In jedem Falle hat das Finanzamt das gesamte vorhandene Material (insbesondere die Akten über die Einkommensteuerveranlagung, die Einkommensnachweisungen, wo solche nach §§ 58, 59 EStAB. aufgestellt sind, die Akten über die Körperschaftsteuerveranlagung, die nach §§ 47 bis 51 und § 58 KStAB. einzureichenden Nachweisungen und zu erstattenden Anzeigen, die Einheitswert-, Vermögensteuer- und Umsatzsteuerakten, die gemeindlichen Mitteilungen nach Art. 47, das Katastermaterial, die Ergebnisse früherer Veranlagung, sowie alle Tatsachen, die dem Finanzamt durch Sachverständige und Vertrauenspersonen oder auf Grund eigener Kenntnis der Verhältnisse des Steuerpflichtigen bekannt geworden sind) zu berücksichtigen.*

Bek. § 26.

(Zu Art. 20.)

Pflichten anderer Personen als des Steuerpflichtigen zur Auskunft, Einsichtsgewährung und Gutachtensabgabe.

Die Verpflichtung anderer Personen als des Steuerpflichtigen, ferner der öffentlichen Behörden und Beamten zur Auskunft, Einsichtgewährung und zur Gutachtensabgabe bemißt sich für die Gewerbsteuerveranlagung nach §§ 177 bis 188 AO. Andere Personen als der Steuerpflichtige sollen zur Auskunft oder — mit Genehmigung des Landesfinanzamts (§ 185 AO.) — zur Vorlegung von Urkunden, Schriftstücken und Geschäftsbüchern nur unter den im § 209 AO. bezeichneten Voraussetzungen angehalten werden. Die im § 184 AO. vorgesehene eidliche Bekräftigung der Wahrheit ihrer Aussage soll von Auskunftspersonen nur dann verlangt werden, wenn diese zur Erforschung der Wahrheit unerläßlich ist und ein nicht zu geringer Steuerbetrag in Frage steht. In den Fällen des § 182 AO. erfolgt die Erklärung, daß die Auskunft dem Wohle des Landes nachteilig sein würde, durch das der ersuchten Behörde vorgesetzte Staatsministerium. Ausdrücklich wird bemerkt, daß mit der in § 181 AO. gegebenen Einschränkung nunmehr auch die Banken und Bankgeschäfte zur Auskunftserteilung und Einsichtgewährung im Rahmen der Vorschriften der Reichsabgabenordnung verpflichtet sind.

Bek. § 27.

(Zu Art. 20.)

Beistandspflicht der Behörden und berufsständischen Vertretungen.

I *Die Staats- und Gemeindebehörden, die Beamten dieser Behörden und die Notare sowie die Verbände und Vertretungen von Betriebs- und Berufszweigen haben den Finanzämtern jede zur Durchführung der Besteuerung und der den Finanzämtern obliegenden Prüfung und Aufsicht dienliche Hilfe zu leisten, insbesondere Einsicht in ihre Bücher, Verhandlungen, Listen und Urkunden zu gewähren (Art. 20 Abs. III, § 191 AO.).*

II *Durch Inanspruchnahme dieser Hilfeleistung soll sich das Finanzamt für die Gewerbsteuerveranlagung insbesondere, soweit erforderlich, von dem Inhalte des Grundbuchs und der Urkunden der Notariate, der gerichtlichen Streit-, Straf-, Nachlaß-, Pflegschafts- und sonstigen Akten, ferner der Akten der Registergerichte usw. Kenntnis verschaffen. Soweit das Finanzamt den Inhalt des Grundbuchs aus den Umschreibverzeichnissen entnehmen kann, soll es das Grundbuchamt nicht um Aufschluß ersuchen. Wenn sich das Grundbuchamt am Sitze des Finanzamts befindet, soll sich dieses die erforderlichen Aufschlüsse nicht schriftlich, sondern durch Einsicht des Grundbuchs verschaffen. Auf die Geschäftsverhältnisse der ersuchten Behörde ist Rücksicht zu nehmen. Die Bedeutung der Ermittlungen darf nicht außer Verhältnis zur aufwendenden Zeit und Arbeit stehen. Mündliches und fernmündliches Benehmen mit der zu ersuchenden Behörde ist anzustreben. Die Ersuchen sind stets nur bezüglich bestimmter Steuerpflichtiger zu stellen, allgemeine Aufschlüsse sind nicht zu verlangen.*

III *Die Bayer. Staatsbank gehört nicht zu den Behörden, denen die Beistandspflicht nach § 191 AO. obliegt. Es ist aber zu beachten, daß auch für die Staatsbank die Auskunftspflicht wie für andere Banken nach Maßgabe der §§ 177 bis 185 AO., jedoch mit der in § 181 AO. bestimmten Einschränkung gegeben ist (zu vgl. § 26).*

IV *Die im Absatz I bezeichneten Behörden und Beamten haben Steuerzuwiderhandlungen mit Rücksicht auf die Gewerbsteuer, die sie dienstlich erfahren, den Finanzämtern mitzuteilen (§ 192 AO.).*

V *Über die Verpflichtung nach Abs. I hinaus, haben die Gemeindebehörden nach Art. 20 Abs. II wie schon bisher noch die besondere Verpflichtung, bei der Veranlagung der Gewerbsteuer auf Verlangen des Finanzamts durch Beschaffung der erforderlichen Nachrichten über die Vermögens-, Erwerbs- und Einkommensverhältnisse der Pflichtigen, soweit sie für die Gewerbsteuerveranlagung von Bedeutung und, was vielfach der Fall sein wird, dem Finanzamt nicht bereits bei der Einkommensteuer- oder Körperschaftsteuerveranlagung oder bei der Einheitswertfeststellung auf Grund des Reichsbewertungsgesetzes bekannt geworden sind, dann über das Vorhandensein etwaiger Steuerbefreiungs- oder Ermäßigungsgründe mitzuwirken.*

VI *Die Verpflichtung der Gemeindebehörden nach Abs. I und V erstreckt sich in erster Linie auf Tatsachen, von denen sie im öffentlichrechtlichen Verkehr mit anderen Personen Kenntnis bekommen haben. Sie besteht aber auch für Tatsachen, von denen die Gemeindebehörden im rein bürgerlichrechtlichen Verkehr mit anderen Personen Kenntnis erhalten haben, soweit hinsichtlich dieser Tatsachen eine Auskunftpflicht nach §§ 177 bis 185 AO. gegeben ist. Hiernach sind die Gemeinden verpflichtet, auch Aufschlüsse über Sparkasseneinlagen zu erteilen.*

Art. 20 unverändert gegenüber Art. 20 GewStG. 1921/23.

1. Teil II Abschnitt III der Reichsabgabenordnung „Ermittlung und Festsetzung der Steuer" gliedert sich in: Erster Titel: Pflichten der Steuerpflichtigungen und anderer Personen.

I.	Allgemeine Vorschriften	§§ 162—167
II.	Pflichten der Steuerpflichtigen	§§ 168—176
III.	Pflichten anderer Personen zu Auskunft, Einsichtsgewährung und Gutachten	§§ 177—188
IV.	Anzeigepflichten	§§ 189—190
V.	Beistandspflicht der Behörden und berufsständischen Vertretungen	§§ 191—192
VI.	Steueraufsicht	§§ 193—201
VII.	Zwangsmittel und Sicherungsgelder	§§ 202—203
Zweiter Titel:	Ermittlungs- u. Festsetzungsverfahren	§§ 204—216.

Art. 21.

Mitwirkung der Steuerausschüsse.

I Die Veranlagung der Gewerbsteuer erfolgt durch die Finanzämter unter Mitwirkung der bei diesen für die Steuern vom Einkommen und Vermögen gebildeten Ausschüsse (§ 25 der Reichsabgabenordnung) nach Maßgabe der Vorschriften der Reichsabgabenordnung[1]).

II Die Mitwirkung im Sinne des Abs. I schließt insbesondere die Obliegenheit des Ausschusses in sich, über die Steuerpflicht, über die Höhe des Wertes des Betriebskapitals und des gewerblichen Reinertrages und über die Anwendung der im Gesetze vorgesehenen Ermäßigungs- und Befreiungsbestimmungen Beschluß zu fassen.

III Das Staatsministerium der Finanzen ist ermächtigt zu bestimmen, in welchen Fällen von der Mitwirkung des Ausschusses abgesehen werden kann.

IV Mit Zustimmung des Reichs kann zur Teilnahme an den Beratungen des Ausschusses ein besonderer Kommissär abgeordnet werden.

Bek. § 28.

(Zu Art. 21.)

Veranlagung durch den Ausschuß.

I *Nach Abschluß seiner Ermittlungen hat das Finanzamt unter Mitwirkung der beim Finanzamt für die Steuern vom Einkommen aus Gewerbe gebildeten Ausschüsse (§ 25 AO.) die Gewerbsteuer zu veranlagen. Es ist darauf Bedacht zu nehmen, daß diese Veranlagung tunlichst gleichzeitig mit der Festsetzung der Einkommensteuer und der Körperschaftsteuer der Gewerbsteuerpflichtigen vorgenommen werden kann und daß eine Zusammenberufung der Ausschüsse n u r zum Zwecke der Veranlagung der Gewerbsteuer vermieden wird. Der Ausschuß braucht in den Fällen des Art. 46 Abs. XI nicht mitzuwirken.*

II *Der Vorsitzende hat dem Ausschuß die gesamten Unterlagen, die für die Veranlagung der einzelnen Gewerbsteuerpflichtigen in Betracht kommen, mitzuteilen, soweit sich aus § 208 Abs. 2 AO. nichts anderes ergibt (zu vgl. § 25). Um eine rasch fortschreitende und erschöpfende Veranlagung durch den Ausschuß zu ermöglichen, ist an den Ausschuß soweit tunlich mit bestimmten Vorschlägen heranzutreten. Der Ausschuß hat die Anträge und Unterlagen zu prüfen und auf Grund derselben sowie seiner eigenen Kenntnis der Verhältnisse über die Steuerpflicht, über die Höhe des Wertes des Betriebskapitals und des gewerblichen Reinertrags und über die im Gesetz vorgesehenen Ermäßigungs- und Befreiungsbestimmungen Beschluß zu fassen. Steuerbefreiungsgründe sind von Amts wegen zu berücksichtigen, auch wenn sie von dem zu Veranlagenden nicht ausdrücklich geltend gemacht werden. Bei der Beschlußfassung über die Höhe des Wertes des Betriebskapitals hat der Ausschuß von den nach dem Reichsbewertungsgesetz für den maßgebenden Feststellungszeitraum festgestellten Einheitswerten auszugehen (zu vgl. § 4 Abs. 2 RBewG., §§ 10, 16 Abs. III, § 60 Abs. II Ziff. 3). Die Gewerbsteuerveranlagungsarbeiten werden dadurch wesentlich vereinfacht und abgekürzt werden können, daß der Ausschuß die Gewerbsteuerveranlagung jedes einzelnen Pflichtigen im unmittelbarem Anschluß an dessen Einkommensteuer- oder Körperschaftsteuerveranlagung vornimmt.*

III *Die Vertreter der Gemeindebehörde sind berechtigt, mit beratender Stimme an den Sitzungen des Steuerausschusses teilzunehmen, solange in den Sitzungen über die Veranlagung der Steuerpflichtigen, die in der Gemeinde ihren Sitz, den Ort der*

Leitung oder eine Niederlassung haben, beraten oder beschlossen wird (§ 23a Abs. 1 AO., § 104 EStAB., § 91 KStAB.).

IV *Hat ein Steuerpflichtiger eine vorschriftsmäßige Steuererklärung — rechtzeitig oder verspätet — eingereicht, so bildet diese Erklärung und ihre etwaigen Ergänzungen die Grundlage für seine Veranlagung; das gleiche gilt, wenn der Steuerpflichtige für einen gewerblichen Reinertrag, der nur durch Schätzung ermittelt werden kann, an Stelle der ziffermäßigen Angaben des Reinertrags Schätzungsangaben gemacht hat. Von den Angaben der Steuererklärung darf nur abgewichen werden, wenn dem Steuerpflichtigen die Punkte, in denen eine wesentliche Abweichung zu seinen Ungunsten in Frage kommt, zur vorherigen Äußerung mitgeteilt worden sind (§ 205 Abs. 4 AO.).*

V *Hat ein Steuerpflichtiger eine Steuererklärung nicht abgegeben, so bilden die Ergebnisse der finanzamtlichen Ermittlungen, insbesondere auch die gutachtlichen Äußerungen der nach Maßgabe der Vorschrift in § 85 EStAB., § 72 KStAB., § 23 dieser Bestimmungen hinzugezogenen Personen die Grundlage der Veranlagung. Liegen die Voraussetzungen des § 210 Abs. 1, 2 AO. vor, so hat die Veranlagung im Wege der Schätzung zu erfolgen. Hinsichtlich der Rechtsmittel gegen eine solche Veranlagung ist Art. 44 zu beachten. § 210 Abs. 3 AO. kommt nicht zur Anwendung.*

VI *Die Beschlüsse des Ausschusses sind in der Gewerbsteuerliste zu vermerken und in die Steuerakten des Steuerpflichtigen einzutragen (zu vgl. § 24). Ergibt sich für einen Steuerpflichtigen kein steuerbares gewerbliches Betriebskapital oder kein steuerbarer gewerblicher Reinertrag oder kommt wegen sonstiger gesetzlicher Vorschriften (z. B. wegen Befreiung) keine Steuer zum Ansatz, so ist dies in der Gewerbsteuerliste zu vermerken.*

VII *Die Steuerlisten bedürfen unbeschadet ihrer Eigenschaft als amtliche Register weder der Unterschrift der Mitglieder des Ausschusses noch auch der Unterfertigung durch das Finanzamt oder den Schriftführer.*

VIII *Über die Verhandlungen des Ausschusses ist eine Niederschrift aufzunehmen. Diese soll kurz gefaßt sein, die etwa zur Richtschnur genommenen allgemeinen Normen und die in den einzelnen, insbesondere wichtigeren Fällen gepflogenen sachlichen Erwägungen sowie das Stimmverhältnis ersehen lassen. Das Schlußergebnis der einzelnen Veranlagungen wird nicht in der Niederschrift, sondern in den Steuerlisten und Steuerakten festgehalten. Einzelfälle, in denen keine näheren Erörterungen gepflogen wurden, sind in der Niederschrift nicht zu erwähnen. Die Aufnahme der Niederschrift erfolgt unter Leitung des Vorsitzenden. Die Niederschrift wird vom Vorsitzenden und dem Schriftführer unterzeichnet.*

IX *Die Festsetzung der geschuldeten Gewerbsteuer — Betriebskapitalsanlage und Ertragsanlage — auf Grund der vom Ausschuß festgestellten Veranlagungsgrundlagen erfolgt durch das Finanzamt (nicht durch den Ausschuß, zu vgl. dagegen § 105 EStAB., § 92 KStAB.) unbeschadet der rechnerischen Prüfung und kann vorbehaltlich etwaiger Berichtigung der Festsetzung des Steuersolls (zu vgl. §§ 47, 50, 51) jederzeit beim Vorliegen eines Rechnungsfehlers vom Finanzamt allenfalls auf Veranlassung der Aufsichtsbeamten berichtigt werden.*

X *Wegen Prüfung der Veranlagungsarbeiten bleibt besondere Anordnung vorbehalten.*

Bek. § 29.

(Zu Art. 21.)

Steuergeheimnis.

Die Verhandlungen über die Veranlagung und die hierbei zur Erörterung gelangenden Verhältnisse der Steuerpflichtigen sind streng vertraulicher Natur (zu vgl. Art. 53 mit § 376 AO. und § 33 Abs. II). Der Steuerpflichtige hat ein berechtigtes Interesse daran, daß seine Privatverhältnisse nicht vor der Öffentlichkeit preisgegeben werden. Die Wahrung des Steuergeheimnisses ist überdies eine der wichtigsten Bürgschaften für die Richtigkeit der Steuererklärungen. Die Verpflichtung zur Verschwiegenheit erstreckt sich auch auf das Abstimmungsverhältnis im Ausschusse sowie auf die Geheimhaltung der Namen und Stellung etwaiger Vertrauensmänner und Auskunftspersonen, die vom Finanzamt oder vom Ausschuß ohne Zuziehung des Steuerpflichtigen einvernommen worden sind, wenn diese nicht selbst mit der Kundgebung ihres Namens einverstanden sind. §§ 240, 241 AO. kommen daher nur mit dieser Einschränkung zur Anwendung (zu vgl. § 33 Abs. II). Die Mitteilung an den Steuerpflichtigen zur Äußerung gemäß § 241 AO. hat sich diesfalls nur auf den Inhalt des Gutachtens der Auskunftspersonen und Vertrauensmänner unter Weglassung ihrer Namen zu erstrecken. Die Einsicht der Akten über die Veranlagung eines Steuerpflichtigen kann nur dann gewährt werden, wenn der Akteneinsicht keine in der Wahrung des Steuergeheimnisses begründeten Bedenken entgegenstehen. Dagegen ist dem Steuerpflichtigen auf Verlangen zur Ermöglichung der Wahrnehmung seiner Interessen im Rechtsmittelverfahren das mündlich mitzuteilen, was an sachlichen Erwägungen zu dem Ergebnisse der Veranlagung geführt hat; auch sind dem Steuerpflichtigen auf Verlangen gegen Kostenerstattung Abschriften der zur Einsichtnahme durch den Steuerpflichtigen geeigneten wesentlichen Aktenstücke auszufertigen.

Unverändert gegenüber Art. 21 GewStG. 1921/23.

1. Die Bildung der Ausschüsse ist durch die Verordnung über die Bildung der Ausschüsse bei den Finanzämtern und ihr Verfahren vom 25. Mai 1920 (RGBl. S. 1118, RStBl. S. 301) geregelt, Steuerausschußordnung. Vgl. dazu die Änderungsverordnung vom 14. März 1923 (RGBl. S. 191), ferner die VO. über die Bildung der Grundwertausschüsse und der Gewerbeausschüsse bei den FA. und ihr Verfahren vom 11. März 1926 RGBl. S. 151.

Art. 22.

Steuerbescheid.

I Über die nach diesem Gesetz zu entrichtende Gewerbsteuer erteilt das Finanzamt dem Steuerpflichtigen und im Falle der vormerkungsweisen Veranlagung zur Begründung der Umlagenpflicht den Gemeinden[1]) einen schriftlichen Steuerbescheid[2]).

II Steuerausscheidungen sind auch jeder beteiligten Gemeinde durch schriftlichen Steuerbescheid zur Kenntnis zu bringen[3]).

III Die näheren Anordnungen über den Inhalt des Steuerbescheids und die Art der Zustellung trifft das Staatsministerium der Finanzen[4]).

Bek. § 30.

(Zu Art. 22.)

Steuerbescheid.

I *Wird auf Grund der Veranlagung eine Steuer festgesetzt, so erteilt das Finanzamt dem Steuerpflichtigen einen schriftlichen Steuerbescheid. Er hat zu enthalten:*

den Betrag der festgesetzten Steuer (Betriebskapitalsanlage, allenfallsige Filialenzuschläge und Ertragsanlage je gesondert), gegebenenfalls auch den prozentualen Zuschlag für verspätete Abgabe der Steuererklärung,

die Grundlagen der Festsetzung und Veranlagung, soweit sie dem Steuerpflichtigen nicht schon mitgeteilt sind,

den Betrag des Zuschlags nach Art. 7 Abs. IV,

die Punkte, in denen von der Steuererklärung abgewichen worden ist,

die Feststellung, daß und warum eine Schätzung notwendig geworden ist,

die Berechnung der Abschlußzahlung und eine Anweisung, wann, wo und wie diese Abschlußzahlung zu entrichten ist nebst einem Hinweis auf die Folgen verspäteter Zahlung,

eine Belehrung über das Rechtsmittel des Einspruchs und

binnen welcher Frist und bei welcher Behörde es einzulegen ist, einen Hinweis darauf, daß durch die Einlegung des Einspruchs die Wirksamkeit der Steuerfestsetzung nicht gehemmt, insbesondere die Erhebung der angeforderten Steuer nicht aufgehalten wird.

II *Für den Steuerbescheid können die entsprechend — insbesondere auch durch Aufnahme des Zuschlags nach Art. 7 Abs. IV — abgeänderten Muster 22 zu § 108 EStAB. und 14 zu § 94 KStAB. verwendet werden. Bei der Erteilung der Gewerbsteuerbescheide für 1925 sind die Vorschriften im Art. XIX Abs. II und III des Gewerbsteueränderungsgesetzes zu beachten. Die Präsidenten der Landesfinanzämter werden ermächtigt, das Muster für den Steuerbescheid im Bedarfsfall durch Aufnahme der mit der Gewerbsteuer zu erhebenden Umlagen (Kreis-, Gemeinde- und Kirchenumlagen) auszugestalten.*

III *Der Steuerbescheid ist dem Steuerpflichtigen oder, falls ein gesetzlicher Vertreter bestellt ist, diesem, bei juristischen Personen oder nichtrechtsfähigen Vereinigungen den Steuerpflichtigen zu Händen ihrer Vertreter oder der von diesen aufgestellten Bevollmächtigten unter Beachtung der Vorschriften in §§ 83 ff. AO. in der gleichen Weise wie die Einkommensteuer- und die Körperschaftsteuerbescheide verschlossen zuzusenden (zu vgl. § 20). Die Zusendung der Gewerbsteuerbescheide ist tunlichst mit jener der Einkommensteuer- und der Körperschaftsteuerbescheide zu verbinden.*

IV *Die Präsidenten der Landesfinanzämter werden ermächtigt, die Einkommensteuer- und die Körperschaftsteuerbescheide auf die Gewerbsteuer zu erstrecken, soweit nicht diese Maßnahme geeignet ist, bei den Steuerpflichtigen zu Verwechslung und Verwirrung Anlaß zu geben (§ 112 EStAB., § 98 KStAB.).*

V *Im Falle der vormerkungsweisen Veranlagung der Gewerbsteuer zur Begründung der Umlagenpflicht (Art. 3 Abs. II) ist nunmehr auch den umlagenberechtigten Gemeinden ein schriftlicher Steuerbescheid zu erteilen (Art. 22 Abs. I).*

VI *Die Steuerausscheidungen nach Art. 14, 16 des Gesetzes zum Vollzuge des Finanzausgleichgesetzes vom 28. April 1924 (GVBl. S. 157) sind nicht in den Gewerbsteuerbescheid aufzunehmen, sondern dem Steuerpflichtigen und den beteiligten Gemeinden durch besonderen schriftlichen Steuerbescheid zur Kenntnis zu bringen (Art. 22 Abs. II).*

Bek. § 31.

(Zu Art. 22.)

Wird eine Steuer nicht festgesetzt, so ist die Freistellung dem Steuerpflichtigen mitzuteilen, wenn er es beantragt, oder wenn er für den maßgebenden Steuerabschnitt eine Steuererklärung abgegeben oder Vorauszahlungen geleistet hat. Die Mit-

teilung kann mit der Erstattung der Vorauszahlungen oder mit einer Nachricht über die Verrechnung der geleisteten Vorauszahlungen für andere Steuern durch die Kasse verbunden werden. Die Mitteilung kann auch mit der Mitteilung über die Freistellung von der Einkommensteuer oder der Körperschaftsteuer verbunden werden (§ 109 EStAB., § 95 KStAB.).

Bek. § 32.

(Zu Art. 22.)

Wird die Steuerfestsetzung durch eine Rechtsmittelentscheidung oder eine andere Verfügung geändert, und geht aus dieser die neue Steuerschuld nicht unmittelbar hervor, so hat das Finanzamt die Höhe der neuen Steuerschuld durch eine entsprechende Verfügung festzusetzen. Das gilt auch für etwaige Zuschläge nach § 170 Abs. 2 AO. (zu vgl. § 22).

Art. 22 Abs. I hat gegenüber Art. 22 I GewStG. 1921/23 eine neue Fassung erhalten. Art. 22 Abs. II stimmt überein mit Art. 22 Abs. II GewStG. 1921/23. Dem Art. 22 wurde auch ein neuer Abs. III beigefügt. S. Art. XI AbändG. S. 245.

1. Zustellung des Steuerbescheides auch an die Gemeinden im Falle der vormerkungsweisen Veranlagung.

Diese Bestimmung ist in das Gesetz neu aufgenommen und dadurch veranlaßt, daß die einheitliche Festsetzung der Einspruchsfrist durch öffentliche Bekanntmachung nach der neuen Fassung des Art. 24 Abs. II und III weggefallen ist. Der Steuerbescheid muß daher allen Einspruchsberechtigten, wozu im Falle der vormerkungsweisen Veranlagung auch die Gemeinden gehören (Art. 23 Abs. II) zugestellt werden. Hiedurch ergibt sich die Notwendigkeit in Art. 22 Abs. I die Erteilung eines schriftlichen Steuerbescheides auch an die Gemeinden im Falle der vormerkungsweisen Veranlagung vorzuschreiben. (Nach Art. 3 Abs. II sind die Bayerische Staatsbank und die übrigen gewerblichen Staatsbetriebe mit Ausnahme der Versorgungsbetriebe vormerkungsweise zur Gewerbsteuer zu veranlagen).

2. Schriftlicher Steuerbescheid.

Im Gesetzentwurf war das Wort „schriftlichen" gestrichen. Auf Antrag des Staatshaushaltsausschusses wurde dieses Wort wieder eingefügt. (Siehe Beil. 2215.) Es befindet sich somit diese Vorschrift im Einklang mit § 64 EStG. bzw. § 22 KStG.

3. Die Steuerausscheidung.

Art. 13 bayer. Ges. z. Vollz. des FAG. bestimmt, daß in bezug auf die Erträgnisse aus stehendem Gewerbebetriebe die Gemeinden umlageberechtigt sind, in der eine Betriebsstätte zur Ausübung des stehenden Gewerbes unterhalten wird. Kommen mehrere

Gemeinden in Betracht, so ist gemäß Art. 14 bayer. Ges. zum Vollz. des FAG. jede dieser Gemeinden anteilsweise umlagenberechtigt. Die Berechnung der Anteile geschieht dadurch, daß die Gewerbsteuer (Betriebskapitalsanlage und Ertragsanlage) ausgeschieden werden. (Vgl. hiezu auch Anmerkung 1 S. 25 zu Art. 1) und Bleyer, Steuerrecht der bayer. Gemeinden 2. Aufl. S. 87 ff.

4. Inhalt des Steuerbescheides und Art der Zustellung: Bek. § 30.

Abs. III des Art. 22 ist, wie bereits erwähnt, neu eingefügt. Seine Einfügung war mit Rücksicht auf die Neuregelung in Art. 24 (Aufgabe der einheitlichen Festsetzung der Einspruchsfrist) erforderlich.

IV. Rechtsmittel.[1])

1. Einspruch.

Art. 23.

I Gegen den Steuerbescheid ist Einspruch zulässig.[2])

Einspruchsberechtigte.

II Der Einspruch steht sowohl dem Steuerpflichtigen als auch dem Finanzamt[3]) und im Falle der vormerkungsweisen Veranlagung zur Begründung der Umlagepflicht den Gemeinden zu.

III Er hat keine aufschiebende Wirkung[4]).

Bek. § 33.

(Zu Art. 23 ff.)

Allgemeines.

I *Das Rechtsmittelverfahren in Gewerbsteuersachen ist in Art. 23 bis 41 geregelt. Daneben gelten die Vorschriften im zweiten Teil, vierter Abschnitt der Reichsabgabenordnung, soweit sich nicht aus den genannten Bestimmungen des Gewerbsteuergesetzes und den Bestimmungen dieser Bekanntmachung Abweichendes ergibt (Art. 63).*

II *Zu den anzuwendenden allgemeinen Bestimmungen der Reichsabgabenordnung über Rechtsmittel werden zu rechnen sein:*

§§ 221, 222, 225 bis 227, 228, 229, 231 bis 233, 235, 236 Abs. 1 (nicht Absatz 2), 238 (zu vgl. Art. 26 Abs. IV, 34 Abs. VIII und 39 Abs. VIII), 240, 241, die beiden letzteren Bestimmungen vorbehaltlich der Bestimmungen über die Wahrung des Steuergeheimnisses, d. i. unter Vermei-

dung der Nennung der Namen der ohne Zuziehung des Steuerpflichtigen einvernommenen Auskunftspersonen und Sachverständigen, wenn diese nicht selbst mit der Kundgebung ihres Namens einverstanden sind, (§ 29 dieser Bekanntmachung), 242, 243. § 234 ist nur im Einspruchsverfahren anwendbar (zu vgl. Art. 24 Abs. III gegen Art. 28 Abs. III und Art. 38 Abs. III). Von der Anwendung ausgeschlossen ist insbesondere § 237, der die Zurücknahme von Rechtsmitteln ohne Einschränkung bis zur Unterzeichnung der Rechtsmittelentscheidung zuläßt (zu vgl. § 40 dieser Bekanntmachung). Die Kostenvorschriften der §§ 285 bis 297 AO. gelten nur für das Einspruchverfahren (Art. 59 bis 61).

III *Das Finanzamt hat die bei ihm eingelegten Rechtsmittel sofort nach ihrem Eingang in ein Verzeichnis einzutragen und dieses Verzeichnis auf dem Laufenden zu erhalten; von den Beschwerden gegen die Bescheide der Berufungskommission ist dem Finanzamt behufs Ergänzung des Verzeichnisses durch das Landesfinanzamt (die Landesmittelstelle) Mitteilung zu machen (zu vgl. Art. 38 Abs. II). Das Finanzamt hat die Rechtsmittel in der Steuerliste zu vermerken und das Ergebnis des Rechtsmittels einzutragen. Über die Einrichtung des Verzeichnisses trifft das Landesfinanzamt (die Landesmittelstelle) die näheren Anordnungen.*

IV *Der Gebrauch der Rechtsmittel gegen Steuerausscheidungen zum Zwecke der Umlagenerhebung ist in Art. 16 Abs. II und Art. 17 des Gesetzes zum Vollzuge des Finanzausgleichsgesetzes vom 28. April 1924 (GVBl. S. 157) geregelt.*

Bek. § 34.

(Zu Art. 23.)

Einspruch.

I *Gegen den Steuerbescheid ist Einspruch zulässig. Aus dem im § 30 Abs. I vorgeschriebenen Inhalt des Steuerbescheides ergibt sich, daß die Beschlüsse des Ausschusses (Art. 21 Abs. I und II) vorbehaltlich der Ausnahmen nach Satz 2 und 3 in ihrem ganzen Umfang mit Einspruch anfechtbar sind, also sowohl hinsichtlich der Frage, ob überhaupt eine Gewerbsteuerpflicht nach Art. 1 gegeben ist, als auch bezüglich der Versagung einer etwa beanspruchten Steuerfreiheit nach Art. 3, wegen der Höhe des steuerbaren gewerblichen Reinertrags, ferner wegen der Versagung der Abzugsfähigkeit von Werbungskosten (Betriebsausgaben). Wegen der Höhe des steuerbaren gewerblichen Betriebskapitals ist der Einspruch nur mehr insoweit zulässig, als nicht die Beschränkungen des Reichsbewertungsgesetzes (§ 79) Platz greifen. Wegen des Abzugs des Mietertragsanschlags nach Art. 10 Abs. V und wegen der Aus-*

scheidung der Reinerträge nach Art. 11 wird darauf aufmerksam gemacht, daß auch hierwegen Einspruch zulässig ist, daß aber der Abzug und die Ausscheidung nunmehr von der Stellung eines ausdrücklichen Antrags und der Erbringung der erforderlichen Unterlagen und Nachweise durch den Steuerpflichtigen abhängig gemacht ist.

II *Der Einspruch steht sowohl dem Steuerpflichtigen als auch dem Finanzamte zu. Die Regelung weicht insoferne von der in der Reichsabgabenordnung ab, als dort ein Einspruch des Finanzamts gegen den Beschluß des Ausschusses nicht vorgesehen ist (§§ 218, 244, 245 AO.). Im Falle der vormerkungsweisen Veranlagung der Gewerbsteuer zur Begründung der Umlagenpflicht nach Maßgabe des Art. 3 Abs. II steht das Rechtsmittel des Einspruchs auch den Gemeinden zu.*

III *Der Einspruch des Finanzamts gegen einen Steuerbescheid (Art. 23 Abs. II) wird durch den Vorsteher des Finanzamts eingelegt. Die Frist der Einlegung des Einspruchs endet mit dem Ablauf der für den Steuerpflichtigen laufenden Einspruchsfrist (Art. 24 Abs. II). Der Vorsteher des Finanzamts hat den Einspruch durch Einreichung eines Schriftsatzes zu den Steuerakten des Steuerpflichtigen einzulegen und zu begründen. Der Schriftsatz ist mit dem Eingangsvermerk vom Tage seines Eingangs zu versehen. Der Vorsteher des Finanzamts hat seinen Einspruch dem Steuerpflichtigen zur etwaigen schriftlichen Gegenerklärung mitzuteilen (Art. 25). Das Landesfinanzamt (die Landesmittelstelle) kann den Vorsteher des Finanzamts anweisen, Einspruch gegen eine Entscheidung des Finanzamts, an der Ausschüsse teilgenommen haben, einzulegen oder einen eingelegten Einspruch zurückzunehmen.*

Unverändert gegenüber Art. 23 GewStG. 1921/23.

1. Allgemeines: Bek. § 33.

Maßgebende Wirtschaftsverbände haben beantragt, statt der Ausbildung eines besonderen bayerischen Instanzenzuges eine Bestimmung in das Gesetz aufzunehmen, wonach die Vorschriften der Reichsabgabenordnung über die Rechtsmittel sinngemäß auch für das Rechtsmittelverfahren in Gewerbsteuersachen zu gelten haben. Vom pfälzischen Industriellenverband wurde nicht mit Unrecht betont, daß eine aus an sich verständlichen Gründen gewählte Betonung der Landessteuerhoheit vorliege, die jedoch im Endergebnis lediglich zu einer Belastung der Steuerpflichtigen führt. Der Staatsminister Dr. Krausneck äußerte sich zu dieser Sache dahin, daß Bayern der Reichsregelung gefolgt sei, soweit die unteren und mittleren Instanzen in Betracht kamen. Die erste Beschwerde werde beim Finanzgericht ausgetragen. Die weitere Beschwerde jedoch müsse nach wie vor von der Oberberufungskommission entschieden werden, weil man im Interesse einer einheitlichen Rechtsprechung unter Berücksichtigung der besonderen Natur des Gewerbsteuergesetzes darauf Gewicht legen müsse, daß das letzte Rechtsmittel bei einer Landesstelle zum Austrage käme. Auch Preußen und Sachsen nehmen diesen Standpunkt ein. (S. Stenograph. Bericht Nr. 129 S. 774) vgl. auch Art. 69 insbesondere Abs. II.

Die Rechtsmittel nach dem Gesetz sind:
a) der Einspruch (Art. 23—26);
b) die Berufung (Art. 27—36);
c) die Beschwerde (Art. 37—41).

2. Die Religionsgesellschaften haben gegen die Veranlagung keine Rechtsmittel.

3. Das Recht des Einspruchs steht in Abweichung vom Recht der Reichsabgabenordnung auch dem Finanzamt zu.

4. Rechtskraft. Durch Einlegung des Einspruchs wird die Wirksamkeit des angefochtenen Bescheids nicht gehemmt, insbesondere die Erhebung der Steuer nicht aufgehalten. Die Behörde, die den Bescheid erlassen hat, kann jedoch die Vollziehung aussetzen, geeigneten Falls gegen Sicherheitsleistung. (§ 235 AO.) Der Einspruch kann nach § 237 AO. bis zur Unterzeichnung der Rechtsmittelentscheidung und falls mündlich verhandelt wird, bis zum Schluß der mündlichen Verhandlung, auf Grund deren entschieden wird, zurückgenommen werden. Die Zurücknahme hat den Verlust des Rechtsmittels zur Folge.

Art. 24.

Einspruchsfrist.

I Der Einspruch ist binnen einer Ausschlußfrist [1]) von einem Monat schriftlich oder zu Protokoll beim Finanzamt oder bei der Gemeindebebehörde einzulegen.

II Die Ausschlußfrist zur Erlangung des Einspruchs beginnt mit dem Ablauf des Tages, an dem der Bescheid dem Einspruchsberechtigten zugestellt ist. Für das Finanzamt endigt die Frist zur Einlegung des Einspruchs mit Ablauf der für den Steuerpflichtigen laufenden Einspruchsfrist [2]).

Inhalt des Einspruchs.

III Im Einspruch soll der Beschluß bezeichnet werden, gegen den der Einspruch gerichtet ist. Es soll angegeben werden, inwieweit der Beschluß angefochten und seine Aufhebung oder Abänderung beantragt wird. Ferner sollen die Tatsachen, die zur Begründung dienen, und die Beweismittel angeführt werden[3]).

Bek. § 35.

(Zu Art. 24.)

I *Die weiteren Bestimmungen bezüglich des Einspruchs und seiner Behandlung sind in Art. 24 bis 26 getroffen. Hierbei ist zu beachten, daß eine öffentliche Bekanntmachung der Einspruchsfrist nicht mehr erfolgt, sondern daß für alle Einspruchsberechtigten (für die Steuerpflichtigen und im Falle der vormerkungsweisen Veranlagung für die Gemeinden) die Ausschlußfrist zur Einlegung des Einspruchs mit dem Ablauf des Tages beginnt, an dem der Bescheid dem Einspruchsberechtigten zugestellt ist (Art. 24 Abs. II).*

II *Der Einspruch kann nicht nur beim Finanzamt, sondern auch bei der Gemeindebehörde eingelegt werden. Ist der Einspruch bei der Gemeindebehörde eingelegt worden, so hat die Gemeindebehörde die Einspruchsschrift sofort an das Finanzamt des Veranlagungsortes zu leiten. Das Gleiche hat zu geschehen, wenn die Einspruchsschrift bei einer anderen als der zuständigen Behörde eingelaufen ist. Die Finanzämter und Gemeindebehörden haben auf den Einspruchsschriften den Tag, an dem sie bei ihnen eingelaufen sind, vorzumerken.*

Art. 24 Abs. I stimmt überein mit Art. 24 Abs. I GewStG. 1921/23. Abs. II hat gegenüber Abs. II GewStG. 1921/23 eine neue Fassung erhalten. Art. 24 Abs. III GewStG. 1921/23 ist gegenstandslos geworden und daher weggefallen. Abs. IV GewStG. 1921/23 wurde im neuen Gesetz Abs. III. S. Art. XII AbändG. S. 245.

1. Ausschlußfrist: Notfrist kann auch auf Ersuchen unter keinen Umständen verlängert werden. Wer ohne sein Verschulden verhindert war, die Frist einzuhalten (z. B. durch Krankheit, dringende Abhaltung) kann Nachsicht wegen Fristversäumung beantragen (§ 68 AO.)

2. Lauf der Einspruchsfrist: Zufolge Art. 13 Abs. IV (siehe hiezu Anm. 5 zu diesem Art.) findet zweimal im Jahre eine Veranlagung zur Gewerbsteuer statt, nämlich zu Beginn des Kalenderjahres und nach Ablauf des ersten Kalenderhalbjahres. Mit Rücksicht hierauf schien es geboten, um eine Verwirrung bei den Steuerpflichtigen zu vermeiden, die einheitliche Festsetzung der Einspruchsfrist durch öffentliche Bekanntmachung, die das Reichsrecht nicht kennt, aufzuheben und zu bestimmen, daß die Frist zur Einlegung des Einspruchs mit dem Ablauf des Tages beginnt, an dem der Einspruch dem Einspruchsberechtigten zugeteilt ist. Dadurch ist das Verfahren bei der Gewerbsteuer den für die Einkommensteuer- und Körperschaftssteuer geltenden Vorschriften (§ 231 AO.) angeglichen und ermöglicht, daß die Zustellung des Gewerbsteuerbescheides tunlichst mit der Zustellung des Einkommensteuer- und des Körperschaftssteuerbescheides verbunden werden kann. Wird der Bescheid beispielsweise am 30. oder 31. März zugestellt, so endigt die Frist mit Ablauf des 30. April; erfolgt die Zustellung am 28. Februar, so endigt die Frist mit Ablauf des 28. März.

3. Form und Inhalt des Einspruchs: Zur Ergänzung siehe § 234 AO. Einlegung durch Telegramm ist zulässig. (OVG. XXI, 16.) Nicht genügt Einlegung durch Fernsprecher, es sei denn, daß sich die Behörde dazu versteht, auf Grund des Ferngesprächs eine entsprechende Niederschrift aufzunehmen, ein Recht hierauf hat der Beteiligte nicht (Becker, AO. Anm. 1 zu § 234). Der Einspruch ist zu begründen. An den sachlichen Inhalt der Eingabe oder der Erklärung sind möglichst geringe Forderungen gestellt: verlangt wird nur, daß erkennbar ist, daß sich der Erklärende durch die Entscheidung beschwert fühlt und Nachprüfung verlangt (RFH. 8. Juni 1921 IV a A 52/21, RFH. 5 S. 221/225).

Art. 25.

Mitteilung zur Gegenerklärung.

Der Einspruch des Finanzamts und der Gemeinde (Art. 23 Abs. II) ist dem Steuerpflichtigen, der Einspruch des Steuerpflichtigen gegen eine vormerkungsweise Veranlagung der Gemeinde zur etwaigen schriftlichen Gegenerklärung mitzuteilen [1] [2].

1. Die Bestimmung ist die Folge der Bestimmung in Art. 23 II.

2. Zum Vollzug genügt die gegen Nachweis zu bestätigende Zustellung eines Aktenstückes aus dem hervorgeht, daß und warum Einspruch eingelegt wird und in welcher Weise der Steuerbescheid abgeändert werden soll.

Art. 26.

I Wenn sich ein formell zulässiger Einspruch gegen eine ohne Mitwirkung des Ausschusses erfolgte finanzamtliche Veranlagung richtet und das Finanzamt den Einspruch für begründet erachtet, so hat es die Veranlagung hiernach abzuändern. Alle übrigen Einsprüche werden dem Ausschusse zur Würdigung mitgeteilt.

II Der Ausschuß hat zunächst zu prüfen, ob der Einspruch zulässig und in der vorgeschriebenen Form und

Frist eingelegt ist. Mangelt es an einem dieser Erfordernisse, so ist der Einspruch als unzulässig zu verwerfen[1]).

III Im übrigen hat der Ausschuß die mit Einspruch angefochtenen Steuerfälle erneut zu prüfen. Er ist dabei weder an die frühere Festsetzung, noch an die gestellten Anträge gebunden und kann die frühere Festsetzung auch zum Nachteil des Steuerpflichtigen ändern[2])[3]).

IV Der Steuerpflichtige ist befugt, seinen Einspruch vor dem Ausschuß persönlich zu vertreten oder durch einen Bevollmächtigten vertreten zu lassen. § 238 der Reichsabgabenordnung findet entsprechende Anwendung. Gleiches Vertretungsrecht kommt auch den Gemeinden zu, wenn ihnen das Recht des Einspruchs zusteht. Dem Steuerpflichtigen stehen die Rechte nach Satz 1 und 2 auch bei Verhandlungen über Einsprüche der Gemeinden zu.

Bek. § 36.

(Zu Art. 26.)

I *Die Prüfung, ob der Einspruch zulässig und in der vorgeschriebenen Form und Frist eingelegt ist (Art. 26 Abs. II), erfolgt durch den Ausschuß. Der Ausschuß entscheidet auch, ob bei Versäumung der Einspruchsfrist Nachsicht zu gewähren ist (§§ 68 ,69 AO.).*

II *Zuständig ist der Ausschuß, der bei der angefochtenen Entscheidung des Finanzamts mitgewirkt hat, es sei denn, daß bei dem Finanzamt ein besonderer Ausschuß für die Entscheidung über Einsprüche gebildet ist (§ 5 der Verordnung über die Bildung der Ausschüsse bei den Finanzämtern und ihr Verfahren vom 25. Mai 1920, RGBl. S. 1118 in der Fassung der Änderungsverordnung vom 10. März 1923, RGBl. I S. 191). Sind mehrere besondere Ausschüsse für die Entscheidung über Einsprüche gebildet, so ist der besondere Ausschuß zuständig, der für den Steuerbezirk gebildet ist, in dem der Veranlagungsort des Steuerpflichtigen liegt.*

III *Zur Vorbereitung der Entscheidung hat das Finanzamt die Einsprüche, soweit sie als zulässig zu erachten sind, in sachlicher Hinsicht zu prüfen und die zur Aufklärung der Besteuerungsverhältnisse des Pflichtigen notwendigen Ermittlungen anzustellen. Das Finanzamt hat dabei von den ihm durch die Reichsabgabenordnung gegebenen Befugnissen geeigneten Gebrauch zu machen (§§ 228, 229 AO.). Etwaige Beteiligte kann das Finanzamt von Amts wegen zuziehen (§ 226 AO.). Die Vorschrift des § 240 AO. ist zu beachten.*

IV *Dem Ausschuß, der von dem Finanzamte rechtzeitig zu berufen ist, sind die Einwendungen des Pflichtigen und die Ergebnisse der Veranlagung und der weiteren Ermittlungen vorzutragen. Erachtet der Ausschuß es für notwendig, daß vor Entscheidung des Einspruchs weitere Ermittlungen stattfinden, so stehen ihm hierbei mit der sich aus § 208 Abs. 2 AO. ergebenden Einschränkung die gleichen Befugnisse zu, wie sie nach den Vorschriften der Reichsabgabenordnung dem Finanzamte zustehen; er kann insbesondere den Steuerpflichtigen zur Auskunft und zu weiteren Nachweisungen anhalten und erforderlichenfalls vorladen (§ 205 Abs. 2, §§ 172ff. AO.).*

V *Der Ausschuß ist bei der erneuten Prüfung der Steuerfälle weder an die frühere Festsetzung, noch an die gestellten Anträge gebunden. Er beschließt vielmehr unter Würdigung der Umstände über die seiner Entscheidung zugrunde zu legenden tatsächlichen und rechtlichen Annahmen auf Grund des Gesamtergebnisses der stattgehabten Verhandlungen und der gesetzlichen Vorschriften nach freier Überzeugung, er kann also die frühere Festsetzung auch zum Nachteil des Steuerpflichtigen ändern (Art. 26 Abs. III).*

VI *Die Entscheidung muß zugleich Bestimmungen über die Kosten des Verfahrens treffen (§§ 243, 285 bis 289, 295 AO.). Die zu erhebenden Auslagen stellt das Finanzamt fest (§ 290 bis 293 Abs. 1, 295, 296 AO.).*

VII *Die Einspruchsentscheidung ist auszufertigen und dem Steuerpflichtigen zuzustellen. § 242 AO. ist zu beachten.*

Unverändert gegenüber Art. 26 GewStG. 1921/23. Die ausführliche Vorschrift des Art. 26 gibt die Bestimmung des Art. 53 bayer. EStG. in der Fassg. nach dem Abänderungsgesetz vom 17. August 1918 (GVBl. S. 414) wieder. Sie knüpft an Art. 21 an und unterscheidet, ob die Veranlagung ohne Mitwirkung (Art. 21 Abs. III) oder unter Mitwirkung des Ausschusses erfolgt ist.

Die Begründung zum GewStG. vom 21. Juli 1921 verweist auf § 244 AO. und fährt dann fort: Die ausführliche Vorschrift des Art. 26 gibt die Bestimmungen des Art. 53 des bish. EStG. wieder und will verdeutlichen, daß die gegenwärtige Bestimmung ein Ersatz für den Art. 53 ist, (vgl. hieher §§ 228, 236 AO.) Satz 2 des Abs. III bezweckt die ausdrückliche gesetzliche Festlegung des übrigens bisher schon unbestrittenen Grundsatzes, daß auch über die gestellten Anträge hinaus der Steuerfall wiederholt zu prüfen und gegebenenfalls auch eine reformatio in pejus zulässig ist. Art. 26 Abs. IV geht über die bisherigen Befugnisse des Steuerpflichtigen bezüglich der Vertretung seiner Interessen im Nachprüfungsverfahren (Art. 53 Abs. II EStG.) nicht unwesentlich hinaus. Die Erweiterung dieser Befugnisse auch im Einspruchsverfahren wird sich aber mit Rücksicht auf die Gültigkeit des § 238 AO. für das gesamte Rechtsmittelverfahren nicht umgehen lassen.

1. Prüfung über die Zulässigkeit des Einspruchs: Bek. § 36 I und II. Siehe auch § 236 Abs. I AO.

2. Sachliche Prüfung durch den Ausschuß: Bek. § 36 III, IV und V.

3. Kosten des Verfahrens: Bek. § 36 VI.

Das Einspruchsverfahren ist kostenpflichtig und zwar nach den Bestimmungen der Reichsabgabenordnung.

2. Berufung.*)

Art. 27.

I Gegen die Einspruchsentscheidung ist Berufung[1]) zulässig.

Berufungsberechtigte.

II Die Berufung steht sowohl dem Steuerpflichtigen als auch dem Finanzamt[2]) und im Falle der vormerkungsweisen Veranlagung zur Begründung der Umlagenpflicht den Gemeinden zu.

III Sie hat keine aufschiebende Wirkung.[3])[4])

---

*) Da Art. 69 Abs. II GewStG. ausdrücklich bestimmt, daß für die Dauer der Übertragung der Aufgaben der Berufungskommissionen an die Finanzgerichte für Berufungen ausschließlich die Vorschriften der Reichsabgabenordnung in gleicher Weise und im gleichen Umfang wie für die von den Finanzgerichten zu behandelnden Berufungen in Einkommen- und Körperschaftssteuersachen gelten, so könnte infolge der unklaren Fassung des Gesetzes die Auffassung bestehen, daß die Art. 27—36 bis auf weiteres vollständig ausscheiden, so daß nur die in der Reichsabgabenordnung für das Berufungsverfahren festgesetzten Bestimmungen in Betracht kommen.

Dies ist jedoch vom Gesetzgeber nicht gewollt. (Auskunft d. bayer. FinM.). Da nach Art. 69 Abs. I nur die Aufgaben der Berufungskommissionen den Finanzgerichten übertragen werden können, so sind damit lediglich die Artikel 30—33 d. h. gewissermaßen die Verfassungsvorschriften (Zusammensetzung, Wahl der Mitglieder usw.) gegenstandslos geworden. Es gelten dagegen die Verfahrensvorschriften, d. h. die Art. 27, 28, 29, 34, 35 und 36 unbeschränkt weiter. Die Finanzgerichte haben also bei den Berufungen die besonderen Verfahrensvorschriften des bayer. GewStG. zu beachten.

Art. 28.

Berufungsfrist.

I Die Berufung ist binnen einer Ausschlußfrist[4a]) von einem Monat schriftlich oder zu Protokoll beim Finanzamt einzulegen.[5])

II Die Frist zur Einlegung der Berufung beginnt mit Ablauf des Tages, an dem die Einspruchsentscheidung dem Steuerpflichtigen, für die Gemeinde mit Ablauf des Tages, an dem die Einspruchsentscheidung über die vormerkungsweise Veranlagung der Gemeinde zugestellt worden ist.[6])

Inhalt der Berufung.

III In der Berufung sind die Gründe anzugeben, aus denen der Beschluß des Steuerausschusses angefochten wird. Berufungen ohne Bezeichnung von Gründen sind formell unzulässig.[7])

IV Hält der Berufungsführer eine Beweisaufnahme für notwendig, so hat er die Beweismittel anzugeben.

V Dem Berufungsführer steht frei, der Berufung zur Begründung seines Vorbringens Schriftstücke beizufügen.

Art. 29.

Mitteilung zur Gegenerklärung.

Die Berufung des Finanzamts und der Gemeinde (Art. 27 Abs. II) ist dem Steuerpflichtigen, die Berufung des Steuerpflichtigen gegen eine vormerkungsweise Veranlagung der Gemeinde zur etwaigen schriftlichen Gegenerklärung mitzuteilen.

*) Art. 30—33 bis auf weiteres gegenstandslos.

Art. 30.[8])

Berufungskommission.

I Zur Bescheidung der Berufungen besteht bei jeder Mittelstelle der Landesfinanzverwaltung eine Berufungskommission.

1. Zusammensetzung.

II Sie setzt sich zusammen:

1. aus dem Vorsitzenden, der vom Staatsministerium der Finanzen ernannt wird,
2. aus ständigen Mitgliedern, die vom Staatsministerium der Finanzen ernannt werden,

3. aus nichtständigen Mitgliedern, die in der Anzahl von je vier in jedem Regierungsbezirk aus Kreiseinwohnern durch die zur Vertretung von Handel und Gewerbe berufenen Organe auf die Dauer von drei Jahren zu wählen sind.

III Für die im Abs. II Ziff. 3 bezeichneten Kommissionsmitglieder sind durch die in Abs. II Ziff. 3 erwähnten Organe je vier Ersatzmänner in jedem Regierungsbezirke zu wählen.

IV Die Wahl dieser Kommissionsmitglieder und Ersatzmänner erfolgt mit relativer Stimmenmehrheit. Bei Stimmengleichheit entscheidet das Los.

V Im Falle des Ausscheidens eines der gewählten ständigen Mitglieder hat an dessen Stelle ein Ersatzmann nach der bei der Wahl festgesetzten Reihenfolge zu treten. Bei der hierdurch oder aus sonstigem Anlaß eintretenden Erledigung der Stelle eines Ersatzmanns hat auf Anregung der Mittelstelle für den Rest der Wahlperiode eine Ergänzungswahl stattzufinden.

VI Wegen der Stellvertretung für den Vorsitzenden sowie für die weiteren ständigen Mitglieder wird durch das Staatsministerium der Finanzen Bestimmung getroffen.

VII Die Berufungskommission entscheidet in einer Besetzung von sieben Mitgliedern, von denen drei einschließlich des Vorsitzenden ständige und vier nichtständige sind.

VIII Der Berufungskommission wird von der Mittelstelle ein verpflichteter Schriftführer beigegeben.

IX Im Bedarfsfalle können für den Bezirk einer Mittelstelle mehrere Berufungskommissionen gebildet werden. Die näheren Bestimmungen hierüber trifft das Staatsministerium der Finanzen.[9])

Art. 31.[10])

2. Wählbarkeit.

I Wählbar in die Berufungskommission sind nur bayerische Staatsangehörige, die mindestens dreißig Jahre alt, mit einer direkten Steuer veranlagt sind, seit mindestens fünf Jahren im Bezirke der Mittelstelle ihren Wohnsitz haben und keinem der im Art. 44 mit Art. 2 des Landeswahlgesetzes vom 12. Mai 1920 aufgeführten Ausschließungsgründe unterliegen. Außerdem darf nicht gewählt werden, wer wegen Steuerhinterziehung oder wegen Verletzung der Schweigepflicht bestraft ist.

3. Wahlablehnungsgründe.

II Die Wahl kann ohne Angabe eines Grundes von Reichstagsmitgliedern, Landtagsmitgliedern, Angehörigen des Reichs-, Staats-, Kirchen-, öffentlichen Schul- oder Stiftungsdienstes, dann von berufsmäßigen Gemeindebeamten, sofern sie sich im aktiven

Dienst befinden, ferner von Angehörigen der Reichswehr abgelehnt werden.

III Außerdem darf eine Wahlablehnung nur erfolgen:
1. wegen erwiesener körperlicher oder geistiger Unfähigkeit,
2. wegen zurückgelegten sechzigsten Lebensjahrs,
3. wegen einer Beschäftigung, die eine häufige oder langandauernde Abwesenheit vom Bezirke der Mittelstelle mit sich bringt,
4. wenn der Gewählte bereits mindestens sechs Jahre hintereinander Mitglied eines Steuerausschusses, einer Berufungskommission oder der Oberberufungskommission gewesen ist.

IV Über Wahlablehnungsgründe entscheidet die Regierung, Kammer des Innern. Gegen deren Beschluß ist Beschwerde an den Verwaltungsgerichtshof zulässig.

V Berufungskommissionsmitglieder, welche die Wählbarkeit (Abs. I) verlieren, haben auszuscheiden.

Art. 32.[11])

4. Verhandlungen.

I Die Berufungskommission tritt auf Einladung des Vorsitzenden am Sitze der Mittelstelle zusammen.

II Dem Vorsitzenden kommt die Leitung der Verhandlungen zu; er hat gleiches Stimmrecht wie die Mitglieder.

III Die Berufungskommissionen fassen ihre Beschlüsse nach absoluter Stimmenmehrheit.

IV Bilden sich bezüglich der Belastung mehr als zwei Meinungen, so werden die Stimmen für die höchste Belastung zu den Stimmen für die nächst niedere hinzugezählt, bis sich eine absolute Mehrheit ergibt.

V Bei Stimmengleichheit entscheidet die Stimme des Vorsitzenden.

VI Ein Kommissionsmitglied hat abzutreten, solange über seine Veranlagung, oder die Veranlagung seiner Verwandten oder Verschwägerten in auf- und absteigender Linie oder bis zum dritten Grade der Seitenlinie oder über die Veranlagung der von ihm vertretenen Pflichtigen oder der Gesellschaften, bei denen er Aufsichtsrat ist, beraten und abgestimmt wird.

VII Die Vorschriften des Abs. VI finden auch auf den Vorsitzenden Anwendung; in solchem Falle hat er die Führung des Vorsitzes einem der übrigen Kommissionsmitglieder zu übertragen.

VIII Das Staatsministerium der Finanzen ist ermächtigt, über die Einberufung der Mitglieder und Ersatzmänner zu den Sitzungen der Berufungskommission, die vorbehaltlich der Bestimmung im Abs. VI und VII nur bei voller Besetzung (Art. 30 Abs. VII) beschlußfähig ist, nähere Anordnungen zu treffen.

IX Kein Mitglied der Berufungskommission darf an der Beratung und Beschlußfassung über Berufungen gegen Beschlüsse teilnehmen, bei denen es mitgewirkt hat.

X) Die Verhandlungen der Berufungskommission sind nicht öffentlich.

Art. 33.[12])

5. Eidesleistung.

I Den Mitgliedern der Berufungskommission ist beim Eintritt in ihre Tätigkeit von dem Vorsitzenden unter dem ausdrücklichen Hinweis auf die Strafbestimmung des Art. 53 Abs. II der nachstehende Eid abzunehmen:

Ich schwöre, daß ich bei den Verhandlungen der Berufungskommission ohne Ansehen der Person nach bestem Wissen und Gewissen verfahren und die Verhandlungen sowie die hierbei zu meiner Kenntnis gelangenden Verhältnisse der Steuerpflichtigen strengstens geheimhalten, auch Geschäfts- und Betriebsgeheimnisse nicht unbefugt verwerten werde."

II Mitgliedern von Religionsgesellschaften, deren Bekenntnis die Eidesleistung untersagt, ist an Stelle des Eides die dem Bekenntnis entsprechende Beteuerung gestattet.

III Bei einer späteren Wiederwahl genügt die Rückerinnerung an den einmal gemäß Abs. I geleisteten Eid.

IV Berufungskommissionsmitglieder, die als Staatsbeamte vereidigt sind und sich noch im aktiven Staatsdienste befinden, sind von der besonderen Vereidigung nach Abs. I entbunden.

Art. 34.[13])

6. Entscheidungen und ihre Vorbereitung.

I Die Berufungskommission hat Berufungen, die sie als formell unzulässig erachtet, ohne weitere Verhandlung zurückzuweisen.

II Im übrigen entscheidet sie nach Prüfung und Feststellung der für die Veranlagung des Pflichtigen maßgebenden Verhältnisse. Sie ist dabei weder an frühere Festsetzungen, noch an die gestellten Berufungsanträge gebunden und kann die angefochtene Festsetzung auch zum Nachteil des Steuerpflichtigen ändern[14]).

III Die Berufungskommission ist befugt, von dem Steuerpflichtigen schriftliche oder mündliche Auskunft auf bestimmte Fragen bezüglich seiner Erwerbs- und Einkommensverhältnisse sowie über die sonstigen für die Veranlagung wesentlichen Tatsachen zu verlangen und ihn zur Vorlegung der Nachweise, Urkunden und Geschäftsbücher aufzufordern.

IV Die Aufforderung geschieht unter der Verwarnung, daß, wenn innerhalb der zu setzenden Frist die verlangte Auskunft nicht erteilt wird und die Vorlage der Nachweise, Urkunden und Geschäftsbücher nicht erfolgt, nach Lage der Akten werde entschieden werden.

V Die Berufungskommission kann ferner die eidliche Vernehmung von Zeugen und Sachverständigen erlassen. Diese Personen können die Auskunft nur unter den Voraussetzungen ablehnen, unter denen nach den Vorschriften der Reichs-Zivilprozeßordnung ein Zeugnis oder ein Gutachten verweigert werden darf; außerdem können Personen, die bei dem Steuerpflichtigen in einem Dienst- oder Arbeitsverhältnisse stehen, die Auskunft ablehnen.[15])

VI Die Durchführung einer beantragten Beweisaufnahme kann die Berufungskommission nur dann ablehnen, wenn sie das angebotene Beweisverfahren zur Begründung der behaupteten Tatsachen für unerheblich erachtet oder der Beweiserhebung unverhältnismäßige Schwierigkeiten entgegenstehen.

VII Zur Vornahme von Beweiserhebungen, die nicht unter Art. 35 fallen, kann die Berufungskommission eine aus mindestens zwei ihrer Mitglieder bestehende Unterkommission abordnen.

VIII Der Steuerpflichtige ist befugt, seine Berufung vor der Berufungskommission persönlich zu vertreten oder durch einen Bevollmächtigten vertreten zu lassen. § 238 der Reichsabgabenordnung findet entsprechende Anwendung. Gleiches Vertretungsrecht kommt auch den Gemeinden zu, wenn ihnen das Recht der Berufung zusteht. Dem Steuerpflichtigen stehen die Rechte nach Satz 1 und 2 auch bei Verhandlungen über Berufungen der Gemeinden zu.

Art. 35.[16])

Die eidliche Vernehmung von Zeugen und Sachverständigen (Art. 3 Abs. V) wird auf Veranlassung des Vorsitzenden der Berufungskommission von der Verwaltungsbehörde vorgenommen.

Art. 36.[16]) [17])

I Die Berufungskommission hat erforderlichen Falles das steuerbare Betriebskapital und den steuerbaren Ertrag, sowie die entsprechenden Steuerbeträge neu festzusetzen.

II Die Bescheide sind mit Gründen zu versehen und müssen einen Ausspruch im Kostenpunkt enthalten. Sie sind der Mittelstelle vorzulegen und von dieser den Beteiligten in Abschrift zustellen zu lassen.

Bek. § 37.

(Zu Art. 27 bis 36.)

Berufung.

I *Für das Rechtsmittel der Berufung und dessen Erledigung sind in erster Linie die Vorschriften in Art. 27 bis 36 maßgebend. Daneben gelten ergänzend die bereits in § 33 Abs. II erwähnten Vorschriften der Reichsabgabenordnung. Dagegen kommen die Vorschriften der §§ 245 bis 264 und 285 bis 297 AO. mit Ausnahme des § 245 Abs. 2 (§ 43 Nr. 2 der dritten Steuernotverordnung vom 14. Februar 1924, RGBl. I S. 74) bei der Behandlung der Gewerbsteuerberufungen nicht zur Anwendung, da das Gewerbsteuergesetz selbst in Art. 27 bis 36, 59 bis 61 die für erforderlich erachteten Bestimmungen getroffen hat.*

II *Die Berufung des Finanzamts gegen die Einspruchsentscheidungen (Art. 27 Abs. II) wird durch den Vorsteher des Finanzamts durch Einreichung eines Schriftsatzes zu den Steuerakten des Steuerpflichtigen eingelegt und ist zu begründen. Der Schriftsatz ist mit dem Eingangsvermerk vom Tage seines Eingangs zu versehen. Die Berufung des Finanzamts ist dem Steuerpflichtigen zur etwaigen schriftlichen Gegenerklärung mitzuteilen (Art. 29). Das Landesfinanzamt (die Landesmittelstelle) kann den Vorsteher des Finanzamts anweisen, Berufung gegen eine Einspruchsentscheidung des Finanzamts einzulegen oder eine eingelegte Berufung zurückzunehmen.*

III *Über den Beginn der Frist für die Einlegung von Berufungen des Finanzamts gegen die Einspruchsentscheidung enthält das Gesetz keine ausdrückliche Bestimmung. Im Hinblick auf Art. 28 Abs. II ist es jedoch, da die Zustellung an das Finanzamt sachlich mit der Absendung der Einspruchsentscheidung an die Beteiligten zusammenfällt, als der Absicht des Gesetzgebers entsprechend zu erachten, daß die Frist für das Finanzamt mit dem Ablauf des Tages der Absendung der Einspruchsentscheidung an die Beteiligten zu beginnen hat (zu vgl. Art. 38 Abs. I und Art. 43 Abs. VI). Der Finanzamtsvorsteher hat sich rechtzeitig schlüssig zu machen, ob und gegen welche Einspruchsentscheidungen die Einlegung einer amtlichen Berufung veranlaßt ist.*

IV *Für die Berufungen sind eigene Akten zu bilden, die nach der Zeit des Anfalles der einzelnen mit Ziffern zu versehenden Schriftstücke geordnet und in die Personalakten eingelegt werden. Die Berufungsakten haben einen Steuerlistenauszug, Auszüge aus den Niederschriften über die Verhandlungen des Ausschusses und ein kurzes finanzamtliches Gutachten zu enthalten.*

V *Die Berufungen sind, sobald sie zur Behandlung durch die Berufungskommission bereift sind, den Landesfinanzämtern (Landesmittelstellen) vorzulegen.*

VI *Die Vorsitzenden der Berufungskommissionen haben etwaige Erhebungen und Ergänzungen der Akten, die zur Beratung und Beschlußfassung über die Berufungen notwendig sind, herbeizuführen.*

VII *Den Zeugen sind die Fragen, zu denen sie sich äußern sollen, tunlichst schon bei der Vorladung schriftlich mitzuteilen, damit sie die mündliche Auskunftserteilung nötigenfalls mittels geeigneter Aufzeichnungen so vorbereiten können, daß die von der Berufungskommission geforderte Auskunft in erschöpfender Weise erteilt werden kann.*

VIII *Wegen der Strafbestimmungen für den Fall der Verweigerung der geforderten Auskunft oder Eidesleistung zu vgl. Art. 50 Ziff. 2. Für die Abnahme des Eides von Zeugen und Sachverständigen ist Art. 35, nicht § 184 Abs. 2 Satz 2 AO. maßgebend.*

IX *Der Eid des Steuerpflichtigen ist als Beweismittel nicht zugelassen. Doch kann der Steuerpflichtige nun auf Grund der §§ 176, 229 AO. durch die Berufungskommission dazu angehalten werden, daß er Tatsachen, die er behauptet, durch Versicherung an Eidesstatt erhärte. Für das dabei zu beachtende Verfahren ist § 176 Abs. 2 AO. maßgebend. Die Versicherung an Eidesstatt kann nicht durch Zwangsmittel nach § 202 AO. oder durch Strafen erzwungen werden.*

X *Der Steuerpflichtige ist durch den Vorsitzenden von dem Zeitpunkt der Sitzung der Berufungskommission zu verständigen.*

XI *Zufolge ausdrücklicher Bestimmung im Art. 32 Abs. X sind — im Gegensatz zu § 254 Abs. 1 AO. — die Verhandlungen der Berufungskommission n i c h t öffentlich.*

XII *Wegen der Strafbestimmungen für den Fall, daß Mitglieder einer Berufungskommission ohne genügenden Ent-*

schuldigungsgrund zu den Sitzungen sich nicht rechtzeitig einfinden, oder ihren Obliegenheiten in anderer Weise sich entziehen, zu vgl. Art. 55.

XIII *Die Niederschrift über die Beeidigung der Berufungskommissionsmitglieder (Art. 33) ist zu den Akten zu nehmen.*

XIV *Über die Verhandlungen der Berufungskommission ist eine kurz gefaßte Niederschrift aufzunehmen. Die Aufnahme der Niederschrift erfolgt unter Leitung des Vorsitzenden. Die Niederschrift wird vom Vorsitzenden und vom Schriftführer unterzeichnet.*

XV *Die Bescheide der Berufungskommission sollen unbeschadet einer gründlichen Sachwürdigung bei der Beratung kurz abgefaßt werden. Die Wiedergabe des Tatbestandes sowie Ausführungen über rechtliche und tatsächliche Umstände, die ohne Einfluß auf den Sachentscheid geblieben sind, sind in der Regel zu unterlassen. Zu dem Ausspruch im Kostenpunkt gehört auch ein Ausspruch über die Gebühr.*

XVI *Die Zustellung der Bescheide hat gegen Zustellungsnachweis zu erfolgen. Bei der Zustellung ist schriftliche Belehrung im Sinne der Art. 37, 38 zu erteilen. Im Bescheid selbst ist eine solche Belehrung zu unterlassen. Eine Zustellung des Bescheides an das Landesfinanzamt (die Landesmittelstelle) ist nicht erforderlich.*

XVII *Zu beachten ist, daß durch die Bekanntmachung des Staatsministeriums der Finanzen vom 22. September 1923 (GVBl. 1924 S. 15) auf Grund des Art. 69 mit Wirkung vom 1. Oktober 1923 ab die Aufgaben der Berufungskommission in Gewerbsteuersachen (Abschnitt IV Ziff. 2 des Gewerbsteuergesetzes) bis auf weiteres den Finanzgerichten übertragen worden sind. Diese Übertragung besteht auch weiterhin zu Recht. Demgemäß treten, soweit die Bestimmungen hinsichtlich der Berufungskommissionen zurzeit nicht ohnehin gegenstandslos sind (zu vgl. Art. 30 bis 33 des Gesetzes, ferner Abs. XII, XIII oben, dann § 54 Abs. I Schlußsatz, § 55 Abs. VIII, IX) an die Stelle der Berufungskommissionen auf die Dauer der Übertragung jeweils die Finanzgerichte.*

Art. 27—36 unverändert gegenüber Art. 27—36 GewStG. 1921/23.

1. Berufung: Bek. § 37 I. Die Sonderbestimmungen, die die Abgabenordnung (§§ 245—264) für das reichsrechtliche Berufungsverfahren aufstellt, findet mit Ausnahme des § 245 Abs. 2, der folgenden Wortlaut hat:

„Die Gemeindebehörde des Ortes, an dem der Steuerpflichtige seinen Wohnsitz, seinen ständigen Aufenthalt, seinen Sitz oder eine Niederlassung hat, kann beantragen, daß der Vorsteher des Finanzamts zur Herbeiführung einer höheren

Veranlagung Berufung einlegt; dabei sind die Gründe anzugeben, aus denen die Gemeindebörde die Veranlagung für zu niedrig hält. Lehnt der Vorsteher des Finanzamts den Antrag ab, so hat er seine Gründe der Gemeindebehörde mitzuteilen," keine Anwendung. Auch die Vorschriften der AO. über die Kosten des Berufungsverfahrens (§§ 285—297) scheiden, da das Gewerbsteuergesetz in Art. 59—61 selbst die erforderlichen Bestimmungen getroffen hat, aus.

2. Berufung des Finanzamts gegen die Einspruchsentscheidungen: Bek. § 37 Abs. 2.

3. Vgl. Anm. 4 zu Art. 23. Da das Rechtsmittel der Berufung keine aufschiebende Wirkung hinsichtlich der Verpflichtung zur Entrichtung der Steuer hat, ist die amtliche Berufung auch nach Einzahlung der Steuer durch den Pflichtigen noch zulässig, solange die Steuerveranlagung nicht rechtskräftig geworden ist (OVK. XXI, 19).

4. Wegen Rücknahme der Berufung s. Art. 42.

4a. Wiedereinsetzung in den vorigen Stand gegen die Versäumung der Berufungsfrist: OVK. XXI, 46.

5. Bei der Gemeindebehörde kann die Berufung nicht eingelegt werden.

6. Bek. § 37 III.

7. Nicht nur das Rechtsmittel ist binnen einer Ausschlußfrist von einem Monat einzulegen, es muß auch bis zum Ablauf der Berufungsfrist die Begründung eingegangen sein, andernfalls die Berufung — also im Gegensatz zu der Regelung der Reichssteuern — ohne weitere Verhandlung als unzulässig zurückgewiesen wird. (Siehe Art. 34 Abs. I). Die Vorschriften des § 234 AO., insbesondere in seiner weitgehenden Fassung des Abs. 2 wurden nicht übernommen, da zu befürchten war, daß dadurch die Zahl der mangelhaft oder gar nicht begründeten Berufungen in das Ungemessene wachsen und nur der Leichtfertigkeit beim Gebrauch und der Ausführung der Rechtsmittel Vorschub geleistet würde.

8. Zur Bescheidung der Berufungen besteht am Landesfinanzamt eine Berufungskommission, für deren Zusammensetzung, Wahl und Vereidigung der Mitglieder, Zusammentritt und Verfahren genaue Vorschriften bestehen. Bis 1. Oktober 1923 blieb im Interesse der Betonung der Landessteuerhoheit diese Berufungssteuerkommission aufrecht erhalten. Dieser kostspielige Zustand wurde mit Bekanntmachung vom 22. September 1923 (GVBl. S. 15) beseitigt und die Aufgaben der Berufungskommission bis auf weiteres den Finanzgerichten übertragen. Diese Übertragung besteht auch weiterhin zu Recht. (Art. 69 II d. Ges.)

Somit haben, wie die Bekanntmachung im § 37 XVII hervorhebt, eine Reihe von Vorschriften, insbesondere die Art. 30—33 für die Dauer der Übertragung der Aufgaben der Berufungskommission an die den Landesfinanzämtern angegliederten Finanzgerichten ihre Bedeutung verloren.

9. Die Regierungen, Kammern der Finanzen, sind durch Verordnung vom 23. Januar 1920 (GVBl. S. 16) aus dem Verbande der Kreisregierungen losgelöst worden und sind Landesfinanzämter bzw. Zweigstellen der Landesfinanzämter geworden. Es ist klar, daß die als Landesrechtsmittelinstanzen aufrecht zu erhaltenden Berufungskommissionen nicht bei diesen Reichsstellen — neben den Finanzgerichten — fortgeführt werden können, sie müssen vielmehr, wenn die Fortführung von Landesrechtsmittelstellen überhaupt einen Zweck haben soll, bei den die Aufsicht über das Landessteuerwesen führenden Landesmittelstellen gebildet werden. Da die künftigen Mittelstellen jeweils mehrere Regierungsbezirke umfassen sollen, muß Vorsorge getroffen werden, daß alle beteiligten Regierungsbezirke bei der Zusammensetzung der Berufungskommission gleichmäßig berücksichtigt werden. Dies erstrebt Abs. II Ziff. 2 d. Art. 30 II.

10. Entsprechend dem Art. 55 Abs. IX mit Art. 39 d. alten bayer. EStG. vom 14. VIII. 1910. Der Zusatz in Abs. II „soferne sie sich in aktivem Dienste befinden", bezieht sich nicht bloß auf die berufsmäßigen Gemeindebeamten, sondern auch auf die Angehörigen des Reichs-, Staats- usw. Dienstes.

11. Früher Art. 42 und Art. 58 Abs. I bayer. EStG. Abs. VIII ist bestimmt, die Bestimmungen in Art. 40 und 55 Abs. IX d. alten bayer EStG. zu ersetzen.

12. Früher Art. 43 und Art. 58 bayer. EStG.

13. Art. 34 ist dem Art. 56 d. alten bayer. EStG. nachgebildet. Neu ist lediglich Abs. II Satz 2 und die Fassung des Abs. VIII. Die umfangreiche Rechtsprechung der OVG. zu § 56 bayer. EStG. erscheint größtenteils noch verwertbar. Siehe die Zusammenstellung bei Breunig, Vermögenssteuergesetz S. 244 ff. insbes. OVG. XIV, 69 XVIII S. 119 und Anm. 17.

14. Zu vergleichen § 228 AO. und die Begründung zu Art. 26 d. GewStG. 1921. Siehe S. 144. Das Verfahren nach § 251 AO. in das Landesrechtsmittelverfahren zu übernehmen, erschien nicht zweckmäßig. Wegen der Vertretung siehe Begründung zu Art. 26 und § 238 AO. Anwendbar erscheinen folgende Ausführungen Breunigs in Anm. 2 zu § 56 f. EStG.Komm.

„Die BK. hat die Grundlagen für die Berechnung der Steuern und der Umlagen und die Steuern selbst sowie die Steuerausscheidung unter erschöpfender Würdigung des Steuerfalles nach den gesamten beschaffbaren tatsächlichen und rechtlichen Unterlagen, unabhängig von den Anträgen des Berufungsführers, neuerdings von Amtswegen festzustellen. In der Natur der II. Instanz liegt es, daß von den Feststellungen und Annahmen der I. Instanz ausgegangen und geprüft wird, wieweit diese durch das Berufungsvorbringen, durch die weiteren Erhebungen und Ergänzungen, durch Anhören des Pflichtigen oder seines bevollmächtigten Vertreters, durch eine Beweisaufnahme, durch eigene Kenntnis der Verhältnisse oder auch nur durch eine andere Beurteilung des schon in der I. Instanz zu Gebote gestandenen und etwa nicht vollständig oder nicht richtig gewürdigten Materials erschüttert sind. Der Berufungsführer darf nicht nur alle seine Gründe und Beweise, auch neue, bis zur Beschlußfassung vorbringen, sondern hat für das Vorbringen von Beweismaterial in dieser Instanz wegen der andersartigen Stellung der OVK. in der Regel die letzte Gelegenheit. Rechtskräftige Feststellungen, unanfechtbare Zugeständnisse des Pflichtigen in der I. Instanz, Gebundensein des Berufungsführers und ähnl. zivilprozessuale Grundsätze gelten für dieses Verfahren nicht. Auch gibt es kein Teilurteil und keine Vorentscheidung über die Steuerpflicht, vorbehaltlich der späteren Entscheidung über die Steuergrundlagen (OVK. IV S. 30). Das Verfahren ist kein Streitverfahren, der Fiskus und der Steuerpflichtige stehen sich nicht als Parteien gegenüber, deren Streit etwa zu entscheiden wäre, sondern die VK. bestimmt auf Anrufen unter freier Würdigung aller Verhältnisse von Amtswegen über den Umfang der öffentlich-rechtlichen Verpflichtung, zu den öffentlichen Lasten beizutragen, indem sie durch Verwerfen der Berufung den erstinstanziellen Beschluß bestätigt oder das steuerbare Betriebskapital und den steuerbaren gewerblichen Reinertrag abändernd neu, niedriger oder höher festsetzt, und erforderlichenfalls die Steuerausscheidung berichtigt."

Wie die Mitglieder des Ausschusses, sind auch die Mitglieder der VK. bei ihrer Beschlußfassung an im Verwaltungsweg ergangene dienstliche Weisungen nicht gebunden, sondern fassen ihre Beschlüsse nach pflichtgemäßem Ermessen ausschließlich auf der Grundlage der gesetzlichen Bestimmungen; insoferne genießt die VK. eine von der Finanzverwaltung unabhängige richterliche Stellung (OVK. XVIII, S. 142).

15. Im Gegensatz zum bisherigen Recht (OVK. XVI, 281) — a. M. ohne Begründung anscheinend Ringelmann-Mühlfeld 239 — dürfte dem Steuerpflichtigen nunmehr ein Ablehnungsrecht von Sachverständigen zustehen (AO. § 206 II) und da er sonst von diesem Recht keinen Gebrauch machen kann, auch das Recht, daß ihm die zugezogenen Sachverständigen genannt werden. (Anders noch OVK. XIV, 216, deren Spruch Ringelmann-Mühlfeld

S. 239 — ohne Begründung — anscheinend noch für das geltende Recht für verwertbar erachten.) Kein Recht auf Zustellung der Bescheide an den Bevollmächtigten (OVG. XIV, 69).

16. Früher Art. 57, 58 d. alten bayer. EStG. Als Beteiligte im Sinne des Art. 36 II gelten in Fällen der vormerkungsweisen Veranlagung auch die Gemeinden.

17. Rechtsprechung der OVG. zu Art. 56 und 58 des bish. EStG. — Art. 34 u. 36 dieses Gesetzes.

I. Zu Art. 34.

a) Formell unzulässige Berufungen. Berufungen, die nach Ablauf der Berufungsfrist eingelaufen (vgl. OVG. XVIII, S. 67), ferner die innerhalb der Berufungsfrist nicht begründet worden sind, sind formell unzulässig, weiter Berufungen, die durch Fernsprecher eingelegt werden, ohne daß eine Niederschrift aufgenommen worden ist (OVG. XXI, 92), endlich, wenn die Berufungsschrift von einem Vertreter des Steuerpflichtigen mit dem Namen des Steuerpflichtigen unterzeichnet wurde (OVG. XXI, 46.

b) Auskunftspflicht. Sonst Entscheidung nach Lage der Akten (OVG. XVIII, 119). Selbstverständlich erst, nachdem angemessene Frist gestellt ist, event. Recht auf Vertagung in der mündlichen Verhandlung (XVIII, 127).

c) Vorlagepflicht von Nachweisen, Büchern und Urkunden an Ort und Stelle — keine Pflicht zur Einsendung von Büchern, wenn rasche Prüfung an Ort und Stelle möglich (XIV, 259), selbstverständlich nur nach Stellung angemessener Frist (XVIII, 127), Dauer der Pflicht so lange, als zu einer sachgemäßen Prüfung erforderlich. Kein Recht des Steuerpflichtigen, für sich einen bestimmten Tag festzusetzen (XVII, 262). Keine Pflicht des Gemeinschuldners im Konkurs (XIV, 187). Pflicht nur zur Vorlage solcher Bücher usw., über die der Steuerpflichtige für sich allein zu verfügen berechtigt ist, also keine Vorlage der Bücher der offenen Handelsgesellschaft im Verfahren gegen einen Gesellschafter, wenn die anderen Gesellschafter nicht einverstanden sind (XIII. 23.

Im Nachprüfungsverfahren Recht der Gemeinden, Anträge auf Büchereinsicht zu stellen (XVI, 61).

d) Sachverständige: s. auch Anm. 15 u. Bek. § 37 VII ff.

e) Beweisaufnahme. Voraussetzung zureichende Bezeichnung eines erheblichen Beweisthemas. Bei Angebot von Büchern und Urkunden genügt Vermutung, daß sie nichts Erhebliches enthalten werden, nicht zur Begründung der Ablehnung (OVG. XVI, 12, 71). Keine Schätzung, wenn Buchbeweis angeboten, auch dann, wenn Bücher nicht kaufmännisch geführt (XIII, 116). Wenn keine entsprechende Unterlage vorhanden, wenigstens

Versuch zur Feststellung zu machen (XV, 173). Wenn Feststellung in erster Instanz mangelhaft, so ist 2. Instanz zur Nachholung verpflichtet (XVII, 69). Ablehnung eines Beweisangebotes durch die Berufungskommission als wesentlicher Mangel des Verfahrens (XXI, 33).

f) Recht auf Verständigung von der Anberaumung der Sitzung der Berufungskommission: Bek. § 37 X. Verletzung dieses Rechts wesentlicher Mangel des Verfahrens, sei es, daß überhaupt keine Benachrichtigung, oder zu spät erfolgte (XIII, 45; XV, 86; XVIII, 53).

Kein Anspruch auf Beiziehung zu Sitzungen der Unterkommission (XVII, 139). Kein Vertagungsrecht, aber Recht auf Mitteilung, daß einem etwaigen Antrag nicht stattgegeben wurde (XIV, 53).

Handelt es sich um den Vollzug eines Beweisbeschlusses, so kann der Berufungsführer die Vertagung der Verhandlung vor der BK. verlangen, sofern er nachweist, daß er verhindert war, dem auf persönliches Erscheinen lautenden Teile des Beweisbeschlusses gerecht zu werden (Bd. XVIII S. 119). Im Falle der Vertagung der BK.-Verhandlung ist der Steuerpflichtige zur neuerlich anberaumten Sitzung der BK. auch dann zu laden, wenn er zum 1. Termin nicht erschienen war (OBK. Bd. XVI S. 33).

g) Recht auf Bekanntgabe des Akteninhalts. Soweit dieser nicht Rücksichten auf das Steuergeheimnis entgegenstehen (XIII, 189, XVII, 162).

h) Schätzung. Der Umstand, daß der Steuerpflichtige außerstande ist, die für seine Veranlagung nötigen Unterlagen selbst zu beschaffen, berechtigt die Berufungskommission nicht, zu einer nur auf Vermutungen, statt auf tatsächliche Feststellungen aufgebauten Schätzung (OBK. XXI, 99).

II zu Art. 36.

i) Hat sich im Laufe des Berufungsverfahrens die der Steuerveranlagung zugrunde gelegte Bilanz einer Gesellschaft als unrichtig herausgestellt und wurde sie daraufhin ordnungsgemäß berichtigt, so hat für die Entscheidung der BK. die berichtigte Bilanz Maß zu geben (Bd. XVI, S. 1).

k) Der Berufungsführer muß aus der Begründung ersehen können, daß die von ihm für belangreich erachteten Einwendungen gegen den Einspruchsentscheid gewürdigt wurden. Die Grundlagen für die Erwägungen und Schlußfolgerungen der BK. müssen aus dem Bescheid ersichtlich sein (Bd. XVII S. 139).

l) Der Steuerpflichtige hat keinen Anspruch darauf, daß der Berufungsbescheid außer ihm auch seinem Bevollmächtigten zugestellt wird (Bd. XIV S. 69).

m) Über Zustellung des Berufungsbescheides an einen zum Heeresdienst eingezogenen Steuerpflichtigen (OBK. XXI, 49).

3. Beschwerde.[1])

Art. 37.

I Gegen den Bescheid der Berufungskommission ist Beschwerde[2]) an die Oberberufungskommission zulässig.

Beschwerdeberechtigte.

II Die Beschwerde steht sowohl dem Steuerpflichtigen als auch der Mittelstelle der Landesfinanzverwaltung[3]) und im Falle der vormerkungsweisen Veranlagung zur Begründung der Umlagenpflicht den Gemeinden zu.

III Sie hat keine aufschiebende Wirkung[4]).

Art. 38.[5])

Beschwerdefrist.

I Die Beschwerde ist innerhalb einer Ausschlußfrist von einem Monat einzulegen. Die Frist beginnt mit Ablauf des Tages der Zustellung des Berufungsbescheids (Art. 36 Abs. II). Für die Mittelstelle beginnt die Frist mit Ablauf des Tages der Absendung des Berufungsbescheids zur Zustellung an die übrigen Beteiligten[6]).

Beschwerdegründe.

II Die Beschwerde ist bei der Mittelstelle schriftlich[7]) einzureichen; sie kann nur darauf gestützt werden:[8])

1. daß der angefochtene Bescheid auf der Nichtanwendung oder auf der unrichtigen Anwendung des bestehenden Rechtes[9]) oder auf einem Vorstoß wider den klaren Inhalt der Akten[10]) beruhe,
2. daß das Verfahren an einem wesentlichen Mangel leide[11]).

Inhalt der Beschwerde.

III In der Beschwerde ist anzugeben, worin die behauptete Nichtanwendung oder unrichtige Anwendung des bestehenden Rechtes oder der behauptete Verstoß wider den klaren Inhalt der Akten oder worin der behauptete Mangel des Verfahrens gefunden wird. Beschwerden ohne solche Angaben sind formell unzulässig[12]).

Art. 39.[13])

Oberberufungskommission.

I Die Oberberufungskommission wird bei dem Staatsministerium der Finanzen gebildet.

II Sie setzt sich zusammen:

1. aus ständigen Mitgliedern, die von der Staatsregierung ernannt werden,
2. aus nichtständigen Mitgliedern, die in der Anzahl von je zwei in jedem Regierungsbezirk aus Kreiseinwohnern durch die zur Vertretung von Handel und Gewerbe berufenen Organe auf die Dauer von drei Jahren gewählt werden.

III In gleicher Weise wie im Abs. II Ziff. 2 bestimmt, sind in jedem Regierungsbezirke zwei Ersatzmänner, ferner in Oberbayern fünf in München wohnende Hilfsmitglieder zu wählen.

IV Die Oberberufungskommission entscheidet in einer Besetzung von sieben Mitgliedern, von denen fünf einschließlich des Vorsitzenden ständige und zwei nichtständige sind. Zwei ständige Mitglieder müssen den Räten des Verwaltungsgerichtshofes entnommen sein. Im Bedarfsfalle können die Sachreferenten der zuständigen Ministerien mit beratender Stimme beigezogen werden.

V Der Kommission wird vom Staatsministerium der Finanzen ein verpflichteter Schriftführer beigegeben.

VI Im übrigen finden die Vorschriften der Art. 30 Abs. IV, V, 31, 33 Anwendung.

VII Die näheren Bestimmungen wegen des Vorsitzes, wegen der Einberufung der Mitglieder, dann über das Verfahren und den Geschäftsgang der Kommission sind vom Staatsministerium der Finanzen zu treffen.

VIII Der Steuerpflichtige ist berechtigt, sein Interesse vor der Oberberufungskommission persönlich zu vertreten oder durch einen Bevollmächtigten vertreten zu lassen. § 238 der Reichsabgabenordnung findet entsprechende Anwendung. Das Gleiche gilt von den Gemeinden, wenn ihnen das Recht der Beschwerde zusteht.

Art. 40.[14])

Mitteilung der Beschwerden zur Gegenerklärung.

I Die von der Mittelstelle und der Gemeinde (Art. 37 Abs. II) eingelegten Beschwerden sind den Beteiligten, Beschwerden des Steuerpflichtigen gegen eine vormerkungsweise Veranlagung der Gemeinde zur etwaigen schriftlichen Gegenerklärung mitzuteilen. Auf die von den Steuerpflichtigen eingereichten Beschwerden können von der Mittelstelle Gegenerklärungen abgegeben werden.

II Die Beschwerden und Gegenerklärungen sind dem Staatsministerium der Finanzen vorzulegen. Dieses hat sie zur Entscheidung an die Oberberufungskommission abzugeben.

Art. 41.[15])

Entscheidung der Beschwerden.

Erachtet die Oberberufungskommission die Beschwerde für begründet, so hat sie den angefochtenen Bescheid aufzuheben und entweder in der Sache selbst zu entscheiden oder die Sache zur anderweitigen Verhandlung und Entscheidung an die Berufungskommission zurückzuverweisen. Im Falle der Zurückverweisung hat die Berufungskommission die rechtliche Beurteilung, die der Aufhebung zugrunde gelegt ist, auch ihrer Entscheidung zugrunde zu legen.

Bek. § 38.

(Zu Art. 37 bis 41.)

Beschwerde.

I *Für das Rechtsmittel der Beschwerde und dessen Erledigung sind in erster Linie die Vorschriften in Art. 37 bis 41 maßgebend. Daneben gelten ergänzend die bereits im § 33 Abs. II erwähnten Vorschriften der Reichsabgabenordnung. Dagegen kommen die Vorschriften der §§ 265 bis 276 und 285 bis 297 AO. bei der Behandlung der Gewerbsteuerbeschwerden nicht zur Anwendung, da das Gewerbsteuergesetz selbst in Art. 37 bis 41, 59 bis 61 die für erforderlich erachteten Bestimmungen getroffen hat.*

II *Die Beschwerde der Landesfinanzverwaltung wird wie bisher durch die Mittelstelle, nicht wie nach § 265 AO. durch das Finanzamt eingelegt.*

III *Auf den eingelegten Beschwerden ist stets der Tag, an dem sie bei der Mittelstelle eingelaufen sind, ersichtlich zu machen.*

IV *Die Vorschrift im Art. 37 Abs. III bezieht sich auf die Entrichtung der Steuern usw. Wird der Beschwerde stattgegeben, so sind die zuviel bezahlten Steuern zurückzuvergüten. Die Befugnis der Finanzverwaltungsbehörden veranlaßtenfalls Stundung zu gewähren wird durch die Vorschrift im Art. 37 Abs. III nicht berührt.*

V *Wegen der Vorschriften über die Berechnung der einmonatigen Frist zu vgl. § 64 AO. mit §§ 187, 188 BGB. Für die Mittelstelle beginnt die Frist nach Art. 38 Abs. I mit Ablauf des Tages der Absendung des Berufungsbescheids zur Zustellung an die übrigen Beteiligten. Wegen der Nachsicht bei Versäumung der Einspruchsfrist zu vgl. §§ 68, 69 AO.*

VI *Zu den Rechtsfragen im Sinne des Art. 38 Abs. II Ziff. 1 gehören auch die Fragen, ob überhaupt eine Gewerbsteuerpflicht nach Art. 1, 2 besteht, ferner die Vorschriften über die Steuerfreiheit, über die Abziehbarkeit von Betriebsausgaben (Werbungskosten) und Sonderleistungen. Das Beschwerderecht erstreckt sich weiter auf den Kostenpunkt einschließlich der Gebührenfestsetzung. Wird jedoch nicht die Kostenfrage überhaupt, sondern ausschließlich die Höhe der Gebührenfestsetzung angefochten, so hat nach Art. 173, 145, 144 des Kostengesetzes vom 16. Februar 1921 über eine solche Beschwerde zunächst die Berufungskommission und auf weitere Beschwerde das Staatsministerium der Finanzen zu entscheiden.*

VII *Die Beschwerden sind mit einer für die Akten der Oberberufungskommission bestimmten Abschrift des Berufungsbescheids vorzulegen. Abschriften der Niederschriften über die Sitzungen der Berufungskommissionen sind nicht vorzulegen, wenn nicht ihr Inhalt für die Würdigung der Beschwerde von Belang sein kann.*

VIII *Gegenvorstellungen gegen die Gebührenfestsetzungen der Oberberufungskommission werden in entsprechender Anwendung des Art. 173 Abs. IV des Kostengesetzes vom 16. Februar 1921 von der Oberberufungskommission beschieden.*

Bek. § 39.

(Zu Art. 23 bis 41.)

Gemeinsame Bestimmungen.

Jede Veränderung der Steuerschuld durch Rechtsmittelentscheidung ist mit dem nunmehr für den Steuerabschnitt geltenden vollen Betrag des Steuersolls unter der letzten Eintragung in der Steuerliste nachzuweisen (§ 14 Abs. 1 der Buchführungsordnung vom 16. Dezember 1924). Die weitere Be-

handlung dieser Sollbeträge bemißt sich nach den Vorschriften der Buchführungsordnung (zu vgl. § 43 Abs. VI).

Art. 37—41 unverändert gegenüber Art. 37—41 GewStG. 1921/23.

1. Vgl. Anm. 1 „Allgemeines“ zu Art. 23 S. 139.

2. Bek. § 38 I. Die Beschwerde findet auch statt, wenn die Veranlagung auf Schätzung beruht.

3. Bek. § 38 II.

4. Vgl. Anm. 4 zu Art. 23 und Bek. § 38 IV.

5. Art. 38 entspricht im wesentlichen dem Art. 60 des alten bayer. EStG.

6. Bek. § 38 V und OVK. XVII S. 88.

7. Schriftliche Einlegung notwendig, zu Protokoll genügt hier nicht.

8. Art. 38 Abs. II entspricht dem § 267 AO., welch letzterer im wesentlichen aus dem Reichsfinanzhofsgesetz stammt.

9. Das preuß. Obertribunal hat den Unterschied zwischen der Nichtanwendung und unrichtigen Anwendung des bestehenden Rechts und den Mängeln des Verfahrens durch Plenarbeschluß 5. März 1849 darin gefunden, daß es sich im ersteren Falle um Verletzung eines Rechtsgrundsatzes handle, der einen von einem Prozeßverfahren unabhängigen Grundsatz in sich schließe, der als Norm für das materielle Recht gelte, daß dagegen eine Vorschrift des Verfahrens eine solche sei, die im Prozeßverfahren und der richterlichen Tätigkeit in demselben ihre Grundlage habe, die also zur Regelung des formellen Verfahrens gegeben sei. (Siehe Becker Anm. 2 zu § 267 AO.)

Jede Verletzung materiell-rechtlicher Vorschriften ist eine Nichtanwendung oder unrichtige Anwendung des bestehenden Rechts.

10. Ein Verstoß gegen den klaren Inhalt der Akten kann nur darin bestehen, daß die tatsächlichen Feststellungen des Urteils dem klaren Akteninhalt widersprechen oder eine nach den Akten klare feststehende Tatsache nicht berücksichtigt worden ist. (Vgl. Becker Anm. 9 zu § 267 AO.)

11. Als wesentliche Verfahrensmängel kommen z. B. in Betracht: Verletzung der Aufklärungspflicht, insbesondere Mangel genügenden rechtlichen Gehörs, nicht erschöpfende Würdigung des Beschwerdevorbringens, Zugrundelegung eines unzutreffend oder unzureichend begründeten Gutachtens usw. Die Mängel der Voraussetzungen des Verfahrens sind von Amtswegen zu beachten.

12. Die Angabe der Beschwerdegründe aller Art ist unerläßliche Voraussetzung der formellen Zulässigkeit der Beschwerde. (Anders bei der Rechtsbeschwerde nach § 265 ff. AO., s. insbes. § 269.) Im Gegensatz zur Rechtsbeschwerde im reichsrechtlichen Verfahren ist für das bayerische Landesrecht keine besondere Begründungsfrist gewährt. Innerhalb der Beschwerdefrist ist die Beschwerde einzulegen, auch gleichzeitig zu begründen. S. auch Anm. 7 zu Art. 27.

13. Art. 39 entspricht im wesentlichen dem Art. 61 des alten bayer. EStG. Wegen der Entstehungsgeschichte der OBK. vgl. v. Breunig, Einkommensteuergesetz Anm. 2 zu Art. 61. Die OBK. als dritte Instanz ist im wesentlichen Revisionsinstanz, d. h. auf die Nachprüfung von Rechtsfragen beschränkt. Ihre ständigen Mitglieder in dieser Eigenschaft und die Kommission als entscheidende Instanz haben eine von der Verwaltung, nämlich vom Staatsministerium der Finanzen unabhängige richterliche Stellung. Daß die Kommission bei dem Staatsministerium der Finanzen gebildet wird, beruht nur auf äußerlichen Momenten. (Bereitstellung der erforderlichen Räumlichkeiten, Regiemittel usw.) — v. Breunig Anm. 3 zu § 61 bayer. EStG.

14. Die Bestimmung entspricht dem § 62 des alten bayer. EStG.

15. Art. 41 deckt sich im wesentlichen mit dem Wortlaut des Art. 63 bayer. EStG.

Aus der Rechtsprechung der Oberberufungskommission.

a) Eine telegraphische Beschwerdeeinlegung ist der schriftlichen gleich zu erachten (§ 234 AO. OBK. XVIII, 10). Über die Zulässigkeit der Beschwerdeeinlegung durch Telegramm s. auch OBK. XXI, 16.

b) Zur schriftlichen Form der Beschwerdeeinlegung gehört Unterzeichnung der Beschwerde durch den Aussteller des Schriftstücks (OBK. XVII, 164).

c) Der Beschwerdeführer darf hiebei Aufstellungen tatsächlicher Art, die schon im Berufungsverfahren hätten geltend gemacht werden können und sollen, nicht mehr nachbringen (OBK. XIX, 15); denn neue Behauptungen und Beweise können in der Beschwerdeinstanz grundsätzlich nur in jenen Fällen zugelassen werden, in denen sich erst aus den Ausführungen des mit Beschwerde angefochtenen Bescheids der Anlaß hiezu ergeben hat (OBK. XVII, 1). Ebensowenig kann eine durch Verzicht auf Austragung schon im Berufungsverfahren ausgeschiedene Frage im Beschwerdeverfahren neuerdings aufgerollt werden (OBK. XVII, 330).

d) Ein „Interesse" des Steuerpflichtigen ist auch gegeben, wenn die Mittelstelle oder die Gemeinde Beschwerde eingelegt hat. (Vgl. auch OBK. XVII, 243.)

e) Nach ständiger Rechtsprechung der OBK. kann die Einlegung der Beschwerde auch vor der Zustellung des Berufungsbescheides rechtswirksam erfolgen. (Vgl. v. Breunig, Anm. 2 Abs. III zu Art. 60 d. bayer. GStG. Bd. I, S. 289/90; OBK. II 105, IV 41, XXI, 49).

f) Rechnungsfehler und andere offensichtliche Versehen bei der Einsteuerung, von denen der Steuerpflichtige erst durch den Berufungsbescheid Kenntnis erhalten hat, können noch im Verfahren vor der Oberberufungskommission berichtigt werden. (OBK. XXII, 174).

4. Gemeinsame Bestimmungen.

Art. 42.[1])

Zurücknahme.

Die Zurücknahme eines Rechtsmittels ist nach erfolgter Entscheidung der Berufungskommission[2]) oder der Oberberufungskommission[3]) nicht mehr zulässig.

Bek. § 40.

(Zu Art. 42).

Nach Art. 42 ist die Zurücknahme der Berufung und der Beschwerde nach erfolgter Entscheidung der Berufungskommission oder der Oberberufungskommission nicht mehr zulässig. § 237 AO. findet demnach auf die Berufungen und Beschwerden in Gewerbsteuersachen keine Anwendung (zu vgl. § 33 Abs. II)[4]).

1. Die Begründung zum Gewerbsteuergesetz 1921 bemerkt hiezu:

„Bisher Art. 64 GStG.[1]) Die Bestimmung steht im Gegensatze zu § 237 RAO., der die Zurücknahme von Rechtsmitteln ohne Einschränkung bis zur Unterzeichnung der Rechtsmittelentscheidung — der Fall der öffentlichen mündlichen Verhandlung dürfte nach Art. 32 Abs. X oben nicht in Frage kommen — zuläßt. Die bisherige Gesetzesvorschrift dürfte aufrecht zu erhalten sein, um zu verhüten, daß der Steuerfall den Rechtsmittelinstanzen vorzeitig entzogen wird, wenn der Pflichtige die Instanzen schon längere Zeit beschäftigt hat, dann aber glaubt, daß es vorteilhaft wäre, es bei der ursprünglichen Festsetzung bewenden zu lassen. Zu vgl. OBK. XVI, 5."

Unzulässig und unwirksam ist die Zurücknahme unter einer Bedingung, z. B. wenn unter der Bedingung zurückgenommen wird, daß die Veranlagungsorgane sich für ein künftiges Steuerjahr binden (OBK. XVIII, 100).

---

[1]) Gemeint ist das bayerische vom 14. August 1910.

Hinsichtlich der Kosten einschl. der Gebühren dürfte Art. 59 Abs. I und Art. 60 entsprechend anzuwenden sein. (Ringelmann-Mühlfeld S. 251.)

2. S. Art. 69 I u. II, Bek. § 37 XVII, Fußnote zu Art. 27 mit Anm. 8 zu diesem Artikel.

3. Weist beispielsweise die Oberberufungskommission eine Sache zur anderweitigen Entscheidung an das Berufungsgericht zurück, so ist die Zurücknahme des Rechtsmittels nicht mehr möglich.

4. § 33 II der Bek. ist zu Art. 23 abgedruckt.

Art. 43.

I Die Rechtsmittel gegen die Gewerbsteuerveranlagung sollen getrennt von den Rechtsmitteln gegen die Einkommensteuer- oder die Körperschaftsteuerveranlagung eingelegt werden. Die gemeinsame Rechtsmitteleinlegung in einem Schriftstück begründet jedoch für sich allein nicht die formelle Unzulässigkeit des Rechtsmittels gegen die Gewerbsteuerveranlagung.

II Hinsichtlich der Betriebskapitalsanlage unterliegen die Rechtsmittel gegen die Gewerbsteuerveranlagung den aus dem Reichsbewertungsgesetz sich ergebenden Beschränkungen.[1])

III Hat ein Steuerpflichtiger gegen die Einkommen- oder Körperschaftsteuer-Veranlagung bezüglich der Einkünfte aus Gewerbebetrieb Einspruch oder Berufung eingelegt, ohne gegen die gleichzeitig erfolgte Gewerbsteuerveranlagung von den gleichen Rechtsmitteln Gebrauch gemacht zu haben, so ist er zu einer ausdrücklichen Erklärung darüber aufzufordern, ob er bezüglich der Gewerbsteuerveranlagung eine gesonderte Entscheidung herbeiführen will. Wird diese Frage bejaht, so gilt die Rechtsmittelfrist bezüglich der Gewerbsteuerveranlagung als gewahrt, wenn sie bezüglich der Einkommen- oder Körperschaftsteuer eingehalten ist.[2])

Berichtigungen und Änderungen von Amtswegen.

IV Wird der festgestellte Einheitswert des Betriebskapitals im Wege des Rechtsmittelverfahrens oder durch

Neufeststellung geändert, so ist die Gewerbsteuerveranlagung von Amts wegen entsprechend zu berichtigen.[3])

V Wird die Einkommen- oder Körperschaftsteuerveranlagung bezüglich der Einkünfte aus Gewerbebetrieb im Rechtsmittelverfahren geändert, so zieht diese Änderung von selbst die entsprechende Änderung der Gewerbsteuerveranlagung nach sich, es sei denn, daß der Rechtsmittelberechtigte bezüglich der Gewerbsteuer gesondertes Rechtsmittel eingelegt oder ausdrücklich Antrag auf gesonderte Entscheidung bezüglich der Gewerbsteuer nach Maßgabe des Art. 43 Abs. III gestellt hat.

VI Die vorgenommenen Berichtigungen und Änderungen sind dem Steuerpflichtigen und im Falle der vormerkungsweisen Veranlagung zur Begründung der Umlagenpflicht den Gemeinden durch besonderen Bescheid bekanntzugeben. Gegen diesen Bescheid steht den Beteiligten vorbehaltlich des Abs. II das Rechtsmittel der Berufung zur Berufungskommission innerhalb einer nach Maßgabe des Art. 28 zu eröffnenden Frist zu. Für das Finanzamt beginnt diese Frist mit Ablauf des Tages der Absendung des besonderen Bescheides zur Zustellung an die übrigen Beteiligten.

Bek. § 41.

(Zu Art. 43).

I *Durch § 79 R.Bew.G. haben die Rechtsmittel hinsichtlich der Betriebskapitalsanlage eine wesentliche Einschränkung erfahren (Art. 43 Abs. 2).*

II *Die Änderung der Gewerbsteuerveranlagung nach Maßgabe des Art. 43 Abs. IV und V erfolgt durch das Finanzamt ohne Mitwirkung des Ausschusses. Die Änderung ist auch dann vorzunehmen, wenn die Gewerbsteuerveranlagung bereits rechtskräftig geworden ist. Auf den besonderen Bescheid, durch den die Änderung festgesetzt und bekannt gegeben wird, und auf dessen Zustellung finden die Vorschriften im § 30 Anwendung. In dem Bescheid ist die einmonatige Berufungsfrist des Art. 28 zu eröffnen. Für den Steuerpflichtigen und im Falle der vormerkungsweisen Veranlagung für die Gemeinde beginnt diese Frist mit dem Ablauf des Tages der Zustellung des besonderen Bescheides. Für das Finanzamt beginnt die Frist mit Ablauf des Tages der Absendung des besonderen Bescheides zur Zustellung an die übrigen Beteiligten.*

Art. 43 hat in Abs. II und IV gegenüber dem GewStG. 1921/23 eine andere Fassung erhalten. Abs. II, III und IV des GewStG. 1921/23 wurden Abs. III, V und VI Abs. VI des neuen Gesetzes hat gegenüber Abs. VI d. GewStG. 1921/23 eine Änderung des Wortlautes erfahren. S. Art. XIII AbändG. S. 246.

1. **Beschränkung der Rechtsmittel:** Bek. § 41 I. Bei der Veranlagung der Gewerbsteuer ist der nach den Bestimmungen des Reichsbewertungsgesetzes ermittelte Einheitswert des Betriebsvermögens zugrunde zu legen unter Berücksichtigung der Abzüge und Hinzurechnungen gemäß § 4 Abs. 2 RBewG. (s. S. 87). Die Rechtsmittel können also nicht darauf gestützt werden, daß das Betriebskapital bei der Veranlagung mit einem unzutreffenden Betrag angesetzt sei — über diese Frage wird im Bewertungsverfahren endgültig entschieden — sondern gemäß § 79 Abs. 2 RBewG. nur darauf, daß ein nicht zutreffender Betrag vom Einheitswert abgezogen oder zum Einheitswert hinzugerechnet worden ist.

2. Hiezu bemerkt die Begründung zum GewStG. 1921:

In Abs. II[1]) war nur das Einspruchs- oder Berufungsverfahren zu erwähnen, weil bei der Beschwerdeeinlegung die Wege sich bereits getrennt haben, Beschwerde zur Oberberufungskommission nur gegen Entscheidungen der Berufskommissionen zulässig sind, Zweifelsfälle also nicht mehr vorkommen können. Ebenso werden bei nicht gleichzeitiger Veranlagung sich Zweifelsfälle wohl nicht ereignen können.

Der in der Bek. § 41 II angezogene § 30 der Bek. ist zu Art. 22 abgedruckt.

3. **Berichtigungen und Änderungen von Amts wegen:** Bek. § 41 II. Es entspricht einem im Reichsbewertungsgesetz niedergelegten Grundsatz, daß jede Änderung des festgestellten Einheitswertes des Betriebskapitals, sei es, daß sie im Rechtsmittelverfahren oder im Wege der Neufeststellung nach § 75 RBewG. (s. S. 110) erfolgt, von Amts wegen bei der Gewerbsteuerveranlagung berücksichtigt wird.

Art. 44.[1])

Die Rechtsmittel gegen die Gewerbsteuerveranlagung finden auch statt, wenn die Veranlagung auf Schätzung beruht.

---

[1]) Jetzt Abs. III.

Bek. § 42.
(Zu Art. 44).

Nach § 210 AO. ist in den Fällen, in denen eine Schätzung notwendig geworden ist, weil der Steuerpflichtige Verpflichtungen, die ihm durch die Steuergesetze auferlegt sind, schuldhaft nicht genügt hat, und dies im Steuerbescheid festgestellt worden ist, wegen der Höhe der Schätzung nur Beschwerde an das Landesfinanzamt zulässig, das endgültig entscheidet. Diese Vorschrift kommt für die Gewerbsteuerveranlagung nicht zur Anwendung. Nach Art. 44 finden vielmehr die Rechtsmittel gegen die Gewerbsteuerveranlagung auch statt, wenn und soweit die Veranlagung auf Schätzung beruht.

Unverändert gegenüber Art. 44 GewStG. 1921/23.

1. Nach § 210 Abs. 3 AO. ist, wenn eine Schätzung notwendig geworden ist, weil der Steuerpflichtige Verpflichtungen, die ihm durch die Steuergesetze auferlegt sind, schuldhaft nicht genügt hat und dies im Steuerbescheid festgestellt ist, wegen der Höhe der Schätzung nur die Beschwerde an das Landesfinanzamt zulässig.

Das Gewerbsteuergesetz hat diese Beschränkung nicht übernommen. Einspruch, Berufung und Beschwerde finden vielmehr ohne Einschränkung auch dann statt, wenn die Veranlagung auf Schätzung beruht.

V. Steuerlisten.

Art. 45.[1])

Das Ergebnis der alljährlichen Veranlagung (Art. 13) ist in Steuerlisten auszuweisen. Die näheren Anordnungen über die Führung der Steuerlisten trifft das Staatsministerium der Finanzen.

Bek. § 43.
(Zu Art. 45).

Steuerlisten, Buchmäßige Behandlung. Einhebung und Verrechnung der Gewerbsteuer.

I *Die Gewerbsteuerliste ist tunlichst gleichzeitig mit der vereinigten Steuerliste (§§ 2, 11 Abs. 4 der Buchführungsordnung für die Einkommensteuer, Körperschaftsteuer, Vermögensteuer und Umsatzsteuer vom 16. Dezember 1924) und für den gleichen Zeitraum wie diese (§ 9 a. a. O.) aufzustellen. Die gewerbsteuerpflichtigen natürlichen und juristischen Personen und nichtrechtsfähigen Vereinigungen sind aus der vereinigten Steuerliste zu entnehmen. Jeder Gewerbsteuerpflichtige ist in der Gewerbsteuerliste mit der ihm nach der vereinigten Steuerliste zukommenden Steuernummer vorzutragen (§ 8 a. a. O.).*

II *Wegen eines Vordrucks für die Gewerbsteuerliste zu*
Anl. 6 [1]) *vgl. Anlage 6.*

III *Die Präsidenten der Landesfinanzämter können genehmigen, daß die vereinigte Steuerliste auch auf die Gewerbsteuer erstreckt wird. In diesem Falle hat die vereinigte Steuerliste hinsichtlich der Gewerbsteuer alle Angaben zu enthalten, die in die besonders geführte Gewerbsteuerliste nach dem hierfür vorgesehenen Vordruck (Abs. II) aufzunehmen sind, soweit diese Angaben nicht in einem den Gewerbsteuerakten beizugebenden Berechnungsbogen festgehalten und leicht ersichtlich gemacht werden (zu vgl. § 24). Die Veranlagungen, die zur Begründung der Umlagenpflicht nur vormerkungsweise erfolgen, sind in der Steuerliste getrennt vorzutragen.*

IV *Im übrigen kommen hinsichtlich der Gewerbsteuerliste und ihrer Führung die Bestimmungen der Buchführungsordnung vom 16. Dezember 1924 auch dann zur Anwendung, wenn eine besondere Gewerbsteuerliste aufgestellt wird. Die Präsidenten der Landesfinanzämter treffen hierüber die als notwendig erachteten Anordnungen.*

V *Das Ergebnis der Frühjahrs- und der Herbstveranlagungen (zu vgl. § 16 Abs. VI) ist in der Gewerbsteuerliste allenfalls in der vereinigten Steuerliste (Steuerliste V) auszuweisen. Wegen der Einrichtung und Führung der Gewerbsteuerliste und wegen der allenfallsigen Erstreckung der Steuerliste V auf die Gewerbsteuer wird auf Abs. I bis IV Bezug genommen.*

VI *Die Einhebung der in der Gewerbsteuerliste oder in der Steuerliste V eingetragenen veranlagten Steuerbeträge und der Vorauszahlungsbeträge (zu vgl. § 28 Abs. VII und § 44) erfolgt nach Maßgabe der Vorschriften der Buchführungsordnung vom 16. Dezember 1924 unter Benützung der dort vorgeschriebenen Einhebungsbehelfe (Sollkartei, Einnahmebücher).*

VII *Die bis zum Ende des Rechnungsjahres 1924 (31. März 1925 einschließlich) über die Gewerbsteuer geführten Sollbücher sind nach den bisherigen Vorschriften zu führen und abzuschließen. Die verbleibenden Rückstände sind in die Sollkartei zu übernehmen.*

VIII *Die bei der Gewerbsteuerveranlagung für 1925 (für die Steuerpflichtigen, deren Steuerabschnitt in der Zeit vom 1. April 1925 bis einschließlich 31. Dezember 1925 geendet hat) sich ergebenden Abschlußzahlungen und Erstattungen können in den Sollbüchern für 1925, die auch die entsprechenden Vorauszahlungsbeträge enthalten, durchgeführt werden. Dagegen werden die auf einen im Kalenderjahr 1926*

[1]) Nicht abgedruckt, da nur für die Finanzämter von Bedeutung.

endenden Steuerabschnitt treffenden Gewerbsteuervorauszahlungen in die Sollkartei für 1926 zu übernehmen sein.

IX *Die Präsidenten der Landesfinanzämter treffen wegen der Übernahme der Buchführungsordnung für die Gewerbsteuer die erforderlichen Anordnungen. Sie werden dabei insbesondere die im Abs. 3 der Bekanntmachung des Staatsministeriums der Finanzen vom 15. Mai 1926 Nr. 25504, FMBl. S. 34, vorbehaltenen Maßnahmen vorsehen, durch die beginnend von der Gewerbsteuerveranlagung für 1925 ab die ordnungsmäßige Sollstellung und Einhebung der Vorauszahlungen und Abschlußzahlungen durch die Finanzämter gewährleistet wird. Die ergehenden Anordnungen sind dem Staatsministerium der Finanzen zur Kenntnis zu bringen.*

X *Innerhalb eines Monats nach Abschluß der Frühjahrs- und der Herbstveranlagung haben die Finanzämter das bei diesen Veranlagungen festgesetzte Steuersoll, ausgeschieden nach Betriebskapitalsanlage, Ertragsanlage und Gesamtergebnis anzuzeigen. Das Landesfinanzamt fertigt für seinen Bezirk eine Zusammenstellung des Steuersolls der einzelnen Finanzämter und legt sie alsbald dem Staatsministerium der Finanzen vor. Die Zuschläge nach Art. 7 Abs. IV sind in diesen Anzeigen in einer besonderen Spalte neben dem Gesamtergebnis der Veranlagung getrennt auszuweisen.*

XI *Nachdem die Gewerbsteuer nicht mehr für das Rechnungsjahr sondern für den Steuerabschnitt veranlagt und erhoben wird (Art. 13 Abs. I, § 16 Abs. II), und für die Einhebung der Gewerbsteuer nunmehr die Vorschriften der Buchführungsordnung maßgebend sind, entfällt die Möglichkeit der Aufstellung eines Gewerbsteuersolls für ein Rechnungsjahr in der bisherigen Weise. In der Nebenrechnung 3 (Spalte 6 und 7) sind daher künftig als Soll- und wirkliche Einnahme an Gewerbsteuer des laufenden Jahres die während des Rechnungsjahrs (1. April eines Jahres bis 31. März des folgenden Jahres) eingegangenen Gewerbsteuervorauszahlungen und -Abschlußzahlungen sowie die vereinnahmten Rückstände einzustellen. Die bezügliche Summe ist auf Grund des Abschlusses der Einnahmebücher für den das Rechnungsjahr umfassenden Zeitraum zu ermitteln. Eine Zusammenstellung dieser Abschlüsse der Einnahmebücher ist der Nebenrechnung 3 als Beleg beizugeben. Rückstände und Nachlässe aus dem laufenden Jahre werden in der Rechnung nicht mehr ausgewiesen. Für das Rechnungsjahr 1926 umfaßt das Gewerbsteuersoll des laufenden Jahres nur die Einnahmen in der Zeit vom 1. Juni 1926 mit 31. März 1927 (zu vgl. Bek. des Staatsministeriums der Finanzen vom 15. Mai 1926 Nr. 25504, FMBl. S. 34).*

XII *Hinsichtlich der Verrechnung der Gewerbsteuer für das Rechnungsjahr 1925 verbleibt es bei den Vorschriften der erwähnten Bekanntmachung vom 15. Mai 1926 Nr. 25504.*

Art. 45 hat gegenüber Art. 45 GewStG. 1921/23 eine neue Fassung erhalten. S. Art. XIV AbändG. S. 246.

1. Hiezu bemerkt die Begründung:

„Art. 13 sieht in der neuen Fassung des Entwurfs vor, daß bei der Gewerbsteuer wie bei der Einkommensteuer und bei der Körperschaftssteuer der Ermittlungszeitraum und der Erhebungszeitraum künftig zusammenfallen. Diese Änderung bedingt besondere Anordnungen wegen der Führung der Steuerliste. Da es sich hier nur um den formellen Gesetzesvollzug handelt, sind diese Anordnungen in die Vollzugsvorschriften zu verweisen."

VI. Vorauszahlungen und Abschlußzahlung, Zugänge und Abgänge von Gewerben.

Vorauszahlungen.

Art. 46.[1])

I Bis zum Empfang eines Steuerbescheids (Art. 22) für einen Steuerabschnitt hat der Steuerpflichtige auf die Steuerschuld dieses Abschnitts nach Maßgabe der zuletzt festgestellten Steuerschuld Vorauszahlungen zu entrichten. Die Höhe der Vorauszahlungen und den Zeitpunkt ihrer Entrichtung bestimmt das Staatsministerium der Finanzen in Angleichung an die jeweils ergehenden reichsrechtlichen Vorschriften.[2]) Eine Vorauszahlung gilt als Vorauszahlung für den Steuerabschnitt, in den der maßgebende Zahlungstag fällt.[3])

II Ist der Steuerabschnitt, für den der Steuerbescheid (Art. 22) erteilt wird, kürzer als ein Jahr, so sind die Vorauszahlungen hinsichtlich der Betriebskapitalsanlage nach der ungekürzten Jahressteuerschuld (Art. 13 Abs. III), hinsichtlich der Ertragsanlage aber nach der Steuer festzusetzen, die sich ergibt, wenn der dem Steuerbescheid zugrunde liegende gewerbliche Reinertrag in einen Jahresertrag umgerechnet wird.[4])

1. Neufestsetzung.

a) Bei Veränderungen des Betriebskapitals.

III Verändert sich der Einheitswert des Betriebskapitals während eines Steuerabschnitts infolge Neufeststellung (§ 75 des Reichsbewertungsgesetzes), so sind die Vorauszahlungen hinsichtlich der Betriebskapitalsanlage unter Berücksichtigung der Vorschrift in Abs. II dementsprechend neu festzusetzen, wenn die Änderung der Vorauszahlungsschuldigkeit für den Rest des Steuerabschnitts mindestens zehn Reichsmark beträgt.[5])

b) Bei Erhöhung des gewerblichen Reinertrags.

IV Erhöht sich der gewerbliche Reinertrag für einen Steuerabschnitt gegenüber dem zuletzt festgestellten Betrag voraussichtlich um mehr als den fünften Teil, mindestens aber um 2000 Reichsmark, so können die gemäß Abs. I zu entrichtenden Vorauszahlungen hinsichtlich der Ertragsanlage neu festgesetzt werden.[6])

2. Stundung.

V Macht ein Steuerpflichtiger glaubhaft, daß sich der gewerbliche Reinertrag für einen Steuerabschnitt gegenüber dem zuletzt festgestellten Betrag voraussichtlich um mehr als den fünften Teil, mindestens aber um 1000 Reichsmark vermindern wird, so ist ihm auf Antrag der auf den wahrscheinlichen Betrag der Verminderung entfallende Teil der Vorauszahlungen auf die Ertragsanlage zu stunden.[7])

3. Festsetzung bei Neubegründung der Steuerpflicht.

VI Ist die Steuerpflicht neu begründet worden, so sind die bis zum Empfang des ersten Steuerbescheids gemäß Abs. I zu entrichtenden Vorauszahlungen nach dem Einheitswert des Betriebskapitals, der im Wege der Nachfeststellung festgestellt wird oder festzustellen wäre (§ 76 des Reichsbewertungsgesetzes), sowie nach dem gewerblichen Reinertrag festzusetzen, der in dem auf die Begründung der Steuerpflicht folgenden Jahr mutmaßlich erzielt werden wird. Im übrigen finden auf die Ermittlung des gewerblichen Reinertrags die Vorschriften über die Veranlagung entsprechende Anwendung. Die Vorauszahlungen sind in Bruchteilen der nach einer Jahresschuld zu berechnenden Steuer festzusetzen.[8])

VII Die Festsetzung nach Abs. II—VI erfolgt durch das Finanzamt, eine Mitwirkung der Ausschüsse nach § 25 der Reichsabgabenordnung ist nicht erforderlich.[9])

4. **Vorauszahlungsbescheid.**

VIII Über die Höhe der Vorauszahlungen (Abs. I—VI) erteilt das Finanzamt dem Steuerpflichtigen einen schriftlichen Bescheid. Der Bescheid über die Vorauszahlungen kann mit dem Steuerbescheid im Sinne des Art. 22 verbunden werden.[10])

IX Gegen die Entscheidung über die Vorauszahlungen ist nur die Beschwerde gegeben (§§ 224, 281 der Reichsabgabenordnung).

Abschlußzahlung und Erstattung von Vorauszahlungen.

X Die Vorauszahlungen (Abs. I—VI) werden auf die nach Art. 13 für den Steuerabschnitt festgesetzte Steuerschuld angerechnet. Soweit diese Steuerschuld die angerechneten Beträge übersteigt, ist sie innerhalb eines Monats nach Zustellung des Steuerbescheids zu entrichten (Abschlußzahlung). Die Verpflichtung, rückständige Beträge schon vorher zu entrichten, bleibt unberührt. Soweit die angerechneten Beträge die Steuerschuld übersteigen, sind sie nach der Veranlagung bis zur Höhe der geleisteten Vorauszahlungen zu erstatten, sobald die Veranlagung unanfechtbar geworden ist.[11])

Sicherheit für die Abschlußzahlung.

XI Beim Erlöschen eines Gewerbes, abgesehen von dem Erlöschen infolge Todesfalls, hat der Steuerpflichtige spätestens bis zum Zeitpunkt des Wegfalls Sicherheit für die Abschlußzahlung zu leisten. In diesem Falle kann das Finanzamt die Steuer auch in einem Pauschbetrag festsetzen. Eine Mitwirkung der Ausschüsse nach § 25 der Reichsabgabenordnung ist nicht erforderlich. Gegen Entscheidungen über die Festsetzung ist nur die Beschwerde gegeben (§§ 224, 281 der Reichsabgabenordnung).[12])

Bek. § 44.

(Zu Art. 46).

Vorauszahlungen, Abschlußzahlung.

I *Bis zum Empfang eines Steuerbescheids (Art. 22, § 30) für einen Steuerabschnitt hat der Steuerpflichtige auf die Steuerschuld dieses Abschnitts nach Maßgabe der zuletzt fest-*

gesetzten Steuerschuld Vorauszahlungen zu entrichten. Auf Grund des Art. 46 Abs. I Satz 2 wird bestimmt, daß diese Vorauszahlungen mit je einem Viertel dieser Steuerschuld am 10. Januar, 10. April, 10. Juli und 10. Oktober zu leisten sind. Sind hiervon abweichend die Vorauszahlungstermine für die Einkommensteuer oder für die Körperschaftsteuer oder die Verteilung dieser Vorauszahlungen auf die einzelnen Termine bei einem Gewerbsteuerpflichtigen nach den Vorschriften in § 114 Abs. 1a, §§ 116, 117 E.St.A.B., § 100 Abs. 1a, §§ 102, 103 K.St.A.B. geregelt, so ist diese abweichende Regelung auch für die Entrichtung der Gewerbsteuervorauszahlungen maßgebend. Der Jahresbetrag der Vorauszahlungen ist auf einen durch vier teilbaren vollen Reichsmarkbetrag nach unten abzurunden.

II *Die Steuerschuld, nach der sich diese Vorauszahlungen bemessen (Abs. 1), kann im Veranlagungsbescheid, in einer Rechtsmittelentscheidung oder einer anderweitigen Abänderung des Veranlagungsbescheids festgesetzt sein. Die Festsetzung der Steuer durch Veranlagungsbescheid, Rechtsmittelentscheidung usw., hat hinsichtlich der Vorauszahlungen keine rückwirkende Kraft; sie gilt erstmalig für den auf die Zustellung des Steuerbescheids folgenden Vorauszahlungstermin. Eine Abänderung des Veranlagungsbescheids (einer Rechtsmittelentscheidung) ist nur dann ohne Einfluß auf die Höhe der Vorauszahlungen, wenn bereits die Veranlagung für einen späteren Steuerabschnitt vorgenommen worden ist.*

III *Der Steuerpflichtige hat auf Grund der maßgebenden Steuerfestsetzung Vorauszahlungen zu leisten, bis ihm ein neuer Steuerbescheid oder ein Vorauszahlungsbescheid zugegangen ist.*

IV *Eine Vorauszahlung gilt als Vorauszahlung für den Steuerabschnitt, in den der maßgebende Zahlungstag fällt (Art. 46 Abs. I Satz 3).*

V *Bezieht sich die zuletzt festgesetzte Steuerschuld auf einen Steuerabschnitt, der kürzer als ein Jahr ist, so sind die Vorauszahlungen im Jahresbetrag nicht mit der für diesen Steuerabschnitt festgesetzten Steuerschuld festzusetzen (zu vgl. Abs. I), sondern hinsichtlich der Betriebskapitalsanlage nach der ungekürzten Jahressteuerschuld, hinsichtlich der Ertragsanlage aber nach der Steuer, die sich ergibt, wenn der gewerbliche Reinertrag des bezeichneten Steuerabschnitts auf einen Jahresertrag umgerechnet wird (Art. 46 Abs. II, § 121 E.St.A.B., § 106 K.St.A.B.).*

VI *Nach Art. 13 Abs. I erfolgt die Veranlagung der Gewerbsteuer nach dem Einheitswerte des Betriebskapitals, der für den Feststellungszeitraum, in dem der Steuerabschnitt endet, nach den Vorschriften des Reichsbewertungsgesetzes festzustellen ist oder festzustellen wäre. Es liegt sonach der Festsetzung der Gewerbsteuerschuld für einen Steuerabschnitt die Einheitswertfeststellung des Betriebskapitals zugrunde, die als letzte vor dem Ende des maßgebenden Steuerabschnitts wirksam geworden ist, deren Feststellungszeitpunkt also unmittelbar vor dem Ende dieses Steuerabschnitts liegt (zu vgl. § 16 Abs. III). In der Regel wird jener Einheitswert maßgebend sein, der bei der Hauptfeststellung für den Beginn des Kalenderjahrs, in das das Ende des Steuerabschnitts fällt, festgesetzt worden ist. Dieser der Festsetzung der Steuerschuld für einen Steuerabschnitt und damit zufolge der Vorschrift in Art. 46 Abs. I Satz 1 auch der Festsetzung der Vorauszahlungen für den folgenden Steuerabschnitt zugrunde liegende Einheitswert des Betriebskapitals bleibt aber nur dann während des ganzen Steuerabschnitts unverändert, wenn dieser Steuerabschnitt mit dem Kalenderjahr zusammenfällt und keine Neufeststellung nach § 75 R.Bew.G. stattfindet. In den übrigen Fällen kann sich der Einheitswert des Betriebskapitals durch eine Hauptfeststellung für den Beginn des Kalenderjahrs, der in den Steuerabschnitt fällt, oder durch eine vor dem Ende des Steuerabschnitts wirksam werdende Neufeststellung ändern. Das Gesetz hat davon abgesehen, der während eines Steuerabschnitts durch eine Hauptfeststellung eingetretenen Änderung des Einheitswerts des Betriebskapitals einen Einfluß auf die bereits festgesetzten Vorauszahlungen einzuräumen. Der erforderliche Ausgleich erfolgt in solchen Fällen erst bei der Veranlagung für den Steuerabschnitt. Dagegen sind die Vorauszahlungen hinsichtlich der Betriebskapitalsanlage im Falle einer Neufeststellung des zugrunde liegenden Einheitswerts der Veränderung dieses Einheitswerts entsprechend nach einem Jahresbetrag unter Berücksichtigung des Grundsatzes, daß der tarifmäßige Betrag der Betriebskapitalsanlage stets eine Jahressteuerschuld darstellt (Art. 13 Abs. III, Art. 46 Abs. II, § 16 Abs. V) neu festzusetzen, jedoch nur unter der Voraussetzung, daß die Änderung der Vorauszahlungsschuldigkeit für den Rest des Steuerabschnitts zugunsten oder zuungunsten des Steuerpflichtigen mindestens 10 RM ausmacht (Art. 46 Abs. III).*

VII *Im übrigen ist der Jahresbetrag der Vorauszahlungen anderweitig festzusetzen, wenn anzunehmen ist, daß sich im laufenden Steuerabschnitt gegenüber dem vorangegangenen Steuerabschnitt wesentliche Änderungen des gewerblichen Reinertrags ergeben. Der Jahresbetrag der Vorauszahlungen ist der mutmaßlichen Steuerschuld für den laufenden Steuerabschnitt anzugleichen. Näheres hierüber siehe Abs. VIII und IX.*

VIII *Die Vorauszahlungen können erhöht werden, wenn sich der gewerbliche Reinertrag des Steuerpflichtigen für den Steuerabschnitt gegenüber dem zuletzt festgestellten Betrag voraussichtlich um mehr als den fünften Teil, mindestens aber um 2000 RM erhöht. Das Finanzamt kann schon bei der Veranlagung die Vorauszahlungen erhöhen, insbesondere dann, wenn der Steuerpflichtige im letzten Steuerabschnitt einen besonderen Verlust nachgewiesen hat, der sich voraussichtlich im laufenden Steuerabschnitt nicht wiederholt, wenn infolge Ausdehnung des Betriebs oder infolge günstiger Ertragsverhältnisse der gewerbliche Reinertrag des laufenden Steuerabschnitts sich voraussichtlich erhöht, endlich wenn in den Vermögensverhältnissen eines Steuerpflichtigen durch Kapitalserhöhung, Vergrößerung des Betriebs usw. eine wesentliche Änderung eingetreten ist, die voraussichtlich eine Erhöhung des gewerblichen Reinertrags zur Folge hat (Art. 46 Abs. IV).*

IX *Die Vorauszahlungen können herabgesetzt werden, wenn der gewerbliche Reinertrag des Steuerpflichtigen für den Steuerabschnitt gegenüber dem zuletzt festgestellten Reinertrag voraussichtlich um mehr als den fünften Teil, mindestens aber um 1000 RM niedriger ist. Die Herabsetzung erfolgt regelmäßig auf Antrag im Wege der zinslosen Stundung (Art. 46 Abs. V). Steht schon bei der Veranlagung fest, daß die Voraussetzungen für die Herabsetzung vorliegen, so kann das Finanzamt die Vorauszahlungen bereits bei der Veranlagung niedriger festsetzen. Eine niedrigere Festsetzung kommt insbesondere in Frage, wenn sich die Ertragsverhältnisse im laufenden Steuerabschnitt gegenüber den Ertragsverhältnissen im vorangegangenen Steuerabschnitt erheblich verschlechtert haben. Sie kommt ferner in Frage, wenn in dem gewerblichen Ertrag des Steuerpflichtigen einmalige Einkünfte enthalten sind, von denen anzunehmen ist, daß sie im laufenden Steuerabschnitt nicht wiederkehren werden. Das Verfahren wegen Erhöhung oder Herabsetzung der Vorauszahlungen auf die Gewerbsteuer wird zweckmäßig mit dem Verfahren wegen Erhöhung oder Herabsetzung der Einkommensteuer- oder der Körperschaftsteuervorauszahlungen zu verbinden sein.*

X *Ist die Steuerpflicht neu begründet worden, so setzt das Finanzamt die bis zum Empfang des ersten Steuerbescheids nach Abs. I zu entrichtenden Vorauszahlungen fest nach dem Einheitswerte des Betriebskapitals, der im Wege der Nachfeststellung festgestellt wird oder festzustellen wäre (§ 76 R.Bew.G.), sowie nach dem gewerblichen Reinertrag, der in dem auf die Begründung der Steuerpflicht folgenden Jahre mutmaßlich erzielt werden wird (Art. 46 Abs. VI). Bei der Ermittlung des gewerblichen Reinertrags finden die Vor-*

schriften über die Veranlagung entsprechende Anwendung (§§ 11 bis 14). Die Vorauszahlungen sind in Bruchteilen der nach einer Jahresschuld zu berechnenden Steuer festzusetzen. Die Festsetzung gilt solange, bis dem Steuerpflichtigen ein neuer Steuerbescheid oder Vorauszahlungsbescheid zugegangen ist.

XI *Bei der Festsetzung der Vorauszahlungen brauchen die Ausschüsse nicht mitzuwirken. Das Finanzamt kann jedoch den zuständigen Ausschuß gutachtlich hören. Dies soll insbesondere dann geschehen, wenn die Vorauszahlungen gleichzeitig mit der Veranlagung festgesetzt werden.*

XII *Die Höhe der Vorauszahlungen und die Vorauszahlungstermine (Abs. I) werden dem Steuerpflichtigen grundsätzlich mit dem Steuerbescheid (§ 30) mitgeteilt. Ergibt sich aus einem Steuerbescheid (Rechtsmittelbescheid) nicht die Höhe der Vorauszahlungen, so hat das Finanzamt dem Steuerpflichtigen die Höhe der Vorauszahlungen mitzuteilen und anzugeben, an welchem Vorauszahlungstermin erstmalig die Vorauszahlungen in der veränderten Höhe zu leisten sind. Werden die Vorauszahlungen nicht gleichzeitig mit der Steuerveranlagung festgesetzt, so hat das Finanzamt dem Steuerpflichtigen einen Vorauszahlungsbescheid zu erteilen. Muster 25 zu § 127 E.St.A.B. und Muster 17 zu § 112 K.St.A.B. können entsprechend mit den erforderlichen Änderungen — zu vgl. § 30 Abs. II — verwendet werden, wenn nicht mit Genehmigung des Präsidenten des Landesfinanzamts die Vorauszahlungsbescheide für die Einkommensteuer und für die Körperschaftsteuer auf die Gewerbsteuer erstreckt werden. Der Vorauszahlungsbescheid gilt erstmals für den auf seine Zustellung folgenden Vorauszahlungstermin; die Festsetzung und insbesondere ihre Abänderung durch eine Rechtsmittelentscheidung kann jedoch mit rückwirkender Kraft ausgestattet werden.*

XIII *Auf die nach Art. 13 für den Steuerabschnitt festgesetzte Steuerschuld sind die nach Abs. I bis X auf die Steuerschuld des Steuerabschnitts geleisteten Vorauszahlungen anzurechnen. Soweit die Steuerschuld die anzurechnenden Beträge übersteigt, ist sie innerhalb eines Monats nach Zustellung des Steuerbescheids zu entrichten (Abschlußzahlung). Die Verpflichtung, rückständige Beträge schon vorher zu entrichten, bleibt unberührt. Sind die für den Steuerabschnitt anzurechnenden Beträge höher als die festgesetzte Steuerschuld, so ist dem Steuerpflichtigen der Unterschiedsbetrag bis zur Höhe der geleisteten Vorauszahlungen zu erstatten. Die Erstattung kann sofort nach der Veranlagung erfolgen, es sei denn, daß der Vorsteher des Finanzamts gegen die Veranlagung ein Rechtsmittel eingelegt hat. Ein Rechtsanspruch des Steuerpflichtigen auf Erstattung von Vorauszahlungen besteht erst dann, wenn die Veranlagung unanfechtbar geworden ist (Art. 46 Abs. X). § 131 E.St.A.B. und § 116 K.St.A.B. finden Anwendung.*

Bek. § 45.

(Zu Art. 46).

Steuerentrichtung.

I *Die Schuldigkeiten an Gewerbsteuer sind, auch wenn der Schuldner eine öffentliche Kasse ist, Bringschulden und daher an der Finanzamtskasse zu bezahlen.*

II *Vorauszahlungen bereits berechneter Gewerbsteuerschuldigkeiten sind von den Finanzämtern jederzeit anzunehmen. Ebenso haben die Finanzämter nachträgliche Zahlungen an bereits abgeschriebenen oder niedergeschlagenen Steuern jederzeit anzunehmen.*

III *Wegen der Beitreibung der Steuern wird auf Art. 39 des Gesetzes zum Vollzuge des Finanzausgleichsgesetzes vom 28. April 1924 (GVBl. S. 157) und auf den zweiten Teil, fünften Abschnitt der Reichsabgabenordnung ferner auf die Beitreibungsordnung vom 23. Juni 1923 (Reichsministerialblatt S. 595) verwiesen.*

IV *Die mit der Steuererhebung beauftragten Kassen haben auf Grund der ihnen zugegangenen Unterlagen den rechtzeitigen Steuereingang in geeigneter Weise zu betreiben.*

V *Das Finanzamt oder die vom Finanzamt hiermit beauftragte Kasse hat Anfang Januar, April, Juli und Oktober durch öffentliche Bekanntmachung oder in sonst geeigneter Weise zur Entrichtung der fälligen Vorauszahlungen (Art. 46, § 44) aufzufordern. In der Bekanntmachung ist darauf hinzuweisen, daß durch die Einlegung von Rechtsmitteln die Erhebung der angeforderten Steuern nicht aufgehalten wird. Die Aufforderung soll tunlichst mit der Aufforderung zur Entrichtung der Einkommensteuer- und der Körperschaftsteuervorauszahlungen verbunden werden.*

VI *Die Finanzämter sind befugt, zahlungswilligen Pflichtigen, die zur rechtzeitigen Entrichtung der Gewerbsteuer nicht im Stande sind, Stundung zu gewähren. Stundungen für länger als ein Jahr bedürfen der Genehmigung des Landesfinanzamts (der Landesmittelstelle). Die Stundung soll in der Regel nur gegen Sicherheitsleistung und unter Berechnung von Zinsen (§ 105 Abs. 2 AO.) erfolgen. Die Finanzbehörde, die zur Bewilligung von Stundung zuständig ist, bestimmt, sofern sie nicht zinslose Stundung gewährt, bei Bewilligung der Stundung den Zinsfuß, zu dem der gestundete Betrag zu verzinsen ist. Für die Höhe des Zinsfußes sind jeweils die für die Verzinsung gestundeter Einkommensteuern bestehenden Vorschriften maßgebend (zurzeit Art. I der vierten Verordnung des Reichsministers der Finanzen zur Änderung der*

Steuerzinsverordnung vom 15. Juli 1926, RGBl. I S. 412, zu vgl. auch Bekanntmachung des Staatsministeriums der Finanzen vom 25. Juli 1926 über Verzugs- und Stundungszinsen, GVBl. S. 382). Kann hiernach der Zinsfuß innerhalb eines bestimmten Rahmens bemessen werden, so richtet sich die Festsetzung des Zinsfußes im Einzelfalle nach der allgemeinen wirtschaftlichen Lage und den besonderen Umständen des Falles. In der Verfügung, durch die Stundung gegen Verzinsung bewilligt wird, ist, sofern nicht der Höchstsatz des Zinsfußes bestimmt wird, die Heraufsetzung des Zinsfußes für die Zukunft vorzubehalten.

VII *Das Finanzamt kann außerdem die Entrichtung der Gewerbsteuer in Teilbeträgen (§ 106 AO.) gestatten.*

VIII *Dem Eingang der im Rückstand gebliebenen Gewerbsteuer ist besondere Aufmerksamkeit zuzuwenden, insbesondere ist auch auf rechtzeitigen Eingang der gestundeten Beträge und bewilligten Teilzahlungen zu achten; die zur Beitreibung der rückständigen Steuern geeigneten oder erforderlichen Maßnahmen sind rechtzeitig zu treffen.*

IX *Gewerbsteuern dürfen niedergeschlagen werden, wenn feststeht, daß die Beitreibung keinen Erfolg haben wird, oder wenn die Kosten der Beitreibung außer Verhältnis zu dem geschuldeten Betrage stehen (Art. 63, § 107 AO.). Zur Niederschlagung sind die Finanzämter zuständig. Soll die Niederschlagung deshalb erfolgen, weil feststeht, daß die Beitreibung keinen Erfolg haben wird, so ist dazu die Genehmigung des Landesfinanzamts (der Landesmittelstelle) erforderlich, wenn der niederzuschlagende einfache Gewerbsteuerbetrag, also ohne Einrechnung des Zuschlags nach Art. 7 Abs. IV, jedoch mit Einrechnung der Kreisumlagen die Summe von 10 RM übersteigt. Das Verfahren bei der Niederschlagung richtet sich im übrigen nach den Vorschriften der Beitreibungsordnung vom 23. Juni 1923 (Reichsministerialblatt S. 595). Vor der Niederschlagung ist vom Finanzamt zu prüfen, ob nicht für einen Teil der Steuerschuld eine Haftung nach Art. 4 oder 5 gegeben ist.*

Die Übernahme der auf die Vorauszahlungen bezüglichen Vorschriften von Art. 13 in Art. 46 und die Einführung des Steuerabschnitts als Erhebungszeitraum veranlaßten eine dem neuen Inhalt des Art. 46 und 47 entsprechende Änderung der Überschrift des Abschnitts VI. (Begr.) Art. 46 ist gegenüber dem Art. 46 GewStG. 1921/23 neu gefaßt. S. Art. XV u. XVI AbändG. S. 246.

1. **Allgemeines**: Die Übernahme des Steuerabschnitts für die Gewerbsteuer auch als Erhebungszeitraum bringt es mit sich, daß die Vorschriften über die Vorauszahlungen und über die Abschlußzahlung aufs engste an die einschlägigen Vorschriften des

Einkommensteuergesetzes (§§ 95, 97—102), die nach § 24 des Körperschaftssteuergesetzes auch für die Körperschaftssteuer gelten, angeschlossen wurden.

2. Bemessung, Höhe und Termine der Vorauszahlungen: Bek. § 44 I–III. Grundlage ist stets die zuletzt festgestellte Steuerschuld. Die neuen Vorauszahlungsbestimmungen kommen jedoch erst ab Zustellung des Gewerbsteuerbescheides für 1925 in Betracht. Bis zu diesem Zeitpunkt haben die Gewerbsteuerpflichtigen die Vorauszahlungen entweder in Anlehnung an die Einkommen- oder Körperschaftssteuervorauszahlungen oder in Höhe der am 10. April 1926 geschuldeten Gewerbsteuervorauszahlung zu entrichten. Bei Härten, die sich hieraus ergeben, können die Finanzämter auf Antrag die Vorauszahlungen bis zur Zustellung des Gewerbsteuerbescheides für 1925 ganz oder teilweise stunden. Für die etwaige Teilzahlung bildet die aus dem Steuerbescheid oder aus der Steuererklärung sich ergebende Höhe des gewerblichen Einkommens für 1925 einen Anhaltspunkt. Das gleiche gilt sinngemäß für die Gewerbsteuervorauszahlung der Körperschaften.

3. Verrechnung der Vorauszahlungen: Bek. § 44 IV. Bei der Einkommensteuer gelten die nach Ablauf des Kalendervierteljahrs zu entrichtenden Vorauszahlungen als Vorauszahlungen für dieses abgelaufene Kalendervierteljahr. Die nunmehr im Gewerbsteuergesetz vorliegende abweichende Vorschrift wurde gemäß Art. 62 Abs. II Ziff. 3 des GewStG. durch Bekanntmachung des Staatsmin. d. Fin. vom 21. Oktober 1926 Nr. 52045 (Bayer. Staatsanzeiger Nr. 246 vom 23. Okt. 1926) aufgehoben und dem Einkommensteuergesetz angeglichen. Die Bekanntmachung lautet:

> „Soweit die Gewerbsteuervorauszahlungen nach Maßgabe der Vorschriften in § 44 Abs. I der Bekanntmachung vom 27. August 1926 am 10. Januar, 10. April, 10. Juli und 10. Oktober zu leisten sind, gelten die Vorauszahlungen als Vorauszahlungen für den Steuerabschnitt, in den der Schluß des vergangenen Monats fällt.
>
> Diese Bestimmung findet erstmalig Anwendung auf die Veranlagung für das Kalenderjahr 1925 oder die in diesem Kalenderjahr endenden Steuerabschnitte.
>
> Hienach stellen sich in dem im § 60 Abs. II Ziff. 2 der Vollzugsbekanntmachung vom 27. Okt. 1926 angeführten Beispiele die am 10. Oktober 1925 fällig gewordenen Vorauszahlungen noch als Vorauszahlungen für den am 30. September 1925 endenden Steuerabschnitt dar."

4. Bek. § 44 V. Bezieht sich die zuletzt festgestellte Steuerschuld auf einen Steuerabschnitt, der kürzer ist als ein Jahr, so ist bei Fortdauer der Steuerpflicht der Festsetzung der Vorauszahlungen nicht der im Steuerbescheid festgesetzte Betrag der Betriebskapitalsanlage, sondern der sich hieraus errechnende Jahresbetrag dieser Steuer zugrunde zu legen. Bezüglich der Ertragsanlage siehe § 97 EStG. mit § 121 EStAB.

5. Neufestsetzung bei Veränderung des Betriebskapitals: Bek. § 44 VI. Die Vorschrift geht von dem Grundsatz aus, daß der Steuerpflichtige jeweils die Vorauszahlungen an Betriebskapitalsanlage entrichten soll, die der letzten Feststellung des Einheitswerts des Betriebskapitals entsprechen.

6. Neufestsetzung bei Erhöhung des gewerblichen Reinertrags: Bek. § 44 VII und VIII.

7. Verringerung des gewerblichen Reinertrags, Stundung von Vorauszahlungen: Bek. § 44 IX.

8. Festsetzung bei Neubegründung der Steuerpflicht: Bek. § 44 X. Die Vorschriften stimmen im wesentlichen mit den Vorschriften in Art. 46 Abs. I und II GewStG. 1921/23 und § 98 EStG. überein, jedoch mit dem Abmaße, daß für die Festsetzung der Betriebskapitalsanlage der im Wege der Nachfeststellung festgestellte Einheitswert (§ 76 RBewG.) zugrunde zu legen ist (Begr.).

9. Mitwirkung der Ausschüsse: Bek. § 44 XI.

10. Vorauszahlungsbescheid: Bek. § 44 XII. Die ausdrückliche Vorschrift, daß in allen Fällen über die Höhe der Vorauszahlungen dem Steuerpflichtigen ein schriftlicher Bescheid zu erteilen ist, ist gegenüber den aus Art. 13 GewStG. 1921/23 übernommenen Vorschriften neu. Die gleiche Anordnung trifft § 101 des EStG. für die Einkommensteuervorauszahlungen und § 24 des KStG. für die Körperschaftssteuervorauszahlungen.

11. Abschlußzahlung und Erstattung von Vorauszahlungen: Bek. § 44 XIII.

12. Sicherheit für die Abschlußzahlung: Entspricht dem § 103 des EStG. Die Begründung bemerkt hiezu: Die Übernahme der Vorschrift des § 103 des StG. erweist sich schon mit Rücksicht darauf als notwendig, daß in solchen Fällen die Einkommensteuer in einem Pauschbetrag festgesetzt werden kann, Unterlagen für die Berechnung der Ertragsanlage also unter Umständen überhaupt nicht zur Verfügung stehen.

Art. 47.[1])

Zugangsanzeige.

I Die für die gewerbepolizeilichen Anzeigen des Gewerbebeginns zuständige Behörde hat von den Gewerbezugängen dem Finanzamte Mitteilung zu machen.

II Soweit solche Anzeigen nicht vorgeschrieben sind, hat der Unternehmer den Gewerbezugang dem Finanzamt oder

der Gemeindebehörde behufs Übermittelung an das Finanzamt anzuzeigen.

Abgangsanzeige.

III Anzeigen über erloschene Gewerbe sind von den Beteiligten beim Finanzamt oder bei der Gemeindebehörde behufs Übermittelung an das Finanzamt zu erstatten.

IV Die zum Vollzuge weiter erforderlichen Anordnungen, insbesondere wegen der Abgabe der Steuererklärungen, trifft das Staatsministerium der Finanzen.

Bek. § 46

(Zu Art. 47).

I *Auf Grund des Art. 47 wird angeordnet, daß die Gemeindebehörden jeden Fall, in dem im Laufe des Kalenderjahrs ein Gewerbe neu entstanden ist (Art. 46 Abs. VI) und in dem der Gemeindebehörde nicht bereits eine Anzeige des Pflichtigen nach Art. 47 Abs. II vorliegt, dem Finanzamt anzuzeigen haben und zwar gleichviel, ob die Gemeindebehörde hiervon auf Grund der Meldevorschriften und ihrer gewerbepolizeilichen Tätigkeit oder aus einem anderen Anlasse Kenntnis bekommen hat. Das Gleiche gilt von den Fällen, in denen im Laufe des Kalenderjahrs ein Gewerbe erloschen ist. Soferne nicht für einzelne Gemeinden mit Genehmigung des Landesfinanzamts (der Landesmittelstelle) eine anderweitige Vereinbarung zwischen Finanzamt und Gemeindebehörde getroffen wird, sind diese Anzeigen von der Gemeinde für jeden Einzelfall auf gesondertem Bogen zu erstatten, sobald das für die Steuerpflicht maßgebende Ereignis eingetreten ist. Die Anzeigen sind fortlaufend für jedes Kalenderjahr zu numerieren.*

II *Weiter wird angeordnet, daß die mit der Behandlung des polizeilichen Meldewesens betrauten Behörden die anmeldenden Personen auf die Gewerbsteuerpflicht der neu entstandenen Gewerbe ausdrücklich hinzuweisen haben.*

Unverändert gegenüber Art. 47 GewStG. 1921/23.

1. Die Gewerbsteuerpflicht endet mit der Einstellung des Betriebes. Von diesem Zeitpunkt an kann ebensowenig wie die Zahlung der Gewerbsteuer auch die Vorauszahlung mehr verlangt werden, selbst wenn die Abmeldung des Gewerbebetriebes unterlassen war. Eine etwaige Wiederaufnahme des eingestellten Betriebes bedeutet nicht die Fortsetzung, sondern die Eröffnung eines neuen Betriebes. (PrOVG. VIII b 52/25.).

VII. Steuernachholungen.

Art. 48.[1] [2]

Auf Nachforderungen und Neuveranlagungen von Gewerbsteuern finden die Bestimmungen in § 212 Abs. 1, 2, 4 und § 215 der Reichsabgabenordnung mit der Maßgabe sinngemäße Anwendung, daß an die Stelle des Reichsfinanzhofs die Oberberufungskommission, an Stelle des Reichsfinanzministers das Staatsministerium der Finanzen tritt.

Bek. § 47.
(Zu Art. 48).

Neuveranlagung.

I *Als Neuveranlagung im Sinne des Art. 48 gilt jede Änderung einer für einen Steuerabschnitt bereits erfolgten Veranlagung, soferne diese Änderung außerhalb der Hauptveranlagung und des Rechtsmittelverfahrens erfolgt und die Erhöhung der festgesetzten Steuerschuld und damit eine Steuernachforderung herbeiführen soll.*

II *Eine solche Neuveranlagung und Nachforderung der Gewerbsteuer ist bis zum Ablauf der Verjährungsfrist zulässig.*

III *Eine Neuveranlagung darf nicht auf eine nach Entstehung des Steueranspruchs erlassene Entscheidung der Oberberufungskommission gegründet werden, in der die Steuerpflicht im Gegensatz zu einer früheren einen gleichen Tatbestand betreffenden höchstrichterlichen Entscheidung bejaht wird (Art. 48, § 212 Abs. 4 AO.).*

IV *Die Neuveranlagung für einen Steuerabschnitt hat die entsprechende Änderung der Vorauszahlungen für den folgenden Steuerabschnitt nach Maßgabe der Vorschriften im § 44 zur Folge, wenn dem Steuerpflichtigen nicht bereits ein neuer Steuerbescheid oder Vorauszahlungsbescheid zugegangen ist.*

Bek. § 48.
(Zu Art. 48).

Nachveranlagung.

Eine Steuernachholung kann sich auch durch eine Nachveranlagung der Gewerbsteuer ergeben. Als eine solche Nachveranlagung gilt jede außerhalb der Hauptveranlagung vorzunehmende Veranlagung für einen Steuerabschnitt, für den der Steuerpflichtige seither noch nicht zur Gewerbsteuer veranlagt war. Eine Nachveranlagung hat regelmäßig zu erfolgen für Steuerpflichtige, die bei der Hauptveranlagung für einen oder mehrere Steuerabschnitte trotz bestehender Steuerpflicht nicht zur Gewerbsteuer veranlagt worden sind, soweit der Steueranspruch nicht verjährt ist (§ 212 Abs. 1 AO.).

Bek. § 49.

Verfahren bei der Neuveranlagung und Nachveranlagung.

I *Soweit die Voraussetzungen für eine Neu- oder Nachveranlagung der Gewerbsteuer gegeben und bekannt sind, ist das Finanzamt zu ihrer Durchführung von Amts wegen verpflichtet.*

II *Zur Durchführung einer Neu- und Nachveranlagung ist das Finanzamt berechtigt, den Steuerpflichtigen zur Abgabe von Steuererklärungen für die Steuerabschnitte, für die er solche zum Zwecke seiner Veranlagung noch nicht abgegeben hat, unter Stellung einer Frist von mindestens 2 Wochen aufzufordern. Der Steuerpflichtige hat dieser Aufforderung, die zuzustellen ist, innerhalb der gestellten Frist nachzukommen, soferne ihm nicht auf Antrag eine Fristverlängerung gewährt wird.*

III *Hat der Steuerpflichtige für den Steuerabschnitt, für den eine Neu- oder Nachveranlagung erfolgen soll, eine Steuererklärung bereits abgegeben, so ist diese nachträglich zu beanstanden oder das frühere Beanstandungsverfahren wieder aufzunehmen (§ 25 Abs. III).*

IV *Die Bestimmungen der §§ 20, 21, 25 finden entsprechende Anwendung.*

V *Die Neu- oder Nachveranlagung der Gewerbsteuer hat tunlichst zugleich mit einer vorzunehmenden Neu- oder Nachveranlagung der Einkommensteuer oder der Körperschaftsteuer zu erfolgen. Bei der Neu- oder Nachveranlagung hat der zuständige Ausschuß (§ 25 AO.) mitzuwirken.*

VI *Über das Ergebnis der Neu- oder Nachveranlagung ist dem Steuerpflichtigen ein Steuerbescheid zu erteilen, wobei die Bestimmungen des § 30 sinngemäß anzuwenden sind; das Muster zum Steuerbescheid (zu vgl. § 30 Abs. II) kann hierbei unter entsprechender Änderung und Ergänzung als Anhalt dienen. Gegen den Bescheid stehen dem Steuerpflichtigen dieselben Rechtsmittel zu wie gegen den Steuerbescheid, der auf Grund der Hauptveranlagung erlassen worden ist. Für die Zustellung des Steuerbescheids ist § 30 Abs. III maßgebend.*

Bek. § 50.

Verminderung der Steuerschuld.

Eine Änderung der Steuerveranlagung zugunsten des Steuerpflichtigen kann sich ergeben insbesondere in den Fällen des § 74 Abs. 3 AO. Berichtigungen auf Grund dieser Vorschrift sind auch nach Eintritt der Rechtskraft der Gewerbsteuerveranlagung noch ohne weiteres umsomehr zulässig, als bei der Gewerbsteuer nach Art. 21 Abs. II die Festsetzung

(Berechnung) der Gewerbsteuer nicht Aufgabe des Ausschusses, sondern des Finanzamts ist (zu vgl. § 28 Abs. IX).

Bek. § 51.

Weitere Fälle der Erhöhung und Verminderung der Steuerschuld.

Eine Erhöhung der Steuerveranlagung kann sich insbesondere noch ergeben im Rechtsmittelverfahren (Art. 26 Absatz III, Art. 34 Abs. II, Art. 37, 41 mit § 228 AO.), eine Verminderung der Steuerschuld dagegen in Fällen der mehrfachen Veranlagung des nämlichen Steuerpflichtigen (§ 60 AO.) und bei Änderung der Veranlagung im Rechtsmittelverfahren.

Unverändert gegenüber Art. 48 GewStG. 1921/23.

1. Früher Art. 72 bayer. EinkStG. Dagegen enthält das Reichseinkommen- bzw. Körperschaftssteuergesetz keine besonderen Bestimmungen über Steuernachholung. Es sind daher gemäß Art. 63 die Bestimmungen in § 212, 215 der AO. maßgebend.

2. Jede Nachforderung unterbliebener Steuerforderungen ist an die Voraussetzung geknüpft, daß die Verjährungsfrist nicht abgelaufen ist. (§ 212 AO. § 47 II Bek.) Die Verjährungsfrist beträgt 5 Jahre, für hinterzogene Beträge 10 Jahre (§ 121 AO. mit Art. 63 GewStG. und § 59 der Bek.) Ferner darf eine Neuveranlagung nicht auf eine nach Entstehung des Steueranspruchs eingetretene Änderung der Rechtsprechung der Oberberufungskommission gestützt werden. (§ 212 IV AO.) Eine Einschränkung erfährt diese Regel noch in allen denjenigen Fällen, in denen ein Steuerbescheid nach Art. 22 ergangen ist. In diesen Fällen ist eine Neuveranlagung außerdem auch nur dann zulässig, „wenn neue Tatsachen oder Beweismittel bekannt werden, die eine höhere Veranlagung rechtfertigen". (§ 212 II AO.) Eine Neuveranlagung kann also insbesondere nach Erlaß eines Steuerbescheides nicht mehr darauf gestützt werden, daß infolge Irrtum eine zu niedrige Veranlagung stattgefunden hat, sei es nun, daß der Irrtum ein tatsächlicher oder ein rechtlicher gewesen ist. Vgl. die bei Mrozek, Handbuch des Steuerrechts Anm. 16 zu § 212 angeführte Rechtsprechung des preußischen Oberverwaltungsgerichtshofes in Steuersachen und Breunig, Bayer. Einkommensteuergesetz Anm. 6 und 7 zu Art. 72. S. auch Becker, Kommentar zur AO. 5. Aufl. S. 507 ff.

VIII. Strafbestimmungen*).

1. Steuerhinterziehung. **Art. 49.**

I Wer die nach diesem Gesetze zu entrichtende Steuer hinterzieht, wird mit einer Geldstrafe im 1—20fachen Be-

*) S. Nr. 19 des MABl. erschienen mit dem Bayerischen Staatsanzeiger Nr. 271 vom 23. November 1926.

trage der hinterzogenen Steuer bestraft. Neben der Geldstrafe kann auf Gefängnis erkannt werden.[1])

II Der Begriff der Steuerhinterziehung bemißt sich nach § 359 der Reichsabgabenordnung.[2]) [3])

Art. 50.

2. Steuerordnungsstrafen.

a) Unterlassene Anmeldungen und Auskünfte.

Mit Geldstrafe bis einhundertfünfzig Reichsmark wird bestraft, sofern nicht die Strafe nach Art. 49 verwirkt ist oder ein genügender Entschuldigungsgrund vorliegt:

1. wer den nach Art. 2 Abs. III ergangenen Anordnungen nicht rechtzeitig genügt,[4])
2. wer die nach Art. 34 Abs. V geforderte Auskunft oder Eidesleistung verweigert.[5])

Art. 51.

b) Zuwiderhandlung gegen Anordnungen.

Mit Geldstrafe bis einhundertfünfzig Reichsmark wird bestraft, wer ohne genügenden Entschuldigungsgrund den ausdrücklich unter Strafandrohung ergangenen Anordnungen der Staatsregierung zum Vollzuge dieses Gesetzes zuwiderhandelt.[6])

Art. 52.

I Die Strafverfolgung nach Art. 51 tritt gegen Personen, die im Staats- oder sonstigen öffentlichen Dienste angestellt oder beschäftigt sind, nicht ein, wenn sie hierwegen einem Dienststrafverfahren unterliegen.

II Die Strafe nach Art. 50 Ziff. 2, Art. 51 kann wiederholt ausgesprochen werden.[7])

Art. 53.

3. Entspr. Anw. d. AO.

a) Im allgemeinen.

I Im übrigen finden die strafrechtlichen Bestimmungen der Reichsabgabenordnung (dritter Teil, erster Abschnitt) für den Vollzug dieses Gesetzes entsprechende Anwendung.

Das Staatsministerium der Finanzen ist ermächtigt, hierwegen näheres zu bestimmen.

b) Steuergeheimnis.

II Die Vorschriften in § 376 der Reichsabgabenordnung gelten sinngemäß für die Mitglieder der Berufungskommissionen und der Oberberufungskommission.[8])

Art. 54.

c) Steuerstrafverfahren.

Die Zuständigkeit und das Verfahren bei strafbaren Handlungen in bezug auf dieses Gesetz (Art. 49—53) richten sich nach den Vorschriften der Reichsabgabenordnung (dritter Teil, zweiter Abschnitt).[9])

Art. 55.

4. Strafbestimmungen. Mitgl. der Berufungs- und Oberberufungskommission.

I Mitglieder der Berufungskommission oder der Oberberufungskommission, die ohne genügenden Entschuldigungsgrund zu den Sitzungen sich nicht rechtzeitig einfinden oder ihren Obliegenheiten sich in anderer Weise entziehen, können durch den Vorsitzenden der Kommissionen in eine Ordnungsstrafe bis zu dreihundert Reichsmark und in die durch ihre Säumnis entstandenen Kosten verurteilt werden.

II Erfolgt nachträglich genügende Entschuldigung, so kann die Verurteilung ganz oder teilweise zurückgenommen werden.

III Gegen die Entscheidung des Vorsitzenden der Berufungskommission ist Beschwerde zur Mittelstelle und gegen die Entscheidung des Vorsitzenden der Oberberufungskommission Beschwerde an das Staatsministerium der Finanzen innerhalb zwei Wochen zulässig.

IV Eine Umwandlung der Ordnungsstrafe in Freiheitsstrafe im Falle der Uneinbringlichkeit findet nicht statt.[10])

Art. 56.

5. Kostenfolge für säumige Gemeindeangestellte und -bedienstete.

Wenn Gemeindebeamte und Gemeindebedienstete den ihnen nach diesem Gesetz und nach den Vollzugsvorschriften obliegenden Verpflichtungen nicht nachkommen, so sind unbeschadet aufsichtlichen Vorgehens die Finanzbehörden berechtigt, die erforderlichen Leistungen auf Kosten der Säumigen vornehmen zu lassen.[11])

Art. 57.

6. Verteilung d. Erträgnisse aus Steuerstrafen u. Ordnungsstrafen.

I Die nach Art. 49, 50 Ziff. 1 verhängten Geldstrafen fallen zur Hälfte an die Gemeinde des Ortes der Steuerveranlagung.

II Die andere Hälfte der in Abs. I bezeichneten Geldstrafen, sowie sämtliche übrige Geld- und Ordnungsstrafen fließen in die bayerische Staatskasse.

Bek. § 52.

(Zu Art. 49 bis 53, 55).

Strafen.

I Zu den Straffällen im Sinne des Abschnitts VIII des Gesetzes gehören jene Fälle nicht, in denen nach Art. 19 wegen unterbliebener oder nicht rechtzeitiger Abgabe der Steuererklärung Zuschläge zu entrichten sind. Die Verhängung von Zwangsstrafen nach § 202 AO. wird aber selbstverständlich durch die Festsetzung von Zuschlägen nach Art. 19 nicht berührt.

II Zufolge Art. 49 Abs. II bemißt sich der Begriff der Steuerhinterziehung nach § 359 Abs. 1, 3 und 4 AO.

III Anordnungen der im Art. 51 bezeichneten Art bestehen zurzeit nicht.

IV Nach Art. 53 Abs. I finden im übrigen die strafrechtlichen Bestimmungen der Reichsabgabenordnung (dritter Teil erster Abschnitt) für den Vollzug des Gewerbsteuergesetzes Anwendung. Zu diesen Bestimmungen gehören: §§ 355 bis 358 einschließlich, 360, 361, 363, 364, 367, 369 Abs. 1. und 2, 372 (hinsichtlich der Zuwiderhandlungen gegen §§ 187, 190 AO.), 373 bis 377 einschließlich, 381 bis 384 einschließlich. Im Falle des § 376 Abs. 3 ist neben dem Steuerpflichtigen, dessen Interesse verletzt ist, das Landesfinanzamt, und, soweit Beamte der Landesfinanzverwaltung in Betracht kommen, die Landesmittelstelle bzw. bis zu ihrer Errichtung das Staatsministerium der Finanzen antragsberechtigt.

V Nach Art. 53 Abs. II gelten sinngemäß die Vorschriften im § 376 AO. für die Mitglieder der Berufungskommissionen und der Oberberufungskommission. Hiernach werden diese Mitglieder, wenn sie Verhältnisse eines Steuerpflichtigen, die sie bei Wahrnehmung ihrer Obliegenheiten erfahren haben, anderen unbefugt mitteilen, sofern nicht die höheren Strafen des Abs. 2 verwirkt sind, mit Geldstrafen oder mit Gefängnis bis zu 6 Monaten bestraft. Die Strafverfolgung tritt nur auf Antrag ein. Antragsberechtigt ist neben dem Steuerpflichtigen, dessen Interesse verletzt ist, die Landesmittelstelle hinsichtlich der Mitglieder der Berufungskommissionen, das Staatsministerium der Finanzen hinsichtlich der Mitglieder der Oberberufungskommission.

Bek. § 53.

(Zu Art. 54).

Zuständigkeit und Verfahren.

I *Zuständigkeit und Verfahren bei strafbaren Handlungen in bezug auf das Gewerbsteuergesetz (Art. 49 bis 53) richten sich nach den Vorschriften der Reichsabgabenordnung (dritter Teil, zweiter Abschnitt). Über die Beschwerde gegen den Strafbescheid (§§ 415, 416 AO.) entscheidet das Landesfinanzamt (die Landesmittelstelle) (§ 417 AO., Art. 63). Die Beschwerde gegen die im § 418 AO. bezeichneten Verfügungen ist an das Landesfinanzamt (die Landesmittelstelle) bzw. an das Staatsministerium der Finanzen einzulegen. Wegen der Kosten des Verwaltungsstrafverfahrens zu vgl. Art. 29 des Kostengesetzes vom 16. Februar 1921 und §§ 419 bis 422 AO.*

II *§ 433 AO. findet mit dem Abmaße Anwendung, daß an Stelle des Reichsfinanzhofs die Oberberufungskommission tritt (Art. 63).*

III *Für die im Verwaltungsstrafverfahren und für die gerichtlich erkannten Geldstrafen kommen nicht die §§ 425, 440 AO., sondern Art. 57 zur Anwendung. Wegen des Ortes der Steuerveranlagung zu vgl. § 17. Empfangsberechtigt nach Art. 57 ist die Gemeinde des Ortes, der im Zeitpunkt der Bestrafung der Ort der Veranlagung ist. Eine Ausscheidung auf mehrere für die Dauer der Hinterziehung maßgebende Veranlagungsorte, wie sie hinsichtlich der Steuer bei der Nachveranlagung eintritt, findet nicht statt.*

IV *Die im § 442 AO. vorgesehene Ermächtigung steht hinsichtlich der Gewerbsteuer dem Landesfinanzamt (der Landesmittelstelle) zu.*

V *Die Niederschlagungsbefugnis des § 443 AO. wird dem Staatsministerium der Finanzen vorbehalten. Die Landesfinanzämter (Landesmittelstellen) haben in geeigneten Fällen unter Aktenanlage gutachtlich zu berichten.*

Art. 49—57 unverändert gegenüber Art. 49—57 GewStG. 1921/23 mit Ausnahme folgender Änderungen.

In Art. 50 und 51 ist statt „von fünf bis fünfhundert Mark“ gesetzt „bis einhundertfünfzig Reichsmark“. In Art. 55 Abs. I ist statt „bis zu dreihundert Mark“ gesetzt „bis zu dreihundert Reichsmark“. S. Art. XVII AbändG. S. 246.

Diese Änderungen waren veranlaßt im Hinblick auf die Bestimmungen des Münzgesetzes vom 30. August 1924 (RGBl. II S. 254 ff.). Zu vgl. zweite Verordnung über das Inkrafttreten der Gesetze zur Durchführung des Sachverständigengutachtens vom 10. Oktober 1924 (RGBl. II S. 383), sowie im Hinblick auf die geboten erscheinende Angleichung des Strafrahmens an die nunmehr für Übertretungen geltenden Bestimmungen (Begr.).

Die Art. 49 mit 53 entsprechen den Art. 74—77 des früheren bayer. EStG. Art. 54 und 55 den Art. 81 und 82, Art. 56 und 57 den Art. 83 und 84. Zu Art. 53 II ist Art. 79 des früheren bayer. EStG. zu vergleichen.

1. Die Bestimmungen der AO. über das Strafrecht und das Strafverfahren finden sinngemäße Anwendung, nur das Strafmaß ist besonders geregelt.

2. Der Begriff der **Hinterziehung** ergibt sich aus § 359 ff. AO. Wird wegen Steuerhinterziehung auf eine Gefängnisstrafe von mindestens drei Monaten erkannt, so kann zugleich auf Verlust der bürgerlichen Ehrenrechte erkannt werden. (§ 364 AO.) Der Versuch der Steuerhinterziehung ist strafbar. (§ 360 AO.)

Wer fahrlässig als Steuerpflichtiger bewirkt, daß Steuereinnahmen verkürzt oder Steuervorteile zu Unrecht gewährt und belassen werden, macht sich wegen Steuergefährdung strafbar. (§ 367 AO.)

3. § 19 Abs. 2 FinAG. bestimmt: „Die Länder sind berechtigt, für Landesabgaben und andere öffentlich-rechtliche Abgaben die Vorschriften der Reichsabgabenordnung über das Strafrecht und das Strafverfahren für anwendbar zu erklären.“ Diese Vorschrift war infolge der die Anwendung der AO. sonst entgegenstehenden Bestimmungen des StrGB. und der StPO. (vgl. § 5 EStrGB. und § 3 Abs. 1, § 6 Abs. 2 Nr. 3 EStPO. in Verbindung mit den §§ 459—469 StPO.) notwendig.

4. Art. 2 Abs. III betrifft die Bestellung eines **Vertreters** für den Gewerbebetrieb, dessen Unternehmer außerhalb Bayerns seinen Wohnsitz hat und der wegen Bestehens einer Betriebsstätte in Bayern der bayerischen Gewerbsteuer unterliegt.

5. Art. 34 Abs. V betrifft die **eidliche** Vernehmung von Zeugen und Sachverständigen.

6. Bek. § 52 III. Die Bestimmung deckt sich mit dem Art. 77 des früheren bayerischen EStG.

7. Die Bestimmung ist dem Art. 78 des früheren bayer. EStG. entnommen.

8. Bek. § 52 IV und V und Anm. 1 und 3.

9. Bek. § 53.

10. Die Vorschrift entspricht dem Art. 82 des früheren bayer. EStG.

11. Dieser Artikel entspricht wörtlich dem Art. 83 des früheren bayer. EStG.

IX. Kosten des Verfahrens.

Art. 58.

1. Kosten.

a) Im allgemeinen.

Die Kosten des Verfahrens, soweit sie sich nicht auf Verrichtungen beziehen, die durch dieses Gesetz oder die Vollzugsanordnungen (Art. 15, 20) den Gemeindebehörden zugewiesen sind, dann soweit sie nicht nach Art. 20, 23 in Verbindung mit den Vorschriften der Reichsabgabenordnung oder nach Art. 59 dieses Gesetzes von dem Steuerpflichtigen getragen werden müssen, ferner soweit sie nicht aus der Reichskasse bestritten werden, fallen der Staatskasse zur Last. Für die Kosten für die zum Vollzuge des Gesetzes notwendigen Formulare haben die Gemeinden nicht aufzukommen.

Art. 59.

b) Im Rechtsmittelverfahren.

I Die in dem Berufungs- und Beschwerdeverfahren erwachsenen Kosten fallen dem Steuerpflichtigen zur Last, wenn er in dem Rechtsmittelverfahren vollständig unterlegen ist.

II Wird dem Rechtsmittel nur zum Teil stattgegeben, so kann die entscheidende Stelle dem Steuerpflichtigen die Kosten ganz oder zum Teil überbürden.

III Kosten, die durch verspätetes Vorbringen des Steuerpflichtigen entstanden sind, können ihm unter allen Umständen überbürdet werden.

IV Reisekosten, die dem obsiegenden Steuerpflichtigen auf sein persönliches Erscheinen vor der Berufungs- oder Oberberufungskommission erwachsen, sind der Staatskasse zu überbürden, wenn das persönliche Erscheinen zur zweckentsprechenden Aufklärung geboten war. Das gleiche kann unter der nämlichen Voraussetzung geschehen, wenn der Steuerpflichtige zum Teil obsiegt. Im übrigen hat der Steuerpflichtige Kosten, die ihm auf die Einlegung und Begründung eines Rechtsmittels erwachsen, selbst zu tragen.

V Die vorstehenden Bestimmungen gelten sinngemäß auch für die Kostenpflicht der Gemeinden in Ansehung der von ihnen eingelegten Rechtsmittel. Die entscheidende Stelle kann indessen die Kosten auch dem Steuerpflichtigen oder mitbeteiligten Gemeinden ganz oder teilweise überbürden.

Art. 60.

2. Gebühren.

Die Gebührenpflicht im Berufungs- und Beschwerdeverfahren bemißt sich nach den Vorschriften des Kostengesetzes.

Art. 61.

3. Entschädigung der Mitglieder der Berufungs- u. Oberberufungskommission.

I Die Regelung der den Mitgliedern der Berufungskommissionen und der Oberberufungskommission für Reisekosten und Zeitverlust zu gewährenden Entschädigung erfolgt durch das Staatsministerium der Finanzen. Das gleiche gilt hinsichtlich der Vergütungen an Auskunftspersonen und Sachverständige.

II Soweit diese Kosten nicht als solche des Berufungs- oder Beschwerdeverfahrens von dem Steuerpflichtigen zu tragen sind (Art. 59), sind sie auf die Staatskasse zu übernehmen.

Bek. § 54.

(Zu Art. 58 bis 61).

Allgemeines.

I Nach Art. 58 fallen der Staatskasse die Kosten des Veranlagungsverfahrens (im weitesten Umfang) insoweit zur Last, als für die Tragung dieser Kosten nicht andere Verpflichtete vorhanden sind. Solche andere Verpflichtete sind:

1. Die Gemeinden, soweit sich die Kosten des Verfahrens auf Verrichtungen beziehen, die durch das Gewerbsteuergesetz oder die Vollzugsanordnungen (Art. 15, 20, 24, 47, 56; §§ 18, 19 Abs. VI, 27 Abs. I, V, VI, 35 Abs. II, 46) den Gemeindebehörden zugewiesen sind. Für die Kosten für die zum Vollzuge des Gewerbsteuergesetzes notwendigen Formblätter haben jedoch die Gemeinden keinesfalls aufzukommen.

2. Der Steuerpflichtige, soweit ihn zufolge besonderer Bestimmungen des Gewerbsteuergesetzes und der Reichsabgabenordnung gewisse Kosten des Veranlagungsverfahrens (Art. 63 mit §§ 205 Abs. 3, 206 Abs. 2, 216 AO.) oder des Rechtsmittelverfahrens (des Einspruchs-, Berufungs- und Beschwerdeverfahrens, Art. 59, 63 mit § 286 AO.) treffen.

3. Die Reichskasse, soweit ihr die Kosten der Verwaltung der Gewerbsteuer gemäß § 19 Abs. 1 AO. zur Last fallen und die unter Ziff. 1 und 2 bezeichneten Pflichtigen nicht herangezogen werden können.

Als der Staatskasse zur Last fallende Kosten werden daher nur die den Pflichtigen nicht auferlegten Kosten des Berufungs- und Beschwerdeverfahrens einschließlich der Kosten für die Mitglieder der Berufungskommissionen und der Oberberufungskommission übrig bleiben (Art. 61 Abs. II).

II *Die Anordnungen über die Beschaffung der bei den Finanzämtern benötigten Formblätter zum Vollzug des Gewerbsteuergesetzes obliegen im Hinblick auf § 19 AO. den Landesfinanzämtern. Die tunlichste Berücksichtigung von ortsansässigen Gewerbetreibenden wird als wünschenswert bezeichnet.*

Bek. § 55.
(Zu Art. 59).

Kosten des Berufungs- und Beschwerdeverfahrens.

I *Für die Kosten des Berufungs- und des Beschwerdeverfahrens sind die Vorschriften in Art. 59 bis 61 maßgebend. Die §§ 285 ff. AO. kommen nur für das Einspruchsverfahren zur Anwendung (Art. 63). Zu vgl. Kostengesetz vom 16. Febr. 1921/18. März 1922 (GVBl. 1921 S. 35, 1922 S. 209) und Bekanntmachungen hierzu vom 4. Januar 1924 und vom 15. August 1924 (GVBl. S. 7 und S. 196).*

II *Die Kostenpflicht des Steuerpflichtigen nach Art. 59 Abs. I und II besteht auch bei amtlichen Berufungen und Beschwerden, wenn und soweit der Steuerpflichtige der unterliegende Teil ist.*

III *Nach Art. 59 Abs. IV können nur solche Reisekosten auf die Staatskasse überbürdet werden, die auf das persönliche Erscheinen des Steuerpflichtigen selbst, nicht also auch eines Vertreters des Steuerpflichtigen erwachsen sind. Jedoch sind gesetzliche Vertreter der Person des Steuerpflichtigen gleichzuachten, was insbesondere auch für die juristischen Personen zu beachten ist. Zu den Reisekosten zählen nur*

Kosten für die Fahrt (Fuhrwerk, Eisenbahn usw.), Zehrungs- und Übernachtungskosten, nicht auch Entschädigungen für Zeitversäumnis und Verdienstentgang.

IV *Die Vorschrift des Art. 59 Abs. IV findet auch Anwendung auf das persönliche Erscheinen des Steuerpflichtigen vor einer Unterkommission der Berufungskommission nach Art. 34 Abs. VII.*

V *Für die Bemessung der Gebühren für die Berufungsbescheide usw. gelten die Berufungskommissionen als Mittelstellen im Sinne der Art. 144, 145 des Kostengesetzes vom 16. Februar 1921. Die Gebühren für die Entscheidungen der Oberberufungskommission bemessen sich nach den im Kostengesetz für die Ministerien vorgesehenen Sätzen.*

VI *Die im Berufungsverfahren erlassenen Beweisbeschlüsse sind — unbeschadet einer entsprechenden Berücksichtigung der Beweisbeschlüsse bei Bemessung der Bescheidgebühr — als Maßnahmen im Sinne des Art. 170 Abs. I Ziff. 2 des Kostengesetzes zu behandeln. Das Gleiche gilt von den Niederschriften, in denen die Ergebnisse der Beweisaufnahme niedergelegt werden.*

VII *Die Verrechnung der im Berufungs- und Beschwerdeverfahren anfallenden Kosten obliegt den Landesfinanzämtern (den Landesmittelstellen).*

VIII *Hinsichtlich der Entschädigungen der Mitglieder der Berufungskommissionen und der Oberberufungskommission, dann der Vergütungen an Auskunftspersonen und Sachverständige (Art. 61) bleiben bis auf weiteres die bisherigen Vorschriften in Geltung.*

IX *Die den Mitgliedern der Berufungskommissionen und der Oberberufungskommission für Reisekosten und Zeitverlust zu gewährenden Entschädigungen werden auf alle Fälle auf die Staatskasse übernommen.*

Unverändert gegenüber Art. 58—61 GewStG. 1921/23. Vgl. auch Art. 85—88 des früheren bayer. EStG.

Aus der Begründung des Gewerbsteuergesetzes 1921 sind folgende Darlegungen noch von Interesse:

a) zu Art. 58:

Der Reichsfinanzminister hat unterm 10. Dez. 1920 (Zentralblatt für das Deutsche Reich 1920 S. 1682/83) „Grundsätze für die Entschädigung der Gemeinden nach § 22 Abs. 2 RAO." (für die Mitwirkung beim Vollzuge der Reichssteuergesetze) erlassen, nach deren § 3 außer dem Ersatze der Kosten für Vordrucke und Formblätter den Gemeinden auch die Kosten für Porto und das Austragen und Einholen von Listen, Aufforderungen zu Steuererklärungen und Steuerbescheiden ersetzt, ja sogar persönliche Aufwendungen, die im

Verhältnisse zu den Sachaufwendungen nicht unerheblich sind, besonders vergütet werden, geeigneten Falles in Form von Pauschbeträgen. Diese Grundsätze zu Lasten der bayerischen Staatskasse hierher zu übernehmen besteht jedenfalls kein Anlaß, einerseits mit Rücksicht auf die Möglichkeit der Kostenübernahme durch das Reich (siehe unten), andererseits in der Erwägung, daß in § 4 Abs. II der Grundsätze, der von der Mitwirkung der Gemeinden bei der Ausgabe der Steuerkarten handelt, ausdrücklich hervorgehoben ist, daß die Kosten für die Ausfertigung der Steuerkarten nicht ersetzt werden, weil diese Tätigkeit den Gemeinden nach dem Gesetz ohnehin obliegt" (hierher zu vgl. § 46 REStG.).[1] Auch hier handelt es sich im wesentlichen um Aufgaben, die den Gemeinden durch das Gesetz selbst (Art. 15) zugewiesen sind. Der Vorbehalt bezüglich der auf gemeindliche Verrichtungen sich beziehenden Kosten dürfte daher aus dem bisherigen Einkommensteuergesetz unverändert in das Gewerbsteuergesetz zu übernehmen sein. Wegen der Formularkosten siehe die Bemerkung am Schlusse.

Nach Art. 20 des Entwurfes werden gemäß §§ 205 Abs. 3, 206 Abs. 2, 216 RAO. auch gewisse Kosten des Veranlagungsverfahrens, nach Art. 23 des Entwurfes in Verbindung mit § 285 ff. RAO. auch Kosten des Einspruchverfahrens vom Steuerpflichtigen zu tragen sein; hierdurch rechtfertigt sich der zweite Vorbehalt in Art. 58.

Was endlich den dritten Vorbehalt bezüglich der aus der Reichskasse zu bestreitenden Kosten anlangt, so ist im Auge zu behalten, daß nach dem Standpunkte der bayerischen Staatsregierung, der auch von den Regierungen anderer Länder geteilt wird, das Reich die von ihm gemäß § 19 Abs. 1 RAO. übernommene Verwaltung von Landesabgaben grundsätzlich ohne Entschädigung seitens der Länder zu führen hat. Darnach werden die gesamten Kosten der Veranlagung der Gewerbsteuer einschließlich der Kosten des Einspruchsverfahrens vom Reiche zu tragen sein. Als der Staatskasse zur Last fallende Kosten werden daher nur die den Pflichtigen nicht auferlegten Kosten (hierwegen zu vgl. Art. 59) des Berufungs- und Beschwerdeverfahrens einschließlich der Kosten für die Mitglieder der Berufungs- und Oberberufungskommission übrig bleiben.

In Art. 85 Satz 2 EStG.[2] war bisher bestimmt, daß „die Kosten für die zum Vollzuge des Gesetzes notwendigen Formulare in jedem Falle von der Staatskasse übernommen werden". Gleiches galt für die Gewerbsteuer gemäß Art. 29

[1]) Gemeint ist das alte REStG., nunmehr § 76 EStG.
[2]) Gemeint ist das bayerische vom 14. August 1910.

GewStG.[1]). Diese Bestimmung, die schon in den Gewerbsteuergesetzen vom 19. Mai 1881 und 9. Juni 1899 enthalten war, sollte zum Ausdrucke bringen, daß die Formularkosten auch dann von der Staatskasse getragen werden, wenn die Vollzugshandlungen den Gemeinden übertragen sind (Aussch.-Verh. der KdAbg. 1898 Beil. Bd. XVI Beil. 1055 S. 211). Hieran soll keinesfalls eine Änderung im Sinne einer Belastung der Gemeinden eintreten. Die Beibehaltung der bisherigen Fassung erscheint aber mit Rücksicht auf den im vorigen Absatz erwähnten Vorbehalt bezüglich der Kostentragung durch das Reich nicht angängig. Es erschien daher zweckmäßig, die gesetzliche Bestimmung lediglich nach der Negative festzulegen, daß für die Kosten keinesfalls die Gemeinde aufzukommen hat.

b) **Zu Art. 59—61:**

Art. 86[2]) (nun 59) enthielt bisher keine Bestimmung über die Kostenpflicht der Gemeinden in Ansehung der von ihnen eingelegten Rechtsmittel. Die Rechtsprechung hat aber schon bisher den unterliegenden Gemeinden die Kosten „als Folge der Entscheidung" in der Hauptsache überbürdet. Art. 59 Abs. V dient zur Ergänzung der Bestimmungen über die Kostenpflicht, hiebei muß aber die Möglichkeit gegeben sein, auch den Steuerpflichtigen zur Kostentragung heranzuziehen. Wenn beispielsweise das Rechtsmittel der Gemeinde gegen die vormerkungsweise Veranlagung zu einer höheren Veranlagung des Pflichtigen führte und dem Rechtsmittel der Gemeinde dadurch vollkommen stattgegeben wird, können der Gemeinde Kosten nicht auferlegt werden; zur Kostenübernahme auf die Staatskasse besteht aber gleichwohl kein Anlaß, weil tatsächlich der Pflichtige in dem Verfahren unterlegen ist. Solchen Falles werden daher die Kosten dem Steuerpflichtigen zu überbürden sein. Ähnlich bei teilweisem Obsiegen der Gemeinde, das im gleichen Verhältnis ein Unterliegen des Pflichtigen bedeuten wird. Ebenso kann sich in Steuerausscheidungsfällen Anlaß bieten, die mitbeteiligten Gemeinden zur Kostentragung mit heranzuziehen.

In Art. 87[3]) (nun 60) sind die bisherigen Abs. I und II gegenstandslos, da sich, insoweit die Verwaltung der GewSt. durch die Reichsbehörden erfolgt, die Anwendung der Bestimmungen der RAO. (zu vgl. § 216) aus Art. 20 mit Art. 63[1]) von selbst ergibt.

---

[1]) Gemeint ist das Gewerbsteuergesetz vom 14. August 1910.
[2]) Gemeint ist das bayerische EStG. vom 14. August 1910.
[3]) Gemeint ist das bayerische EStG. vom 14. August 1910.

Wegen der Gebühren im Einspruchsverfahren s. Anm. zu Art. 26.

X. Allgemeine Vorschriften, Schluß- und Übergangsbestimmungen.

Art. 62.

I Das Staatsministerium der Finanzen kann anordnen, daß für einzelne Gattungen von Gewerbebetrieben schon bei Beginn des Steuerabschnitts eine Vorauszahlung für den ganzen Steuerabschnitt nach Maßgabe der Vorschriften in Art. 46 Abs. VI und X zu entrichten ist.[1])

II Das Staatsministerium der Finanzen wird ermächtigt

1. Anordnungen darüber zu treffen, daß und in welcher Weise bei nicht rechtzeitiger Zahlung Zuschläge zur Steuerschuld zu entrichten sind,[2])
2. die Zahlung von Verzugszinsen für nicht rechtzeitig entrichtete Steuern zu regeln,[3]) [4])
3. die Bestimmungen des Gesetzes den Änderungen der für seine Anwendung grundlegenden reichsrechtlichen Vorschriften anzugleichen.[5])

Bek. § 56.
(Zu Art. 62).

Verzugszuschläge.

I *Auf Grund der Ermächtigung im Art. 62 Abs. II Ziff. 1 wird bestimmt:*

1. Wird eine Zahlung, die nach dem Gewerbsteuergesetz zu leisten ist, nicht rechtzeitig entrichtet, so ist für jeden auf den Zeitpunkt der Fälligkeit folgenden angefangenen halben Monat ein Zuschlag in Höhe von drei Viertel vom Hundert des Rückstandes zu entrichten. Als halber Monat gilt ein Zeitraum von 15 Tagen; hat ein Monat mehr als 30 Tage, so wird der 31. Tag nicht gerechnet.

2. Der Zuschlag wird nur von vollen Reichsmark des rückständigen Betrags und nur dann erhoben, wenn der rückständige Betrag 10 RM übersteigt.

3. Zur Berechnung des Zuschlags wird der rückständige Betrag auf den nächsten durch zehn teilbaren Reichsmarkbetrag nach unten abgerundet.

4. Wird die Zahlung innerhalb der auf den Zeitpunkt der Fälligkeit folgenden Woche entrichtet, so wird ein Zuschlag nicht erhoben.

5. Gegen die Anforderung des Zuschlags steht nur die Beschwerde (Aufsichtsbeschwerde) offen.

6. Soweit ein Zuschlag erhoben wird, findet eine Verzinsung der rückständigen Beträge nicht statt.

II *Es entspricht der Absicht des Staatsministeriums der Finanzen, daß bei der Erhebung des Zuschlags besondere Härten tunlichst vermieden werden.*

Bek. § 57.

(Zu Art. 62).

Verzugszinsen.

I *Auf Grund der Ermächtigung im Art. 62 Abs. II Ziff. 2 wird bestimmt:*

1. Bei nicht rechtzeitiger Entrichtung von Gewerbsteuerzahlungen sind Verzugszinsen von der Fälligkeit an zu entrichten, soferne nicht Verzugszuschläge (§ 56) erhoben werden.

Für die Höhe des Zinsfußes sind jeweils die für die Verzinsung rückständiger Einkommensteuern bestehenden Vorschriften maßgebend (zurzeit Art. I Nr. 1 der dritten Verordnung zur Änderung der Steuerzinsverordnung vom 8. April 1926, RGBl. I S. 194, die durch die vierte Änderungsverordnung vom 15. Juli 1926, RGBl. S. 412, in Ansehung der Verzugszinsen unberührt geblieben ist; zu vgl. auch Fin.Min.Bek. v. 20. April 1926, GVBl. S. 312).

2. Verzugszinsen sind nur zu erheben, wenn der fällige Steuerbetrag länger als einen Monat vom Fälligkeitstage ab im Rückstand geblieben ist und wenn die Verzugszinsen mindestens 10 RM betragen. Einbezahlte Zinsbeträge unter 10 RM werden nicht erstattet.

3. Bei Berechnung der Verzugszinsen ist das Jahr zu 360 Tagen, der Monat zu 30 Tagen anzunehmen; der Tag, an dem die Zahlung erfolgt, ist bei Berechnung der Zahl der Tage nicht mitzuzählen. Die berechneten Verzugszinsen sind auf 10 Rpf. nach unten abzurunden.

II *Die Verzinsungspflicht gilt auch für hinterzogene Steuerbeträge. § 104 Abs. 1 Satz 2 AO. findet Anwendung.*

III *Die Verzugszinsen sind im Einnahmebuch in einer besonderen Spalte nachzuweisen, in der Bemerkungsspalte des Einnahmebuchs ist die für die Berechnung der Verzugszinsen in Betracht kommende Zeit kurz zu vermerken. Die Vereinnahmung der Verzugszinsen hat auf Rechnung des Haushalts der direkten Steuern unter dem Titel „Verzugszinsen für nicht rechtzeitig eingezahlte Steuern“ zu erfolgen.*

IV *Von Festsetzung und Einziehung der Verzugszinsen kann auf Antrag des Schuldners in besonderen Fällen aus Billigkeitsgründen Abstand genommen werden, z. B. wenn der Schuldner nachweist, daß er durch Krankheit oder wirtschaft-*

liche Notlage an der rechtzeitigen Zahlung der Steuer verhindert ist bzw. war; gegebenenfalls sind die bereits erhobenen Verzugszinsen wieder zu erstatten.

Bek. § 58.
(Zu Art. 62).

Zinsvergütungen.

I *Ist ein Gewerbsteuerbetrag auf Grund der §§ 128, 129 AO. mit Art. 63 zu erstatten und übersteigt der zu erstattende Betrag 100 RM, so ist er von der Entrichtung an mit fünf vom Hundert zu verzinsen; Zinsbeträge unter einer Reichsmark werden nicht ausbezahlt (zu vgl. § 132 AO.).*

II *Die Zinsvergütungen für erstattete Beträge sind auf Rechnung des Haushalts der direkten Steuern unter dem Titel „Zinsvergütung für erstatte Steuern" zu verausgaben.*

Art. 62 hat gegenüber Art. 62 GewStG. 1921/23 eine neue Fassung erhalten: Die Ermächtigung des Staatsmin. der Fin. nach Art. 62 Abs. I Satz 1 und Satz 2 unter b bayer. GewStG. 1921/23 ist nunmehr in Art. 46 Abs. I Satz 2 und Abs. X enthalten. Die Neufassung des 2. Absatzes von Art. 62 GewStG. 1921/23, nunmehr Abs. I des geltenden Gesetzes war mit Rücksicht darauf geboten, daß an Stelle des Rechnungsjahres der Steuerabschnitt als Erhebungszeitraum getreten ist (Art. 13 Abs. I und II des neuen Gesetzes). Die Bestimmungen in Art. 62 Abs. I Satz 2 unter c Ziff. 1 und 3 GewStG. 1921/23 sind als entbehrlich gestrichen worden. (Siehe AbändG. Art. XVIII S. 246.)

1. Die Aufnahme dieser Bestimmung erschien insbesondere zur Ermöglichung der rechtzeitigen und sicheren Heranziehung der sog. **Platzhausierer** (namentlich der Obsthausierer u. dgl.) zur Gewerbsteuer geboten. Anordnungen dieser Art sind bisher noch nicht erlassen.

2. Verzugszuschläge: Bek. § 56.

3. Verzugszinsen: Bek. § 57.

Zu Anm. 2 und 3:

a) Durch Verordnung des Reichsministers der Finanzen vom 8. November 1926 über Verzugszuschläge und Verzugszinsen (RGBl. I S. 487) sind die Verzugszuschläge aufgehoben worden. Ab 1. Dezember werden nunmehr auch bei nicht rechtzeitiger Zahlung von Einkommensteuer, Körperschaftssteuer, Vermögens-, Erbschaftssteuer, Umsatzsteuer und Obligationensteuer lediglich Verzugszinsen nach einem Jahressatz von 10% berechnet. Gleichzeitig sind auch die Schonfristen in Wegfall gekommen.

b) Das bayer. Staatsministerium der Finanzen hat anschließend an die reichsrechtliche Regelung auf Grund des Art. 62 Abs. II Ziff. 1 und 2 des GewStG. durch Bekanntmachung vom 26. November 1926 (GVBl. S. 536 und 537) folgendes bestimmt:

§ 1.

„Die Vorschriften, nach denen bisher bei nicht rechtzeitiger Zahlung von Gewerbsteuer Verzugszuschläge erhoben wurden (§ 56 der Vollzugsbekanntmachung vom 27. August 1926, GVBl. S. 420) treten mitsamt den Bestimmungen über die Schonfrist außer Kraft.

§ 2.

I Wird eine Zahlung, die nach dem Gewerbsteuergesetz und den Vollzugsvorschriften hiezu zu leisten ist, nicht rechtzeitig entrichtet, so sind von der Fälligkeit an Verzugszinsen nach Maßgabe des § 57 der Vollzugsbekanntmachung vom 27. August 1926 zu zahlen.

II Diese Verzugszinsen betragen im Hinblick auf §§ 2 und 3 der Verordnung des Reichsministers der Finanzen vom 8. Nov. 1926 über Verzugszuschläge und Verzugszinsen (RGBl. I S. 487) vom 1. Dezember 1926 ab zehn vom Hundert jährlich.

§ 3.

I Diese Anordnungen treten mit dem 1. Dezember 1926 in Kraft.

II Für die Zeit vom 1. Dezember 1926 ab findet der Zinsfuß von zehn vom Hundert jährlich auch bei Verzugszinsen von solchen Beträgen Anwendung, die vor dem 1. Dezember 1926 fällig geworden sind.

III Ist vor dem 1. Dezember 1926 eine Verpflichtung zur Zahlung von Verzugszuschlägen entstanden, so werden die Verzugszuschläge nur noch insoweit erhoben, als die halben Monate, auf die die Verzugszuschläge entfallen, vor dem 1. Dezember 1926 abgelaufen sind. Soweit hiernach Verzugszuschläge nicht zur Erhebung kommen, werden Verzugszinsen erhoben."

4. Zinsvergütungen: Bek. § 58.

5. Welchem Zweck die in Abs. II Ziff. 3 erteilte **Ermächtigung** dient, begründet der Gesetzentwurf folgendermaßen:

Das Gewerbsteuergesetz verzichtet grundsätzlich auf eine selbständige Feststellung der Unterlagen für die Berechnung der Betriebskapitalsanlage und der Ertragsanlage (gewerbliches Betriebsvermögen und gewerblicher Reinertrag), diese Unterlagen sollen vielmehr aus den Feststellungen für die Veranlagung der Einkommensteuer und der Körperschaftsteuer sowie für die Ermittlung der Einheitswerte nach dem Reichsbewertungsgesetz entnommen werden. Hieraus folgt, daß die für letztere Feststellung maßgebenden reichsrechtlichen Vorschriften in ihrer jeweiligen Gestaltung auch für die Gewerbsteuer verbindlich sein müssen (zu vgl. Art. 9 und 10 des Gesetzes). Es kann sich das Bedürfnis ergeben zur Aufrechterhaltung dieser Einheitlichkeit mit dem Reichsrecht möglichst rasch angleichende Bestimmungen zu treffen, ohne den Weg der Gesetzgebung beschreiten zu müssen.

Art. 63.

Anwendung der Reichsabgabenordnung.

Außer den in diesem Gesetz ausdrücklich bezeichneten sind auch die übrigen Bestimmungen der Reichsabgabenordnung beim Vollzuge dieses Gesetzes insoweit anzuwenden, als sich nicht aus diesem Gesetz Abweichendes ergibt. In Ansehung der in der Reichsabgabenordnung vorgesehenen Zuständigkeiten treten, soweit veranlaßt, an die Stelle der Landesfinanzämter die Landesmittelstellen, an die Stelle des Reichsministers der Finanzen das Staatsministerium der Finanzen, an die Stelle des Reichsfinanzhofs die Oberberufungskommission. Das Staatsministerium der Finanzen ist ermächtigt, hierwegen nähere Anordnungen zu treffen.

Bek. § 59.

(Zu Art. 63).

Zu den Bestimmungen der Reichsabgabenordnung in ihrer derzeit geltenden Fassung, die beim Vollzuge des Gewerbsteuergesetzes nach Maßgabe des Art. 63 Satz 2 — soweit veranlaßt, sinngemäß — zur Anwendung kommen können, werden zu rechnen sein:

Einleitende Vorschriften: §§ 2 bis 6 einschließl.

Erster Teil, erster Abschnitt: § 10.

Zweiter Abschnitt: § 13 vorbehaltlich etwaiger organisatorischer Änderungen.

Dritter Abschnitt: § 23, § 23a, § 24 Abs. 2.

Fünfter Abschnitt: §§ 47 bis 49 einschließlich.

Zweiter Teil, erster Abschnitt, erster Titel: §§ 51 bis 53 einschließlich (zu vgl. § 17 dieser Bekanntmachung), §§ 57 bis 63 einschließlich, §§ 64 bis 70 einschließlich, § 71 mit der Erweiterung durch Art. 2 Abs. III, § 72, §§ 73 bis 75 einschließlich, § 76 Abs. 1 Nr. 2, Abs. 2, 3, §§ 77, 78.

Zweiter Titel: §§ 79, 81 Abs. 1, 3 bis 5, §§ 83 bis 89 einschließlich, § 90 mit der Maßgabe, daß als schadenersatzberechtigt der Bayerische Staat in Betracht kommt, §§ 91 bis 94 einschließlich, § 95 mit der im Art. 5 Abs. II normierten Einschränkung, §§ 96 bis 100 einschließlich, § 102, § 103 mit der Maßgabe, daß die Aufrechnung gegen den Gewerbsteueranspruch des Staates nur mit unbestrittenen oder rechtskräftig festgestellten Gegenansprüchen gegen den Staat zulässig ist, § 104 nach Maßgabe des § 57 dieser Bekannt-

machung, § 105 Abs. 2, §§ 106, 107, §§ 109 bis 119 einschließlich mit der Maßgabe, daß im § 109 Abs. 1 Nr. 7 und im § 110 die Bayerische Staatsbank neben die Reichsbank und im § 116 an Stelle des Reichs der Bayerische Staat tritt, §§ 120 bis 126 einschließlich, §§ 127 bis 136 einschließlich.

Zweiter Abschnitt, erster Titel: §§ 137 bis 151 einschließlich, jedoch mit den aus Art. 9 und § 9 dieser Bekanntmachung sich ergebenden Abweichungen.

Dritter Abschnitt, erster Titel: §§ 162 bis 169 einschließlich (zu vgl. zu § 168 Abs. 1 AO. § 21 dieser Bekanntmachung, zu § 169 AO. § 20 Abs. II dieser Bekanntmachung), § 170 Abs. 1 (zu vgl. hierzu § 21 Abs. I dieser Bekanntmachung), §§ 172 bis 176 einschließlich nach Maßgabe des § 25 Abs. III dieser Bekanntmachung, §§ 177 bis 188 einschließlich, §§ 190 bis 192 einschließlich (zu vgl. §§ 26, 27 dieser Bekanntmachung), §§ 200, 201, §§ 202, 203.

Zweiter Titel: §§ 204 bis 207 einschließlich, § 208 Abs. 1 Satz 1 (wegen Satz 2 zu vgl. § 25 Abs. III dieser Bekanntmachung), Abs. 2, § 209, § 210 Abs. 1, 2, § 211, § 212 Abs. 1, 2, 4, §§ 213, 216.

Vierter Abschnitt, erster und zweiter Titel: Zu vgl. § 33 Abs. II dieser Bekanntmachung.

Fünfter Abschnitt: Zu vgl. § 45 dieser Bekanntmachung.

Dritter Teil: Zu vgl. §§ 52, 53 dieser Bekanntmachung.

Unverändert gegenüber Art. 63 GewStG. 1921/23.

Aus der Begründung des Gesetzentwurfes von 1921 sind auch jetzt noch folgende Darlegungen von Interesse:

„Es wird nicht angängig sein, alle Bestimmungen der AbgO., die für das Gewerbsteuergesetz praktisch werden können, in diesem Gesetze selbst aufzuführen. Anderseits wird sich Praxis und Rechtsprechung unschwer darüber schlüssig werden können, welche Bestimmungen auch beim Vollzuge des Gewerbsteuergesetzes Anwendung zu finden haben. Letzteres wird insbesondere auch der Fall sein 1. bei § 107 AbgO., Steuerniederschlagung (bisher Art. 90 bayer. EinkStG.). In § 107 fehlt zwar die in Art. 90 angegebene Voraussetzung der Niederschlagung, wenn „die zwangsweise Beitreibung die Steuerpflichtigen in ihrem wirtschaftlichen Fortkommen gefährden würde“. Diese Voraussetzung aber für die Gewerbsteuer allein aufrecht zu erhalten, dürfte aus praktischen Erwägungen kaum angängig sein. 2. Bei § 64 AbgO., Fristenberechnung (bisher Art. 91 EinkStG., dessen 2. Absatz im Hinblick auf § 193 BGB. entbehrlich sein dürfte). Bei §§ 68, 69 AbgO.,

Nachsicht wegen Versäumung einer Rechtsmittelfrist, gleich der bisherigen Wiedereinsetzung in den vorigen Stand (bisher Art. 92 EinkStG.). Die Bestimmung des § 68 geht nicht unwesentlich weiter als die seitherige Vorschrift des Art. 92 Abs. I, indem sie nur eine „Verhinderung ohne Verschulden" zur Voraussetzung hat, nicht einen „unabwendbaren Zufall oder ein Naturereignis". Nachdem einmal das Reich die weitgehende Bestimmung eingeführt hat, wird deren Anwendung den Ertragssteuerpflichtigen nicht vorenthalten werden können.

Es könnte fraglich sein, ob nicht eine dem bisherigen Art. 92 Abs. V, der erst durch die Novelle vom 17. August 1918 eingeführt wurde und sich seither bewährt hat, ähnliche Bestimmung in das neue Gesetz aufzunehmen wäre. Hierdurch würde aber eine Divergenz zwischen der Einkommen- und Körperschaftssteuer einerseits und der Gewerbsteuer andererseits eintreten, die der inneren Begründung entbehrt; außerdem dürfte die Bestimmung eben wegen der erweiterten Voraussetzungen für die „Nachsichtgewährung" in § 68 AbgO. nicht mehr so notwendig sein wie bisher, zumal angesichts der Bestimmung in Art. 64."

Art. 64.[1])

Erlaß und Erstattung von Gewerbsteuern.

I Das Staatsministerium der Finanzen kann für einzelne Fälle Gewerbsteuern, deren Einziehung nach Lage der Sache sich als besondere Härte erweist, ganz oder zum Teil erlassen oder in solchen Fällen die Erstattung oder Anrechnung bereits entrichteter Steuern verfügen. Die Befugnis hierzu kann für bestimmte Arten von Fällen den Landesmittelstellen oder den Finanzämtern übertragen werden.

II Für Fälle bestimmter Art kann das Staatsministerium der Finanzen, soweit veranlaßt, im Benehmen mit beteiligten Staatsministerien, zur Vermeidung besonderer Härten allgemein Befreiungen von der Gewerbsteuer oder Ermäßigungen der Gewerbsteuer sowie die Erstattung oder Anrechnung bereits entrichteter Gewerbsteuern vorsehen.

Unverändert gegenüber Art. 64 GewStG. 1921/23.

1. Die Begründung zum Gewerbsteuergesetz 1921 bemerkt hiezu: Die Bestimmung in Art. 64 ist dem § 108 AO. nachgebildet. Die allgemeine Befreiung des Abs. II ist gedacht für Fälle einer besonderen Notlage gewisser Gewerbe im ganzen Land und in einzelnen Gegenden und für analoge Fälle.

Art. 65.

Inkrafttreten.

Dieses Gesetz tritt sofort nach seiner Verkündigung mit Rückwirkung auf den 1. April 1920, für das Gebiet des ehemaligen Freistaates Coburg mit Rückwirkung auf den 1. Juli 1920 in Kraft.

Unverändert gegenüber Art. 65 GewStG. 1921/23.

Art. 66.

Außerinkrafttreten und anderes.

I Mit Wirkung vom 1. April 1920 treten außer Kraft:

1. das Einkommensteuergesetz vom 14. August 1910 samt den Abänderungsgesetzen hierzu vom 17. Aug. 1918 und vom 16. August 1919,
2. das Kapitalrentensteuergesetz vom 14. August 1910 samt den Abänderungsgesetzen hierzu vom 17. Aug. 1918 und vom 16. August 1919,
3. das Vermögensteuergesetz vom 17. August 1918 mit dem Abänderungsgesetze hierzu vom 16. August 1919,
4. das Gewerbsteuergesetz vom 14. August 1910 und Art. 1 des Gesetzes vom 17. August 1918 zur Abänderung des Gewerbsteuergesetzes und des Einführungsgesetzes zu den Gesetzen über die direkten Steuern vom 14. August 1910,
5. § 9 des Finanzgesetzes vom 15. Juli 1916,
6. das Gesetz vom 29. Januar 1920 über die Gewährung steuerlicher Erleichterungen für die Kriegsteilnehmer,

jedoch vorbehaltlich der fortdauernden Anwendung der sachlichen Vorschriften dieser sämtlichen Gesetze auf frühere Fälle und vorbehaltlich der Vorschriften in Abs. II.

II Nachzahlungen an Einkommen-, Kapitalrenten-, Gewerb- und Vermögensteuern können hinsichtlich der unter der Herrschaft der früheren Gesetze entgangenen Steuerbeträge auch nach dem 1. April 1920 beansprucht werden, soweit sie nach jenen Gesetzen verfolgbar waren.

III Hinterziehungen an Einkommen-, Kapitalrenten- und Vermögensteuern, die vor dem 1. April 1920 unternommen worden sind, werden nach diesem Zeitpunkte nach den Strafbestimmungen der bisherigen Gesetze, Hinterziehungen an Gewerbsteuern, soweit die Voraussetzungen des Art. 80 Abs. I und II des Einkommensteuergesetzes vom 14. August 1910/17. August 1918 zutreffen, nach dieser Bestimmung, im übrigen nach jenen Strafbestimmungen bestraft, welche für den Beschuldigten die milderen sind.

Unverändert gegenüber Art. 66 GewStG. 1921/23.

Art. 67.

I Den Zeitpunkt der Wahl der Mitglieder und der Ersatzmänner der Berufungskommissionen und der Oberberufungskommission nach diesem Gesetze, sowie Beginn und Ende der dreijährigen Wahlperioden (Art. 30 Abs. II Ziff. 2 und Art. 39 Abs. II Ziff. 2) bestimmt das Staatsministerium der Finanzen. Für die erstmalige Wahlperiode nach Inkrafttreten dieses Gesetzes kann auch ein Zeitraum von weniger als drei Jahren bestimmt werden.

II Solange die Berufungskommissionen und die Oberberufungskommission noch Entscheidungen über unerledigte Einkommen- und Kapitalrentensteuerfälle zu treffen haben, ist die Wahl der nichtständigen Mitglieder dieser Kommissionen noch vom Kreistag, oder, wenn der Kreistag bis zu dem Zeitpunkt, an dem die Wahl erfolgen muß, nicht zusammengetreten ist, vom Kreisausschusse vorzunehmen.

III Das Verfahren bei den Steuerausschüssen und bei den Rechtsmittelkommissionen ist nicht deshalb unwirksam, weil die nach Maßgabe der bisherigen Vorschriften zusammengesetzten Steuerausschüsse und Rechtsmittelkommissionen ihre den bisherigen Gesetzen mit Einschluß des Gesetzes vom 27. März 1920 über die Steuererhebung für das 1. Vierteljahr 1920 entsprechende Tätigkeit auch über den in Art. 66 Abs. I bezeichneten Zeitpunkt hinaus fortgesetzt haben oder diese, sowie eine den Vorschriften des gegenwärtigen Gesetzes entsprechende Tätigkeit nach Inkrafttreten dieses Gesetzes bis zur Aufnahme der Tätigkeit der Reichs-Steuerausschüsse (Art. 21) und der nach diesem Gesetze zu bildenden Rechtsmittelkommissionen fortsetzen,

ferner weil Steuerfälle, die nach den bisherigen Gesetzen zu behandeln waren, schon vor dem Inkrafttreten dieses Gesetzes von den Reichs-Steuerausschüssen (Art. 21) behandelt worden sind.

IV Noch unerledigte und künftig sich noch ergebende Steuerfälle nach den gemäß Art. 66 außer Kraft tretenden Gesetzen sowie nach dem Gesetze vom 27. März 1920 über die Steuererhebung für das 1. Vierteljahr 1920 sind — vorbehaltlich der Bestimmung in Absatz III — von den Finanzämtern und den nach § 25 der Reichsabgabenordnung gebildeten Ausschüssen (Art. 21, 23), sowie von den nach diesem Gesetze gebildeten Rechtsmittelkommissionen (Art. 30, 39) zu erledigen.

Unverändert gegenüber Art. 67 GewStG. 1921/23.

Die Begründung zum Gewerbsteuergesetz von 1921 hat hiezu folgendes ausgeführt:

Zu **Abs. II**: Die Übergangszeit von den Landessteuergesetzen zu den Reichssteuergesetzen hat hinsichtlich der Tätigkeit der Steuerausschüsse und der Rechtsmittelkommission einige Schwierigkeiten mit sich gebracht. Es ist im Interesse der Sache selbstverständlich unvermeidlich gewesen, die Steuerausschüsse, Berufungskommissionen und die Oberberufungskommission auf Grund der bisherigen Gesetze, die formell noch nicht aufgehoben sind, auch über den 1. April 1920 hinaus fortarbeiten zu lassen. Dies gilt insbesondere auch für die Veranlagung pro 1. Vierteljahr 1920 nach dem Gesetze vom 27. März 1920. Wenn nun die bisherigen Gesetze, wie es formell notwendig ist, nachträglich mit Wirkung vom 1. April 1920 aufgehoben werden, so könnte der Zweifel entstehen, ob die sämtlichen Festsetzungen und Rechtsmittelentscheidungen, die nach dem 1. April 1920 erfolgt sind, zu Recht bestehen. Es ist aber auch möglich, daß da und dort die Ausschüsse nach der RAO. schon vor Erlaß dieses Gesetzes ihre Tätigkeit aufgenommen haben und in ihre Tätigkeit auch Festsetzungen nach bayerischen Steuergesetzen einbezogen haben. Endlich ist es möglich, daß es im Interesse der ungestörten Veranlagung und Rechtsmittelbescheidung sich als zweckmäßig erweist, die bisherigen Ausschüsse und Rechtsmittelkommissionen auch zu Einsteuerungen und Rechtsmittelbescheidungen nach dem gegenwärtigen Gesetze weiter zu verwenden. Abs. II bezweckt, alle diese Festsetzungen als rechtsgültig erfolgt zu bestätigen, um formelle Einwände hintanzuhalten.

Zu **Abs. III**: Die Aufrechterhaltung der Landesinstanzen hat zur selbständigen Folge, alle noch unerledigten und weiter anfallenden Rechtsmittel gegen Einsteuerungen nach dem Landesgesetz auf diese Landesinstanzen zu übertragen. Noch rückständige und nachträglich anfallende Veranlagungen sind selbstverständlich den Finanzämtern und den dort gebildeten Ausschüssen zu übertragen.

Art. 68.

Die zum Vollzuge dieses Gesetzes erforderlichen Vorschriften werden vom Staatsministerium der Finanzen im Benehmen mit den beteiligten Staatsministerien erlassen.

a) Erlassen wurden bisher die Bekanntmachung vom 27. Aug. 1926 zum Vollzuge des Gewerbsteuergesetzes vom 9. Juli 1296 (GVBl. 1926 S. 420 ff., die fortlaufend bei den einzelnen Artikeln als „Bek." abgedruckt ist.

b) Einschlägig sind ferner: Gesetz zum Vollzuge des Finanzausgleichsgesetzes in der Fassung der Bekanntmachung vom 30. April 1924 (GVBl. S. 156 ff.); hiezu die Bekanntmachung vom 9. Oktober 1926 Nr. 50 742 (Staatsanzeiger Nr. 234).

c) Weiter kommen folgende Bekanntmachungen in Betracht:

1. Bekanntmachung d. Staatsmin. d. Fin. vom 21. Oktober 1926 Nr. 52 045 zum Vollzuge des Art. 46 Abs. I (Staatsanzeiger Nr. 246).

2. MB. vom 26. November 1926 zum Vollz. d. GewStG., hier Verzugszuschläge und Verzugszinsen (GVBl. S. 536).

d) Das Gesetz vom 9. Juli 1926 zur Änderung des Gewerbsteuergesetzes vom 27. Juli 1921 in der Fassung vom 18. Juli 1923 bestimmt in Art. XIX:

Übergangs- und Schlußbestimmungen.

Art. XIX.

„Veranlagung für die im Jahre 1925 beendeten Steuerabschnitte.

I Dieses Gesetz tritt sofort mit dem auf seine Verkündigung folgenden Tage in Kraft.[1]) Es findet unbeschadet des Abs. II erstmalig Anwendung auf die Veranlagungen für das Kalenderjahr 1925 oder für die im Kalenderjahr 1925 endenden Wirtschaftsjahre.[2])

II Die bei diesen Veranlagungen sich ergebenden Steuern sind nur mit dem Betrag zu erheben, der verhältnismäßig auf den in die Zeit vom 1. April 1925 ab fallenden Teil des maßgebenden Steuerabschnitts trifft.[3])

III Die Vorauszahlungen, die nach Maßgabe des Art. 7 des Gesetzes über die endgültige Regelung der Gewerbsteuer für das Rechnungsjahr 1924 und die hieraus zu entrichtenden Umlagen, dann über die Entrichtung der Gewerbsteuervorauszahlungen im Rechnungsjahr 1925 vom 16. Juli 1925 (GVBl. S. 198) bis zum Schluß des maßgebenden, in das Kalenderjahr 1925 fallenden Steuerabschnitts zu entrichten sind, werden auf die nach diesem Gesetze zu entrichtenden Steuern angerechnet. Art. 46 Abs. X Satz 2—4 findet entsprechende Anwendung.[4]) [5])

IV Soweit im Zeitpunkt der ersten Gewerbsteuerveranlagung nach diesem Gesetze der Einheitswert von steuerbaren Betriebskapitalbestandteilen noch nicht festgestellt ist (Art. 9, 13 Abs. I), erfolgt die Wertfestsetzung nach den Grundsätzen des Reichsbewertungsgesetzes nötigenfalls im Wege der Schätzung durch das Finanzamt. Gegen diese Wertfestsetzung durch das Finanzamt sind Rechtsmittel nicht gegeben. Bleibt der festgestellte Einheitswert um mindestens fünftausend Reichsmark hinter dem vom Finanzamt festgesetzten Werte zurück, so kann der Steuerpflichtige eine Berichtigung der Betriebskapitalsanlage nach Maßgabe des festgestellten Einheitswertes beantragen. Der Antrag ist innerhalb der gegen den Feststellungsbescheid laufenden Einspruchsfrist (§ 69 Abs. 1 mit § 56 des Reichsbewertungsgesetzes) beim Finanzamt anzubringen und kann nicht zurückgenommen werden, wenn das Finanzamt auf Grund des Antrags bereits tätig geworden ist. Gegen den im Berichtigungsverfahren ergehenden Bescheid des Finanzamts ist vorbehaltlich der Bestimmung in Art. 43 Abs. II das Rechtsmittel der Berufung innerhalb einer nach Maßgabe des Art. 28 zu eröffnenden Frist gegeben. Ist in dem Zeitpunkte der Antragstellung auf Berichtigung der Betriebskapitalsanlage ein Rechtsmittelverfahren wegen der Gewerbsteuerveranlagung anhängig, so ist zunächst der Berichtigungsantrag zu verbescheiden. Wird gegen den Bescheid Berufung eingelegt, so ist das Berufungsverfahren mit dem bereits anhängigen Berufungsverfahren wegen der Gewerbsteuerveranlagung zu verbinden. Der vom Finanzamt festgesetzte Wert gilt, soferne er nicht im Berichtigungsverfahren geändert wird, als Einheitswert im Sinne der Bestimmungen in Art. 43 Abs. IV, 46 Abs. III.[6])

V Die nach Maßgabe der §§ 14—16 des Gesetzes über Steuermilderungen zur Erleichterung der Wirtschaftslage vom 31. März 1926 (RGBl. Teil I S. 185) gewährten Vergünstigungen sind auch bei der Gewerbsteuerveranlagung für die entsprechenden Steuerabschnitte zu berücksichtigen.[7])

VI Die Vorschriften in §§ 21, 22 und 24 des bezeichneten Gesetzes kommen auch bei der Gewerbsteuerveranlugung für die im Kalenderjahr 1926 endenden Steuerabschnitte mit der Maßgabe zur Anwendung, daß die unter Berücksichtigung dieser Vorschriften sich berechnenden Einheitswerte bei der Festsetzung der Betriebskapitalsanlage um ein Viertel ermäßigt werden." [8])

§ 60 der Bek. erläutert Art. XIX des Abänderungsgesetzes wie folgt:

Bek. § 60.

(Zu Art. XIX des Gewerbsteueränderungsgesetzes).

Übergangs- und Schlußbestimmungen.

I *Die Bestimmungen dieser Bekanntmachung finden erstmalig Anwendung auf die Veranlagung für das Kalenderjahr 1925 oder die in diesem Kalenderjahr endenden Steuerabschnitte (Gewerbsteuerveranlagung für 1925). Soweit dies bei dem vorgeschrittenen Stand der Einkommensteuer- und der Körperschaftsteuerveranlagung für das Kalenderjahr 1925 oder die in diesem Kalenderjahr endenden Steuerabschnitte noch möglich ist, soll die Gewerbsteuerveranlagung im unmittelbaren Anschluß an die bezeichneten Reichssteuerveranlagungen vorgenommen werden. Soweit die gleichzeitige Behandlung der Gewerbsteuerveranlagung mit der Einkommensteuer- und der Körperschaftsteuerveranlagung ausgeschlossen ist, treffen die Präsidenten der Landesfinanzämter die zur Durchführung der Gewerbsteuerveranlagung erforderlichen besonderen Anordnungen. Sie können namentlich bestimmen, ob eine allgemeine öffentliche Aufforderung zur Abgabe von Steuererklärungen oder ob nur besondere Aufforderungen unter Zustellung von Erklärungsvordrucken ergehen sollen, ferner inwieweit die Finanzämter von der Einforderung vollständiger Gewerbsteuererklärungen absehen und sich darauf beschränken können, von den Gewerbsteuerpflichtigen bestimmte Einzelangaben zu verlangen, die zur Ergänzung des bereits anläßlich der Einkommensteuer- und der Körperschaftsteuerveranlagung festgestellten Veranlagungsmaterials notwendig sind.*

II *Bei der Gewerbsteuerveranlagung für 1925 ist folgendes zu beachten:*

1. Die bei dieser Veranlagung sich ergebenden Steuern sind nur mit dem Betrag zu erheben, der verhältnismäßig auf den in die Zeit vom 1. April 1925 ab fallenden Teil des maßgebenden Steuerabschnitts trifft (Art. XIX Abs. II des Gewerbsteueränderungsgesetzes).

2. Die Vorauszahlungen, die nach Maßgabe des Art. 7 des Gesetzes vom 16. Juli 1925 (GVBl. S. 198) bis zum Schlusse des maßgebenden, in das Kalenderjahr 1925 fallenden Steuerabschnitts zu entrichten sind, werden auf die bei der

Veranlagung für 1925 festgesetzte Steuerschuld angerechnet (Art. XIX Abs. III des Gewerbsteueränderungsgesetzes).

Ein Steuerpflichtiger, dessen Wirtschaftsjahr und Steuerabschnitt mit dem 30. September 1925 geendet hat, schuldet demnach nur die Hälfte der bei der Gewerbsteuerveranlagung für 1925 für den Steuerabschnitt vom 1. Oktober 1924 bis 30. September 1925 festgesetzten Steuer. Auf diese Steuerschuld werden lediglich die am 10. Mai 1925 und am 10. Juli 1925 fällig gewordenen Gewerbsteuervorauszahlungen angerechnet (zu vgl. Bekanntmachung vom 10. Juni 1925 Nr. 26876 über die Entrichtung der Gewerbsteuervorauszahlungen im Rechnungsjahr 1925, Staatsanzeiger Nr. 131). Die am 10. April 1925 fällig gewordenen Vorauszahlungen stellen sich als Gewerbsteuerablösungsbeträge für das Rechnungsjahr 1924 dar (Art. 4 mit 1 des Gesetzes vom 16. Juli 1925), während die am 10. Oktober 1925 fällig gewordenen Vorauszahlungen erst bei der Veranlagung für den am 30. September 1926 endenden Steuerabschnitt angerechnet werden können (Art. 46 Abs. I Satz 3). Nach den aus Ziff. 1 und 2 sich ergebenden Grundsätzen hat ein Steuerpflichtiger, dessen Steuerabschnitt am 31. März 1925 geendet hat, anläßlich der Gewerbsteuerveranlagung für 1925 keine Abschlußzahlung zu leisten, auch findet bei ihm keine Anrechnung der im Steuerabschnitt (1. April 1924 bis 31. März 1925) geleisteten Vorauszahlungen (Ablösungsbeträgen) statt. Die Gewerbsteuerveranlagung für 1925 dient bei solchen Steuerpflichtigen nur der Ermittlung der Grundlage für die nach der Veranlagung fällig werdenden Vorauszahlungen für den Steuerabschnitt vom 1. April 1925 bis 31. März 1926 (zu vgl. § 44 Abs. III).

3. Soweit im Zeitpunkt der Gewerbsteuerveranlagung für 1925 der Einheitswert von steuerbaren Betriebskapitalsbestandteilen noch nicht festgestellt ist, erfolgt die Wertfestsetzung nicht durch die Bewertungsausschüsse, sondern durch das Finanzamt. Eine Einheitswertfeststellung in diesem Sinne liegt auch schon dann vor, wenn der Feststellungsbescheid noch nicht rechtskräftig ist (§§ 54, 56 ff., 67, 69 ff. RBewG.). Soweit die Einheitswertfestsetzung durch das Finanzamt vorgenommen werden muß, erfolgt sie nach den Vorschriften des Reichsbewertungsgesetzes. Das Finanzamt wird hierbei die Vorbereitungsarbeiten für die Einheitswertfeststellung für Reichszwecke in weitgehendem Umfang verwenden können. Eine Schätzung soll nur dann Platz greifen, wenn ziffermäßige Unterlagen für die Bewertung nicht zur Verfügung stehen. Im übrigen tritt durch die Bestimmungen in Art. XIX Abs. IV des Gewerbsteueränderungsgesetzes in den Befugnissen des Ausschusses hinsichtlich der Veranlagung der Be-

triebskapitalsanlage eine Änderung nicht ein (zu vgl. § 28 Abs. II). Wegen des weiteren Verfahrens und der Antragsberechtigung des Steuerpflichtigen wird auf Art. XIX Abs. IV Satz 3—8 verwiesen.

III *Bei der Gewerbsteuerveranlagung für das Kalenderjahr 1926 oder für die im Kalenderjahr 1926 endenden Steuerabschnitte sind die Bestimmungen im Art. XIX Abs. VI des Gewerbsteueränderungsgesetzes zu beachten. Hiernach sind die nach den besonderen Vorschriften der §§ 21, 22 und 24 des Reichsgesetzes vom 31. März 1926 (RGBl. I S. 185) berechneten Einheitswerte bei der Festsetzung der Betriebskapitalsanlage um 1/4 zu ermäßigen.*

1. Inkrafttreten. Das Gewerbsteueränderungsgesetz vom 9. Juli 1926 (GVBl. S. 375) ist am 27. Juli 1926 verkündet worden und daher am 28. Juli 1926 in Kraft getreten.

2. Erstmalige Veranlagung. Wie das Einkommensteuergesetz vom 10. August 1925 und das Körperschaftssteuergesetz vom gleichen Tage erstmalig Anwendung auf die Veranlagungen für das Kalenderjahr 1925 oder die im Kalenderjahr 1925 endenden Wirtschaftsjahre (§ 117 Abs. I des EinkStG. und § 32 Abs. 1 Satz 2 des KörperschaftsStG.) fand, so findet in Übereinstimmung mit dieser reichsgesetzlichen Regelung auch das Änderungsgesetz für die Gewerbsteuerveranlagungen für die gleichen Zeiträume erstmalig Anwendung. Die erste Veranlagung, die somit nach Maßgabe der neuen Vorschriften zu erfolgen hat, ist mit Rücksicht auf Art. 13 Abs. III die nach Ablauf des ersten Kalenderhalbjahres 1925 stattfindende Veranlagung. Da die gleichzeitige Behandlung der Gewerbsteuerveranlagung für das Kalenderjahr 1925 bzw. die in diesem Kalenderjahr endenden Steuerabschnitte sich wegen des verspäteten Erscheinens des neuen bayer'schen Gewerbsteuergesetzes nicht hat ermöglichen lassen, ermächtigt § 60 Abs. I der Bek. die Präsidenten der Landesfinanzämter besondere Anordnungen zur Durchführung der Gewerbsteuerveranlagung zu treffen. Die bayerischen LFA. München, Nürnberg-Würzburg haben von dieser Ermächtigung Gebrauch gemacht. Eine öffentliche Aufforderung zur Abgabe von Gewerbsteuererklärungen für 1925 erfolgt nicht, vielmehr werden Steuererklärungen von den Finanzämtern nur von Fall zu Fall eingefordert, soweit dies vom einzelnen Finanzamt für erforderlich erachtet wird; in einzelnen Fällen können die Finanzämter an Stelle von Steuererklärungen Hilfsvordrucke verwenden. In den meisten Fällen werden die Ämter sich darauf beschränken, von den Gewerbsteuerpflichtigen bestimmte Einzelangaben zu verlangen, die zur Ergänzung des bereits vorliegenden Veranlagungsmaterials notwendig sind. Eine bestimmte Frist für die Einforderung der Steuererklärungen bzw. Einzelangaben ist den Finanzämtern nicht gesetzt. Die Finanzämter sind jedoch angewiesen, die Steuerpflichtigen auf die an einen Antrag geknüpften Vergünstigungen der Art. 10 Abs. V und Art. 11 des Gewerbsteuergesetzes besonders aufmerksam zu machen.

3. Erhebung für die Zeit ab 1. April 1925: Bek. § 60 II Ziff. 1. Diese Bestimmung hat ihren Grund darin, daß die Gewerbsteuervorauszahlungen für 1924 bis zum 31. März 1925 d. h. für das Rechnungsjahr 1924/25 erhoben wurden, die nach Art. 1 des Ges. vom 16. Juli 1925 über die endgültige Regelung der Gewerbsteuer für das Rechnungsjahr 1924 usw. (GVBl. S. 198) als Ablösung der Gewerbsteuer für das Rechnungsjahr 1924 gelten. Es wird hiernach z. B. die für das Kalenderjahr 1925 festgesetzte Steuer nur mit drei Vierteln, die für das am 30. Juni 1925 endende Wirtschaftsjahr festgesetzte Steuer nur mit einem Viertel erhoben.

4. Anrechnung der Vorauszahlungen. Bek. § 60 Abs. II Ziff. 2. Die ursprünglich von den Bestimmungen der Einkommensteuer abweichenden Vorschriften wurden aufgehoben und dem Einkommensteuergesetz angeglichen. Siehe hierzu Anm. 3 zu Art. 46. Die Vorauszahlungen gelten als Vorauszahlungen für den Steuerabschnitt, in den der Schluß des vergangenen Monats fällt, so gilt z. B. die am 10. Oktober 1925 fällig gewordene Vorauszahlung noch als Vorauszahlung für den am 30. September 1925 endenden Steuerabschnitt.

5. Die Wirkung der Bestimmungen zu Anm. 3 und 4 soll durch folgende **Beispiele** erläutert werden:

a) Ein Steuerpflichtiger, dessen Wirtschaftsjahr und Steuerabschnitt mit dem 30. September 1925 geendet hat, schuldet demnach nur die Hälfte der bei der Gewerbsteuerveranlagung für 1925 für den Steuerabschnitt vom 1. Oktober 1924 bis 30. September 1925 festgesetzten Steuer. Auf diese Steuerschuld werden die am 10. Mai 1925, am 10. Juli 1925 und 10. Oktober 1925 fällig gewordenen Gewerbsteuervorauszahlungen angerechnet. Die am 10. April 1925 fällig gewordene Vorauszahlung gilt als Ablösungsbetrag der Gewerbsteuerschuld bis zum 31. März 1925.

b) Ein Steuerpflichtiger, dessen Steuerabschnitt am 31. März 1925 geendet hat, hat anläßlich der Gewerbsteuervorauszahlung für 1925 keine Abschlußzahlung zu leisten. Demgemäß findet bei ihm auch keine Anrechnung der in der Zeit vom 1. April 1924 bis 31. März 1925 geleisteten Vorauszahlungen (Ablösungsbeträge) statt. Die Gewerbsteuerveranlagung für 1925 dient bei solchen Steuerpflichtigen nur der Ermittlung der Grundlage für die nach der Veranlagung fällig werdenden Vorauszahlungen für den Steuerabschnitt vom 1. April 1925 bis 31. März 1926.

c) Ein Steuerpflichtiger, dessen Wirtschaftsjahr mit dem Kalenderjahr identisch ist, schuldet nur drei Viertel der bei der

Gewerbsteuerveranlagung für 1925 für den Steuerabschnitt vom 1. Januar bis 31. Dezember 1925 festgesetzten Steuer. Auf diese Steuerschuld werden die am 10. Mai, 10. Juli, 10. Oktober 1925 und 10. Januar 1926 fällig gewordenen Gewerbsteuervorauszahlungen angerechnet. Die am 10. April 1925 fällig gewordene Gewerbsteuervorauszahlung gilt als Ablösungsbetrag der Gewerbsteuerschuld bis zum 31. März 1925.

Wird z. B. für das Kalenderjahr 1925 eine Gewerbsteuer von 400 Mk. festgesetzt und sind für die Zeit vom 1. April bis 31. Dezember 1925 schon 300 Mk. an Vorauszahlungen geleistet, so ist eine Nachzahlung nicht zu leisten; denn da nur drei Viertel = 300 Mk. zu erheben sind, so ist die Schuld bereits voll durch die Vorauszahlungen gedeckt.

6. Noch nicht festgestellter Einheitswert von steuerbaren Betriebskapitalsbestandteilen: Bek. § 60 II Ziff. 3. Nach § 82 des Reichsbewertungsgesetzes würde für die nach dem Merkmale des Wertes bemessene Gewerbsteuer, die die Länder für das Kalenderjahr 1925 oder für ein in diesem Jahre beginnendes Rechnungsjahr erheben, eine Bindung an die Vorschriften dieses Gesetzes noch nicht bestehen. Um jedoch dem allseits geäußerten und durchaus berechtigten Wunsche nach einer möglichsten Vereinfachung der Gewerbsteuerveranlagung Rechnung zu tragen, ist bestimmt worden, daß grundsätzlich die nach dem Hauptfeststellungszeitpunkt vom 1. Januar 1925 festgestellten Einheitswerte schon bei den Gewerbsteuerveranlagungen für das Kalenderjahr 1925 oder für die im Kalenderjahr 1925 endenden Wirtschaftsjahre zugrunde gelegt werden. Das bayerische Gewerbsteuergesetz hat nun vorsorglich die Bestimmung getroffen, daß die Festsetzung des Wertes des Betriebskapitals durch das Finanzamt nach den Grundsätzen des Reichsbewertungsgesetzes nötigenfalls im Wege der Schätzung zu erfolgen hat, falls die Feststellung der Einheitswerte durch das Reich nach den Bestimmungen des Reichsbewertungsgesetzes noch nicht erfolgt sein sollte. Da jedoch diese Feststellung durch das Reich bereits vorgenommen ist, dürfte die Bestimmung des Art. XIX Abs. IV Gewerbsteueränderungsgesetz in Verbindung mit Bek. § 60 Abs. II Ziff. 3 allgemein nicht zur Anwendung gelangen.

7. Vergünstigungen für gewerbsteuerpflichtige Körperschaften: Das Gesetz über Steuermilderungen zur Erleichterung der Wirtschaftslage vom 31. März 1926 (RGBl. I S. 185) sieht in §§ 14, 15 zeitlich begrenzte Vergünstigungen bei der Körperschaftssteuerveranlagung für sogen. Muttergesellschaften vor. Diese Vergünstigungen kommen auch den gewerbsteuerpflichtigen Körperschaften zugute. (Begr.) Siehe auch Anm. 8c zu Art. 8 S. 82.

8. Einheitswerte für 1925 und für 1926: Bek. § 60 III. Nach § 21 des Reichsgesetzes über Steuermilderungen zur Erleichterung der Wirtschaftslage vom 31. März 1926 — sogen. Steuermilderungsgesetz — hat man im Reiche eine Festsetzung der Einheitswerte für 1926 unterlassen, der mit dem 1. Januar 1925 beginnende Hauptfeststellungszeitraum für die Festsetzung der Einheitswerte ist auf das Kalenderjahr 1926 ausgedehnt worden. Die Vermögenssteuer für das Kalenderjahr 1926 wird nicht besonders veranlagt; zur Abgeltung der durchschnittlichen Minderung der Vermögenswerte wird sie jedoch nur in Höhe von drei Viertel des Jahressteuerbetrages für das Kalenderjahr 1925 erhoben. (§ 20 des Steuermilderungsgesetzes.)

Für die Betriebskapitalsanlage des bayerischen Gewerbsteuergesetzes hat die obige reichsgesetzliche Regelung zur Folge, daß die ihr zugrunde zu legenden Einheitswerte für 1925 und 1926 grundsätzlich dieselben sind. Für die im Kalenderjahr 1926 endenden Steuerabschnitte wird jedoch bei Festsetzung der Betriebskapitalsanlage der Einheitswert vom 1. Januar 1925 um ein Viertel ermäßigt. Dies gilt auch für Neu- und Nachfeststellungen. (S. Anm. 2 zu Art. 13.)

Art. 69.

Vollzugsvorschriften.

I Das Staatsministerium der Finanzen wird ermächtigt, im Bedarfsfalle die Aufgaben der Berufungskommissionen (Abschn. IV Ziff. 2 dieses Gesetzes) mit Zustimmung des Reichsfinanzministeriums bis auf weiteres den an die Landesfinanzämter angegliederten Finanzgerichten (§§ 14 ff. der Reichsabgabenordnung) zu übertragen und die Verwaltung der Gewerbsteuer, soweit hierfür nach dem Gesetze die Landesmittelstellen in Betracht kommen, durch die Landesfinanzämter unter der Oberaufsicht des Staatsministeriums der Finanzen besorgen zu lassen.[1])

II Auf die Dauer dieser Regelung gelten für die Berufungen ausschließlich die Vorschriften der Reichsabgabenordnung in gleicher Weise und in gleichem Umfange wie für die von den Finanzgerichten zu behandelnden Berufungen in Einkommen- und Körperschaftsteuersachen. Berufungen, die an die Berufungskommission gerichtet sind, sind den Finanzgerichten zu überweisen.[1])

III Auf die Dauer der Regelung nach Abs. I haben die Finanzgerichte auch die noch unerledigten und künftig sich noch ergebenden Steuerfälle nach den bisherigen bayerischen

Steuergesetzen (Art. 66 und 67 Abs. IV) an Stelle der Berufungskommissionen zu behandeln.

IV Das Verfahren in der Berufungsinstanz ist nicht deshalb unwirksam, wenn eine nach den bisherigen Gesetzesvorschriften oder etwa eine nach den Bestimmungen des IV. Abschnitts dieses Gesetzes gebildete Berufungskommission ihre dem Gesetz entsprechende Tätigkeit bis zur Aufnahme der Tätigkeit des Finanzgerichts fortsetzt (Art. 67 Abs. III).

V Auf die Dauer der Regelung nach Abs. I treten auch für das Gesetz vom 30. Juni 1921 zum Vollzuge des Landessteuergesetzes vom 30. März 1920 (GVBl. S. 361) die Finanzgerichte an die Stelle der Berufungskommissionen.

Abs. II mit IV finden entsprechende Anwendung.

VI Gegen die Berufungsentscheidungen der Finanzgerichte ist die Beschwerde an die Oberberufungskommission nach Art. 37 ff. dieses Gesetzes zulässig; sie ist gemäß § 234 der Reichsabgabenordnung beim Finanzgericht, dessen Entscheidung angefochten wird, einzureichen. Das Finanzgericht hat für die Vorlage der Beschwerde an das Staatsministerium der Finanzen (Art. 40) Sorge zu tragen.

Unverändert gegenüber Art. 69 GewStG. 1921/23.

1. S. Fußnote zu Art. 27 und Anm. 8 zu Art. 30.

Anhang.

Anlagen der Bekanntmachung zum Vollzug des Gewerbsteuergesetzes vom 9. Juli 1926.

Anlage 1
(zu § 8 Abs. I.)

Hilfstafel

für die Berechnung der Betriebskapitalsanlage nach Art. 7 Abs. I und III.

Das steuerbare gewerbliche Betriebskapital ist auf volle Tausend nach unten abzurunden.

Die hiernach sich berechnende Betriebskapitalsanlage ist ebenfalls auf volle Reichsmark nach unten abzurunden.

Sie beträgt:

Steuerbares gewerbliches Betriebskapital RM	Betriebs-kapitals-anlage RM	Steuerbares gewerbliches Betriebskapital RM	Betriebs-kapitals-anlage RM	Steuerbares gewerbliches Betriebskapital RM	Betriebs-kapitals-anlage RM
1 000	—	21 000	17	41 000	35
2 000	1	22 000	18	42 000	36
3 000	2	23 000	18	43 000	37
4 000	3	24 000	19	44 000	38
5 000	3	25 000	20	45 000	39
6 000	4	26 000	21	46 000	40
7 000	5	27 000	22	47 000	41
8 000	6	28 000	23	48 000	42
9 000	6	29 000	24	49 000	43
10 000	7	30 000	25	50 000	44
11 000	8	31 000	26	51 006	45
12 000	9	32 000	27	52 000	47
13 000	10	33 000	28	53 000	48
14 000	11	34 000	29	54 000	49
15 000	11	35 000	29	55 000	50
16 000	12	36 000	30	56 000	51
17 000	13	37 000	31	57 000	53
18 000	14	38 000	32	58 000	54
19 000	15	39 000	33	59 000	55
20 000	16	40 000	34	60 000	56

Für jedes weitere Tausend des steuerbaren gewerblichen Betriebskapitals beträgt die Betriebskapitalsanlage 1,50 Reichsmark und ist in ihrem Gesamtbetrage um 34 Reichsmark geringer als der Satz von 1,50 v. T.

Z. B.

80 000 RM	steuerb.	gew.	Betriebskap.	=	86 RM	Betriebskap.-	Anlage
100 000 RM	"	"	"	=	116 RM	"	"
150 000 RM	"	"	"	=	191 RM	"	"
200 000 RM	"	"	"	=	266 RM	"	"
300 000 RM	"	"	"	=	416 RM	"	"
400 000 RM	"	"	"	=	566 RM	"	"
500 000 RM	"	"	"	=	716 RM	"	"
600 000 RM	"	"	"	=	866 RM	"	"
700 000 RM	"	"	"	=	1 016 RM	"	"
800 000 RM	"	"	"	=	1 166 RM	"	"
900 000 RM	"	"	"	=	1 316 RM	"	"
1 000 000 RM	"	"	"	=	1 466 RM	"	"
2 000 000 RM	"	"	"	=	2 966 RM	"	"
3 000 000 RM	"	"	"	=	4 466 RM	"	"
5 000 000 RM	"	"	"	=	7 466 RM	"	"

Anlage 2
(zu § 8 Abs. 1)

Hilfstafel
für die Berechnung der Ertragsanlage nach Art. 7 Abs. II und III.

Der steuerbare gewerbliche Reinertrag ist auf volle Hundert nach unten abzurunden.

Die hiernach sich berechnende Ertragsanlage ist ebenfalls auf volle Reichsmark nach unten abzurunden.

Gewerblicher Reinertrag RM	Ertrags-anlage RM	Gewerblicher Reinertrag RM	Ertrags-anlage RM	Gewerblicher Reinertrag RM	Ertrags-anlage RM
100	—	2 600	6	5 100	18
200	—	700	6	200	19
300	—	800	7	300	19
400	1	900	7	400	20
500	1	3 000	7	500	21
600	1	100	8	600	22
700	1	200	8	700	22
800	2	300	9	800	23
900	2	400	9	900	24
1 000	2	500	10	6 000	25
100	2	600	10	100	25
200	3	700	11	200	26
300	3	800	11	300	27
400	3	900	12	400	28
500	3	4 000	12	500	28
600	4	100	13	600	29
700	4	200	13	700	30
800	4	300	14	800	31
900	4	400	14	900	31
2 000	5	500	15	7 000	32
100	5	600	15	100	33
200	5	700	16	200	34
300	5	800	16	300	35
400	6	900	17	400	36
500	6	5 000	17	500	37

Gewerblicher Reinertrag RM	Ertrags-anlage RM	Gewerblicher Reinertrag RM	Ertrags-anlage RM	Gewerblicher Reinertrag RM	Ertrags-anlage RM
7 600	38	11 800	84	16 000	143
700	39	900	85	100	145
800	40	12 000	86	200	146
900	41	100	87	300	148
8 000	42	200	89	400	149
100	43	300	90	500	151
200	44	400	91	600	152
300	45	500	93	700	154
400	46	600	94	800	155
500	47	700	95	900	157
600	48	800	96	17 000	158
700	49	900	98	100	160
800	50	13 000	99	200	161
900	51	100	100	300	163
9 000	52	200	102	400	164
100	53	300	103	500	166
200	54	400	105	600	167
300	55	500	106	700	169
400	56	600	107	800	170
500	58	700	109	900	172
600	59	800	110	18 000	173
700	60	900	112	100	175
800	61	14 000	113	200	176
900	62	100	115	300	178
10 000	63	200	116	400	179
100	64	300	118	500	181
200	65	400	119	600	182
300	66	500	121	700	184
400	67	600	122	800	185
500	69	700	124	900	187
600	70	800	125	19 000	188
700	71	900	127	100	190
800	72	15 000	128	200	191
900	73	100	130	300	193
11 000	74	200	131	400	194
100	75	300	133	500	196
200	76	400	134	600	197
300	78	500	136	700	199
400	79	600	137	800	200
500	80	700	139	900	202
600	81	800	140	20 000	203
700	82	900	142	100	205

Gewerblicher Reinertrag RM	Ertrags-Anlage RM	Gewerblicher Reinertrag RM	Ertrags-Anlage RM	Gewerblicher Reinertrag RM	Ertrags-Anlage RM
20 200	206	24 400	269	28 600	332
300	208	500	271	700	334
400	209	600	272	800	335
500	211	700	274	900	337
600	212	800	275	29 000	338
700	214	900	277	100	340
800	215	25 000	278	200	341
900	217	100	280	300	343
21 000	218	200	281	400	344
100	220	300	283	500	346
200	221	400	284	600	347
300	223	500	286	700	349
400	224	600	287	800	350
500	226	700	289	900	352
600	227	800	290	30 000	353
700	229	900	292	100	355
800	230	26 000	293	200	356
900	232	100	295	300	358
22 000	233	200	296	400	359
100	235	300	298	500	361
200	236	400	299	600	363
300	238	500	301	700	364
400	239	600	302	800	366
500	241	700	304	900	367
600	242	800	305	31 000	369
700	244	900	307	100	371
800	245	27 000	308	200	372
900	247	100	310	300	374
23 000	248	200	311	400	375
100	250	300	313	500	377
200	251	400	314	600	379
300	253	500	316	700	380
400	254	600	317	800	382
500	256	700	319	900	383
600	257	800	320	32 000	385
700	259	900	322	100	387
800	260	28 000	323	200	388
900	262	100	325	300	390
24 000	263	200	326	400	391
100	265	300	328	500	393
200	266	400	329	600	395
300	268	500	331	700	396

Gewerblicher Reinertrag RM	Ertrags-Anlage RM	Gewerblicher Reinertrag RM	Ertrags-Anlage RM	Gewerblicher Reinertrag RM	Ertrags-Anlage RM
32 800	398	37 000	465	41 200	532
900	399	100	467	300	534
33 000	401	200	468	400	535
100	403	300	470	500	537
200	404	400	471	600	539
300	406	500	473	700	540
400	407	600	475	800	542
500	409	700	476	900	543
600	411	800	478	42 000	545
700	412	900	479	100	547
800	414	38 000	481	200	548
900	415	100	483	300	550
34 000	417	200	484	400	551
100	419	300	486	500	553
200	420	400	487	600	555
300	422	500	489	700	556
400	423	600	491	800	558
500	425	700	492	900	559
600	427	800	494	43 000	561
700	428	900	495	100	563
800	430	39 000	497	200	564
900	431	100	499	300	566
35 000	433	200	500	400	567
100	435	300	502	500	569
200	436	400	503	600	571
300	438	500	505	700	572
400	439	600	507	800	574
500	441	700	508	900	575
600	443	800	510	44 000	577
700	444	900	511	100	579
800	446	40 000	513	200	580
900	447	100	515	300	582
36 000	449	200	516	400	583
100	451	300	518	500	585
200	452	400	519	600	587
300	454	500	521	700	588
400	455	600	523	800	590
500	457	700	524	900	591
600	459	800	526	45 000	593
700	460	900	527	100	595
800	462	41 000	529	200	596
900	463	100	531	300	598

Gewerblicher Reinertrag RM	Ertrags-Anlage RM	Gewerblicher Reinertrag RM	Ertrags-Anlage RM	Gewerblicher Reinertrag RM	Ertrags-Anlage RM
45 400	599	49 600	667	53 800	738
500	601	700	668	900	739
600	603	800	670	54 000	741
700	604	900	671	100	743
800	606	50 000	673	200	744
900	607	100	675	300	746
46 000	609	200	676	400	748
100	611	300	678	500	750
200	612	400	680	600	751
300	614	500	682	700	753
400	615	600	683	800	755
500	617	700	685	900	756
600	619	800	687	55 000	758
700	620	900	688	100	760
800	622	51 000	690	200	761
900	623	100	692	300	763
47 000	625	200	693	400	765
100	627	300	695	500	767
200	628	400	697	600	768
300	630	500	699	700	770
400	631	600	700	800	772
500	633	700	702	900	773
600	635	800	704	56 000	775
700	636	900	705	100	777
800	638	52 000	707	200	778
900	639	100	709	300	780
48 000	641	200	710	400	782
100	643	300	712	500	784
200	644	400	714	600	785
300	646	500	716	700	787
400	647	600	717	809	789
500	649	700	719	900	790
600	651	800	721	57 000	792
700	652	900	722	100	794
800	654	53 000	724	200	795
900	655	100	726	300	797
49 000	657	200	727	400	799
100	659	300	729	500	801
200	660	400	731	600	802
300	662	500	733	700	804
400	663	600	734	800	806
500	665	700	736	900	807

Gewerblicher Reinertrag RM	Ertrags-Anlage RM	Gewerblicher Reinertrag RM	Ertrags-Anlage RM	Gewerblicher Reinertrag RM	Ertrags-Anlage RM
58 000	809	62 200	880	66 400	952
100	811	300	882	500	954
200	812	400	884	600	955
300	814	500	886	700	957
400	816	600	887	800	959
500	818	700	889	900	960
600	819	800	891	67 000	962
700	821	900	892	100	964
800	823	63 000	894	200	965
900	824	100	896	300	967
59 000	826	200	897	400	969
100	828	300	899	500	971
200	829	400	901	600	972
300	831	500	903	700	974
400	833	600	904	800	976
500	835	700	906	900	977
600	836	800	908	68 000	979
700	838	900	909	100	981
800	840	64 000	911	200	982
900	841	100	913	300	984
60 000	843	200	914	400	986
100	845	300	916	500	988
200	846	400	918	600	989
300	848	500	920	700	991
400	850	600	921	800	993
500	852	700	923	900	994
600	853	800	925	69 000	996
700	855	900	926	100	998
800	857	65 000	928	200	999
900	858	100	930	300	1001
61 000	860	200	931	400	1003
100	862	300	933	500	1005
200	863	400	935	600	1006
300	865	500	937	700	1008
400	867	600	938	800	1010
500	869	700	940	900	1011
600	870	800	942	70 000	1013
700	872	900	943	100	1015
800	874	66 000	945	200	1016
900	875	100	947	300	1018
62 000	877	200	948	400	1020
100	879	300	950	500	1022

Gewerblicher Reinertrag *RM*	Ertrags-Anlage *RM*	Gewerblicher Reinertrag *RM*	Ertrags-Anlage *RM*	Gewerblicher Reinertrag *RM*	Ertrags-Anlage *RM*
70 600	1023	74 900	1096	79 200	1169
700	1025	75 000	1098	300	1171
800	1027	100	1100	400	1173
900	1028	200	1101	500	1175
71 000	1030	300	1103	600	1176
100	1032	400	1105	700	1178
200	1033	500	1107	800	1180
300	1035	600	1108	900	1181
400	1037	700	1110	80 000	1183
500	1039	800	1112	100	1185
600	1040	900	1113	200	1186
700	1042	76 000	1115	300	1188
800	1044	100	1117	400	1190
900	1045	200	1118	500	1192
72 000	1047	300	1120	600	1193
100	1049	400	1122	700	1195
200	1050	500	1124	800	1197
300	1052	600	1125	900	1198
400	1054	700	1127	81 000	1200
500	1056	800	1129	100	1202
600	1057	900	1130	200	1203
700	1059	77 000	1132	300	1205
800	1061	100	1134	400	1207
900	1062	200	1135	500	1209
73 000	1064	300	1137	600	1210
100	1066	400	1139	700	1212
200	1067	500	1141	800	1214
300	1069	600	1142	900	1215
400	1071	700	1144	82 000	1217
500	1073	800	1146	100	1219
600	1074	900	1147	200	1220
700	1076	78 000	1149	300	1222
800	1078	100	1151	400	1224
900	1079	200	1152	500	1226
74 000	1081	300	1154	600	1227
100	1083	400	1156	700	1229
200	1084	500	1158	800	1231
300	1086	600	1159	900	1232
400	1088	700	1161	83 000	1234
500	1090	800	1163	100	1236
600	1091	900	1164	200	1237
700	1093	79 000	1166	300	1239
800	1095	100	1168	400	1241

Gewerblicher Reinertrag RM	Ertrags-Anlage RM	Gewerblicher Reinertrag RM	Ertrags-Anlage RM	Gewerblicher Reinertrag RM	Ertrags-Anlage RM
83 500	1243	87 800	1316	92 100	1389
600	1244	900	1317	200	1390
700	1246	88 000	1319	300	1392
800	1248	100	1321	400	1394
900	1249	200	1322	500	1396
84 000	1251	300	1324	600	1397
100	1253	400	1326	700	1399
200	1254	500	1328	800	1401
300	1256	600	1329	900	1402
400	1258	700	1331	93 000	1404
500	1260	800	1333	100	1406
600	1261	900	1334	200	1407
700	1263	89 000	1336	300	1409
800	1265	100	1338	400	1411
900	1266	200	1339	500	1413
85 000	1268	300	1341	600	1414
100	1270	400	1343	700	1416
200	1271	500	1345	800	1418
300	1273	600	1346	900	1419
400	1275	700	1348	94 000	1421
500	1277	800	1350	100	1423
600	1278	900	1351	200	1424
700	1280	90 000	1353	300	1426
800	1282	100	1355	400	1428
900	1283	200	1356	500	1430
86 000	1285	300	1358	600	1431
100	1287	400	1360	700	1433
200	1288	500	1362	800	1435
300	1290	600	1363	900	1436
400	1292	700	1365	95 000	1438
500	1294	800	1367	100	1440
600	1295	900	1368	200	1441
700	1297	91 000	1370	300	1443
800	1299	100	1372	400	1445
900	1300	200	1373	500	1447
87 000	1302	300	1375	600	1448
100	1304	400	1377	700	1450
200	1305	500	1379	800	1452
300	1307	600	1380	900	1453
400	1309	700	1382	96 000	1455
500	1311	800	1384	100	1457
600	1312	900	1385	200	1458
700	1314	92 000	1387	300	1460

Gewerblicher Reinertrag RM	Ertrags-Anlage RM	Gewerblicher Reinertrag RM	Ertrags-Anlage RM	Gewerblicher Reinertrag RM	Ertrags-Anlage RM
96 400	1462	100 700	1535	105 000	1608
500	1464	800	1537	100	1610
600	1465	900	1538	200	1611
700	1467	101 000	1540	300	1613
800	1469	100	1542	400	1615
900	1470	200	1543	500	1617
97 000	1472	300	1545	600	1618
100	1474	400	1547	700	1620
200	1475	500	1549	800	1622
300	1477	600	1550	900	1623
400	1479	700	1552	106 000	1625
500	1481	800	1554	100	1627
600	1482	900	1555	200	1628
700	1484	102 000	1557	300	1630
800	1486	100	1559	400	1632
900	1487	200	1560	500	1634
98 000	1489	300	1562	600	1635
100	1491	400	1564	700	1637
200	1492	500	1566	800	1639
300	1494	600	1567	900	1640
400	1496	700	1569	107 000	1642
500	1498	800	1571	100	1644
600	1499	900	1572	200	1645
700	1501	103 000	1574	300	1647
800	1503	100	1576	400	1649
900	1504	200	1577	500	1651
99 000	1506	300	1579	600	1652
100	1508	400	1581	700	1654
200	1509	500	1583	800	1656
300	1511	600	1584	900	1657
400	1513	700	1586	108 000	1659
500	1515	800	1588	100	1661
600	1516	900	1589	200	1662
700	1518	104 000	1591	300	1664
800	1520	100	1593	400	1666
900	1521	200	1594	500	1668
100 000	1523	300	1596	600	1669
100	1525	400	1598	700	1671
200	1526	500	1600	800	1673
300	1528	600	1601	900	1674
400	1530	700	1603	109 000	1676
500	1532	800	1605	100	1678
600	1533	900	1606	200	1679

Gewerblicher Reinertrag *RM*	Ertrags-Anlage *RM*	Gewerblicher Reinertrag *RM*	Ertrags-Anlage *RM*
109 300	1681	113 600	1754
400	1683	700	1756
500	1685	800	1758
600	1686	900	1759
700	1688	114 000	1761
800	1690	100	1763
900	1691	200	1764
110 000	1693	300	1766
100	1695	400	1768
200	1696	500	1770
300	1698	600	1771
400	1700	700	1773
500	1702	800	1775
600	1703	900	1776
700	1705	115 000	1778
800	1707	100	1780
900	1708	200	1781
111 000	1710	300	1783
100	1712	400	1785
200	1713	500	1787
300	1715	600	1788
400	1717	700	1790
500	1719	800	1792
600	1720	900	1793
700	1722	116 000	1795
800	1724	100	1797
900	1725	200	1798
112 000	1727	300	1800
100	1729	400	1802
200	1730	500	1804
300	1732	600	1805
400	1734	700	1807
500	1736	800	1809
600	1737	900	1810
700	1739	117 000	1812
800	1741	100	1814
900	1742	200	1815
113 000	1744	300	1817
100	1746	400	1819
200	1747	500	1821
300	1749	600	1822
400	1751	700	1824
500	1753	800	1826

Gewerblicher Reinertrag *RM*	Ertrags-Anlage *RM*
117 900	1827
118 000	1829
100	1831
200	1832
300	1834
400	1836
500	1838
600	1839
700	1841
800	1843
900	1844
119 000	1846
100	1848
200	1849
300	1851
400	1853
500	1855
600	1856
700	1858
800	1860
900	1861
120 000	1863

Von jedem weiteren Hundert des steuerbaren gewerblichen Reinertrags beträgt die Ertragsanlage 1,90 *RM*.

150 000	2433
200 000	3383
300 000	5283
400 000	7183
500 000	9083
600 000	10983
700 000	12883
800 000	14783
900 000	16683
1 000 000	18583
2 000 000	37583
3 000 000	56583
5 000 000	94583

Anlage 3
(zu § 19 Abs. IV)

Öffentliche Aufforderung

zur Abgabe der Steuererklärung für die Gewerbsteuer für 19../19..

Auf Grund dieser öffentlichen Aufforderung sind zur Abgabe einer Steuererklärung verpflichtet alle Gewerbetreibenden (Unternehmer) und zwar natürliche und juristische Personen und nichtrechtsfähige Vereinigungen ohne Rücksicht auf die Höhe ihres Betriebskapitals und des von ihnen im maßgebenden Wirtschaftsjahr (Steuerabschnitt) erzielten gewerblichen Reinertrags.

Die hiernach zur Abgabe der Steuererklärung Verpflichteten werden aufgefordert, die Steuererklärung **unter Benützung des vorgeschriebenen Vordrucks in der Zeit von** . . . . bis . . . . 19... beim unterzeichneten Finanzamt einzureichen.

Die zur Abgabe einer Steuererklärung Verpflichteten haben die Steuererklärung auch dann abzugeben, wenn ihnen ein Vordruck nicht zugesandt wird. Für solche Verpflichtete, denen ein Vordruck nicht zugesandt wird, liegen die Vordrucke für die Steuererklärung beim unterzeichneten Finanzamt oder bei der Gemeindebehörde zur Abholung auf.

Die Einsendung schriftlicher Erklärungen durch die Post ist zulässig, geschieht aber auf Gefahr des zur Abgabe der Steuererklärung Verpflichteten und deshalb zweckmäßig mittels Einschreibebriefs. Mündliche Erklärungen werden von dem unterzeichneten Finanzamt während der Geschäftsstunden . . . . . zu Protokoll entgegengenommen.

Wer die Frist zur Abgabe der ihm obliegenden Steuererklärung versäumt, kann mit Geldstrafen zur Abgabe der Steuererklärung angehalten werden; auch kann ihm ein Zuschlag bis zu 10 v. H. der festgesetzten Steuer auferlegt werden.

Die Hinterziehung oder der Versuch einer Hinterziehung der Gewerbsteuer sowie fahrlässige Vergehen gegen das Gewerbsteuergesetz (Steuergefährdung) werden bestraft.

. . . ., den . . . . . . 19...

Das Finanzamt.

Anlage 4
(zu § 21 Abs. VII).

Finanzamt . . . .

Stadt / Gemeinde . . . .

Steuernummer . . . .

Wohin haben Sie die Vorauszahlungen auf die Gewerbsteuer für den Steuerabschnitt 19../19.. geleistet?

. . . .

Unter welcher Steuernummer?

. . . .

Wo wohnten Sie am 10. Oktober 19...? . . . .

. . . .

(Ort, Straße, Hausnummer)

Natürliche Personen.

Zur Beachtung.

1. Diese Steuererklärung ist bis zum . . . . 192.. beim Finanzamt . . . . ausgefüllt und eigenhändig unterschrieben einzureichen. **Die Zusendung dieses Vordrucks gilt zugleich als Aufforderung zur Abgabe einer Steuererklärung.**

2. Die Steuererklärungen sind für selbständig zu veranlagende Personen, die unter elterlicher Gewalt, Vormundschaft oder Pflegschaft stehen, von den Inhabern der elterlichen Gewalt, vom Vormund oder Pfleger abzugeben. Wer durch Abwesenheit oder sonst verhindert ist, die Steuererklärung abzugeben, kann die Erklärung durch Bevollmächtigte abgeben lassen. Die schriftliche Vollmacht ist der Steuererklärung beizufügen, sofern sie nicht bereits zu den Akten des Finanzamts gegeben ist. Für einen Steuerpflichtigen, der vor Abgabe einer Steuererklärung verstorben ist, ist die Steuererklärung, soweit ein Testamentsvollstrecker oder ein Nachlaßpfleger die Verwaltung des Nachlasses übernommen hat, von diesen Personen, im übrigen von den Erben abzugeben.

3. **Bei verspäteter Abgabe der Steuererklärung kann ein Zuschlag bis zu 10 v. H. der endgültig festgesetzten Steuer auferlegt werden. Die Abgabe der Steuererklärung kann durch Geldstrafen (§ 202 AO.) erzwungen werden.**

4. **Sämtliche Fragen sind zu beantworten! Nichtzutreffendes ist zu durchstreichen.**

5. Alle Einnahmen aus Gewerbebetrieb im Steuerabschnitte müssen angegeben werden, gleichviel, ob sie noch weiter bestehen oder in der Zwischenzeit in Fortfall gekommen sind. Auch Einnahmen, die aus irgend einem Grunde für steuerfrei gehalten werden, sind — mit entsprechender Erläuterung — anzugeben. **Die Prüfung, was steuerpflichtig ist und was nicht, steht dem Finanzamt, nicht dem Steuerpflichtigen zu.**

Steuererklärung.

für die Veranlagung zur Gewerbsteuer für — 19 . . — 19 . . / 19 . .
des . . . ., geb. am . . . .
und seiner Ehefrau . . . ., geborenen .

Ich wohnte am Ende des Steuerabschnitts in . . .
. . . . Straße / Platz Nr. . . .; ich bin .
. . . Religion; meine Ehefrau ist . . . . Religion. (Die Religionszugehörigkeit ist wegen der Kirchenumlagen genau zu bezeichnen).

Mein Wirtschaftsjahr (Steuerabschnitt) — 19 . . — 19 . . / 19 . . — hat begonnen — am 1. Januar 19 . . — . . . . . .
19 . . —, geendet am 31. Dezember 19 . . — . . . .
19 . . —[1]).

a) Ich bin Inhaber des nachbezeichneten Gewerbebetriebs (anzugeben nach Firma, Art des Betriebs und Ortslage des Betriebs, Straße und Hausnummer).

. . . .

. . . .

Meine Firma ist im Handelsregister — nicht — eingetragen.

b) Meine Ehefrau . . . . ist Inhaberin des nachbezeichneten Gewerbebetriebs (anzugeben nach Firma, Art des Gewerbes und Ortslage des Betriebs, Straße und Hausnummer).

. . . .

. . . .

Die Firma ist im Handelsregister — nicht — eingetragen.

c) Mein minderjähriges Kind — meine minderjährigen Kinder . . . . ist — sind — Inhaber des nachbezeichneten Gewerbebetriebs (anzugeben nach Firma, Art des Gewerbes und Ortslage des Betriebs, Straße und Hausnummer).

. . . .

. . . .

Die Firma ist im Handelsregister — nicht — eingetragen.

[1]) Hat der Steuerpflichtige mehrere Betriebe mit verschiedenen Wirtschaftsjahren, so sind die Wirtschaftsjahre der einzelnen Betriebe gesondert anzugeben. Gleiches gilt bei Verschiedenheit der Wirtschaftsjahre des Ehemannes und der Ehefrau bei einem von letzterer selbständig ausgeübten Gewerbebetrieb. Nichtzutreffendes ist zu durchstreichen.

I. Gewerblicher Reinertrag.[1])

1. Gewinn einschließlich aller Entnahmen aus dem bezeichneten Gewerbebetrieb . . . . *RM*

Beizufügen ist, wenn nicht bereits mit der Einkommensteuererklärung vorgelegt, die Schlußbilanz nebst Gewinn- und Verlustrechnung für das maßgebende Wirtschaftsjahr (Abschreibungen für Wertminderungen oder Neubildung von Reserven sind, soweit nicht aus den Bilanzen ersichtlich, in einer Anlage besonders darzulegen). Ist nach den gesetzlichen Vorschriften die Berichtigung einzelner Posten der handelsrechtlichen Bilanz notwendig oder zulässig, so kann der Steuerpflichtige diese Berichtigungen in der Bilanz selbst oder in einer besonderen Anlage hierzu vornehmen, oder er kann eine Steuerbilanz aufstellen, in der die Berichtigungen berücksichtigt sind. Im letzteren Falle hat er die Steuerbilanz mit der handelsrechtlichen Bilanz einzureichen. Wenn der gewerbliche Gewinn nicht auf Grund von kaufmännischer Buchführung ermittelt ist, ist die Berechnung oder Schätzung des Gewinns zu erläutern.

Wie hoch waren die Barentnahmen? . . . . . *RM*

Wie hoch war der Wert der Naturalentnahmen? . *RM*

Hiervon ab .

2. Werbungskosten (Betriebsausgaben), soweit nicht bereits unter 1) berücksichtigt . . . .

Unter den Werbungskosten sind enthalten — in Ziff. 1 abgezogen — nicht abgezogen:[2])

a) Im Gewerbebetrieb angefallene Schuldzinsen (einzeln, nötigenfalls in einer Beilage auszuweisen) . . . *RM*

b) Im maßgebenden Wirtschaftsjahr (Steuerabschnitt) bezahlte Ertragsteuern, Kreis- und Gemeindeumlagen, insoweit sie zum Gewerbebetrieb in wirtschaftlicher Beziehung stehen: . . . *RM*

Art der Steuer usw. und Tag der Zahlung sind in einer Beilage anzugeben.

---

[1]) Die Angaben über den Reinertrag, das Betriebskapital und die Kapitalschulden (Ziff. I und II) sind für den Betrieb des Ehemannes, einen selbständigen Betrieb der Ehefrau (Buchst. a und b oben) und allenfallsige Betriebe von Kindern (Buchst. c oben) voneinander getrennt zu halten, also gesondert auszuweisen.

[2]) Nichtzutreffendes ist zu durchstreichen.

RM

c) Umsatzsteuer, insoweit sie im Gewerbebetrieb angefallen und bezahlt ist; ... RM

d) Mehraufwendungen im Haushalte, welche durch eine Erwerbstätigkeit der Ehefrau im Gewerbebetrieb erwachsen sind: ... RM

Die Art der Aufwendungen ist kurz zu bezeichnen . . . .

e) **Nur** für Unternehmer, welche den Geschäftsbetrieb **in Räumen des eigenen Hauses** in **Miethaussteuergemeinden** ausüben:

Solche Unternehmer können unter Vorlage der erforderlichen Unterlagen und Nachweise **beantragen**, daß der mit der Haussteuer veranlagte Mietertrag dieser Räume den Werbungskosten zugerechnet wird, soweit dieser Anschlag nicht bereits beim Buchabschluß unter den Ausgaben berücksichtigt ist. Daneben **dürfen Schuldzinsen**, die auf die Erwerbung, Instandsetzung oder Erweiterung dieser Geschäftsräume zurückzuführen sind, **nicht unter den Werbungskosten abgezogen werden.**

Stellen Sie diesen Antrag? . . . .

Wenn ja, wie hoch ist der mit der Haussteuer veranlagte Mietertragsanschlag (Friedensmiete) dieser Räume? . . . .

Der Antrag kann nur berücksichtigt werden, wenn die erforderlichen Unterlagen und Nachweise durch den Steuerpflichtigen beigebracht werden. Die Zahl der beigelegten Unterlagen und Nachweise ist hier zu verzeichnen. . . . .

Sind die Angaben unter Ziff. 1 und 2 geschätzt oder ziffermäßig nachweisbar? (Antwort) . . . .

3. Sonderleistungen, soweit sie zum Gewerbebetrieb in wirtschaftlicher Beziehung stehen und im maßgebenden Wirtschaftsjahr (Steuerabschnitt) bezahlt worden sind (insbesondere Umlagen der Religionsgesellschaften und Religionsgemeinden) . . . .

Die Art der Sonderleistungen und der Zeitpunkt ihrer Zahlung sind in einer Beilage anzugeben.

Summe der Abzüge (2—4):

Steuerbarer gewerblicher Reinertrag:

4. Der Steuerpflichtige **kann** — unter Vorlage der erforderlichen Unterlagen und Nachweise — **beantragen**, daß vor der Berechnung der Ertragsanlage aus dem gewerblichen Betriebsgewinn diejenigen Reinerträge ausgeschieden werden, die aus Grundbesitz und Hausbesitz geflossen sind. RM

Stellen Sie diesen Antrag? . . . .

Wenn ja, wie hoch ist der aus Grund- und Hausbesitz geflossene, in dem oben angegebenen gewerblichen Ertrag enthaltene Reinertrag? . . . .

Der Antrag kann nur berücksichtigt werden, wenn die erforderlichen Unterlagen und Nachweise durch den Steuerpflichtigen beigebracht werden. Die Zahl der beigelegten Unterlagen und Nachweise ist hier zu verzeichnen . . . .

Die Reinerträge müssen um die bereits unter Ziff. 1 und 2 abgezogenen Werbungskosten (insbesondere auch Grund- und Haussteuern) gekürzt sein.

II. Gewerbliches Betriebskapital.

Das gewerbliche Betriebskapital, d. h. der Wert der sämtlichen dem Gewerbebetrieb gewidmeten eigenen oder anderen Personen gehörigen Gegenstände und Rechte — jedoch mit Ausnahme der Gebäude und Grundstücke und der in § 26 Abs. 4 mit § 38 Abs. 1 Nr. 1 Satz 2, 3 und § 39 Nr. 6, 9 und 10 des Reichsbewertungsgesetzes bezeichneten Vermögensbeträge, Forderungen und Vermögensteile — setzt sich ohne Schuldenabzug zusammen wie folgt:

a) Wert der Roh- und Hilfsstoffe einschließlich der in Bearbeitung befindlichen Stoffe, ferner der zum Verkaufe bestimmten Vorräte an Erzeugnissen und Waren

b) Wert der Vorräte an barem Gelde, Papiergeld, Wechseln, Wertpapieren, vom Gewerbebetriebe herrührenden Ausstände einschließlich der Kontokorrentguthaben: . . . .

c) Wert aller sonstigen dem Gewerbebetrieb gewidmeten Gegenstände und Rechte, z. B. Wert der benützbar gemachten Wasserkräfte nebst den zugehörigen Wasserbauten und Anlagen, der Mineralquellen, der Maschinen, Werkzeuge, Gerätschaften, Vorräte an Beheizungs- und Beleuchtungsmaterial, der für den Gewerbebetrieb bestimmten Tiere und Futtervorräte, etwaiger Realgewerbeberechtigungen, Patentrechte usw. . . .

Summe des gewerblichen Betriebskapitals: . . .

Wie groß sind die Kapitalschulden, d. h. die gewerblichen Geschäftsschulden, die aus der Inanspruchnahme von Warenbezugskredit oder Bankkredit oder sonst unmittelbar aus dem laufenden Geschäftsbetriebe herrühren? . . . . *RM*

(Schulden, die von der Gründung, Erwerbung oder Erweiterung des Geschäfts herrühren, gehören nicht hierher. Für den Grundstückshandel, zu vgl. die Sondervorschriften im Art. 8 Abs. IV des Gewerbsteuergesetzes).

Die Betriebskapitalsbestandteile unter a) bis c) und die abzugsfähigen Schulden sind mit dem Stand und Wert anzusetzen, mit dem sie in der letzten dem Finanzamt eingereichten Vermögenserklärung und in der ihr beigefügten Vermögensaufstellung angegeben wurden. Die anderen Personen als dem Unternehmer gehörigen Gegenstände und Rechte, die in jener Vermögenserklärung nicht enthalten sind, sind mit dem Stand und Wert einzusetzen, der für sie nach den Vorschriften des Reichsbewertungsgesetzes anzusetzen wäre, wenn sie im maßgebenden Zeitpunkt im Eigentum des Unternehmers gestanden wären. Hat der Steuerpflichtige eine Vermögenserklärung nicht abgegeben, so sind die Betriebskapitalsbestandteile und die abzugsfähigen Schulden mit dem Stand und Wert einzusetzen, mit dem sie im Falle des Bestehens einer Verpflichtung zur Abgabe einer Vermögenserklärung in diese einzusetzen gewesen wären (zu vgl. die der Vermögenserklärung beigegebene Anleitung zu ihrer Ausfüllung).

Die zufolge der Vorschriften in § 26 Abs. 4 mit § 38 Abs. 1 Nr. 1 Satz 2, 3 und § 39 Nr. 6, 9 und 10 des Reichsbewertungsgesetzes außer Ansatz bleibenden Vermögensbeträge, Forderungen und Vermögensteile sind in einer Beilage einzeln näher zu bezeichnen.

Ich versichere hiermit, daß die vorstehenden Angaben nach bestem Wissen und Gewissen gemacht sind.

., den . . 19 . .

. . . .

Eigenhändige Unterschrift
(Vor- und Zuname des Steuerpflichtigen).

Steuererklärungen ohne Unterschrift gelten als nicht abgegeben.

Etwaige sonstige Bemerkungen über die Aufstellung und Berechnung des gewerblichen Reinertrags und des gewerblichen Betriebskapitals usw.: bei offenen Handelsgesellschaften und einfachen Kommanditgesellschaften sowie bei sonstigen gewerblichen Unternehmungen mit Beteiligung Mehrerer: Benennung der Gesellschafter und der Beteiligten, ferner bei Gesellschaften Angabe von Sitz und Ort der Leitung, bei Gemeinschaften von Name und Wohnort des Geschäftsführers oder Vertreters (Straße? Hausnummer?)

. . . . . .

Bei Erträgen, die nur durch Schätzung zu ermitteln sind, genügt es nach Art. 18 des Gewerbsteuergesetzes, statt der ziffermäßigen Angaben die zur Schätzung benötigten tatsächlichen Nachweisungen (Merkmale) aufzunehmen. Als solche gelten z. B.:

Bei kleineren gewerblichen Betrieben vor allem Bezeichnung des Gewerbes, dann Umfang und Art der zum Gewerbebetriebe verwendeten Räumlichkeiten, die Mengen der verbrauchten Hilfsstoffe und der hergestellten und abgesetzten Erzeugnisse, Art und Zahl der im Gebrauche stehenden Maschinen, Verwendung etwaiger mechanischer Kräfte (Wasser, — Dampf, — elektrische Kraft), Zahl der im Betriebe verwendeten fremden Personen und deren durchschnittliche Entlohnung, Zahl der im Betriebe tätigen Familienangehörigen, deren Lebensalter und Entlohnung, Zahl und Art der im Betriebe verwendeten Tiere, Umsatz, Art und Umfang etwaiger Nebenbetriebe, Absatzgebiete, etwaige Verwertung von Patenten, Erwerbspreis und Verkaufswert des Geschäfts, Schuldenbelastung, Zahl der geschlachteten Tiere bei Metzgereien, Zahl der verkauften Viehstücke (Groß- und Kleinvieh) bei Viehhändlern usw.

Anlage 5
(zu § 21 Abs. VII).

Finanzamt . . . .

Stadt / Gemeinde . . . .

Steuernummer . . . .

Wohin hat das Unternehmen die Vorauszahlungen auf die Gewerbsteuer für den Steuerabschnitt 19../19.. geleistet?

. . . .

Unter welcher Steuernummer?

. . . .

Erwerbsgesellschaften und öffentliche Betriebe und Verwaltungen.

Zur Beachtung.

1. Diese Steuererklärung ist bis zum . . . . 19.. beim Finanzamt . . . . ausgefüllt und unterschrieben einzureichen. **Die Zusendung dieses Vordrucks gilt zugleich als Aufforderung zur Abgabe einer Steuererklärung.**

2. Die Steuererklärung ist von den gesetzlichen Vertretern abzugeben und zu unterzeichnen. Prokuristen, soweit sie nicht gesetzliche Vertreter oder nach Art. 2 Abs. III des Gewerbsteuergesetzes bestellte Vertreter sind, und Handelsbevollmächtigte sind zur Abgabe der Steuererklärung nicht befugt.

3. **Bei verspäteter Abgabe der Steuererklärung kann ein Zuschlag bis zu 10 v. H. der endgültig festgesetzten Steuer auferlegt werden. Die Abgabe der Steuererklärung kann durch Geldstrafen (§ 202 AO.) erzwungen werden.**

4. **Sämtliche Fragen sind zu beantworten. Nichtzutreffendes ist zu durchstreichen,**

5. **Die Prüfung, was steuerpflichtig ist und was nicht, steht dem Finanzamt, nicht dem Steuerpflichtigen zu.**

6. Der Steuererklärung sind die Bilanz mit Gewinn- und Verlustrechnung, der Jahresbericht und das Generalversammlungsprotokoll beizufügen, soweit sie nicht bereits mit der Steuererklärung für die Körperschaftsteuerveranlagung dem Finanzamt eingereicht worden sind.

Steuererklärung

für die Veranlagung zur Gewerbsteuer für — 19 . . — 19 . . / 19 .

d . . (Firma) . . . .

in (Ort der Leitung) . . . . Straße Nr. . . .

Sitz) . . . .

Gesetzlicher Vertreter: (Name) . . . .

Wohnung
Ort, Straße Nr. . . . .

Das Wirtschaftsjahr hat begonnen am . . . .

Das Wirtschaftsjahr hat geendet am . . . .

Am Schluß des Wirtschaftsjahrs war der Ort der Leitung in

. . . .

Der Abschluß für das Wirtschaftsjahr ist von den zuständigen Organen genehmigt worden am . . . .

Gegenstand des Unternehmens ist . . . .

. . . .

Abschrift des Gesellschaftsvertrags in der zurzeit gültigen Fassung — ist bereits eingereicht — wird beigefügt —

I. Gewerblicher Reinertrag.

Hier können die Vorträge im Muster 6 A zu § 62 K.St.A.B. unter A I bis III, B verwendet werden.

Bei A Ziff. II „Außer Ansatz bleibende Einkünfte" ist jedoch als Nr. 4 beizufügen:

4. Die Reinerträge, die aus Grund- und Hausbesitz geflossen sind: (Diese Reinerträge bleiben jedoch bei der Gewerbsteuerveranlagung nur dann außer Ansatz, wenn dies ausdrücklich beantragt wird und wenn die erforderlichen Unterlagen und Nachweise durch den Steuerpflichtigen beigebracht werden. Werbungs-

kosten, die bereits bei der Ermittlung des Bilanzgewinns abgezogen wurden, (insbesondere Grund- und Haussteuern) dürfen in den Reinerträgen nicht mehr enthalten sein.

Bei A Ziff. III „Abzüge" ist als Anmerkung beizufügen: Unternehmer, welche den Geschäftsbetrieb in Räumen des eigenen Hauses in Miethaussteuergemeinden ausüben, dürfen den mit der Miethaussteuer veranlagten Mietertragsanschlag (Friedensmiete) dieser Räume hier abziehen. Der Abzug wird jedoch bei der Gewerbsteuerveranlagung nur dann berücksichtigt, wenn er ausdrücklich **beantragt wird** und wenn die erforderlichen Unterlagen und Nachweise durch den Steuerpflichtigen beigebracht werden.

Steuerbarer gewerblicher Reinertrag: . . . *RM*

II. Gewerbliches Betriebskapital.

Das gewerbliche Betriebskapital, d. h. der Wert der sämtlichen dem Gewerbebetrieb gewidmeten eigenen oder anderen Personen gehörigen Gegenstände und Rechte — jedoch mit Ausnahme der Gebäude und Grundstücke und der in § 26 Abs. 4 mit § 38 Abs. 1 Nr. 1 Satz 2, 3 und § 39 Nr. 6, 9 und 10 des Reichsbewertungsgesetzes bezeichneten Vermögensbeträge, Forderungen und Vermögensteile — setzt sich ohne Schuldenabzug zusammen wie folgt:

		RM
a)	Wert der Roh- und Hilfsstoffe einschließlich der in Bearbeitung befindlichen Stoffe, ferner der zum Verkaufe bestimmten Vorräte an Erzeugnissen und Waren . . .	
b)	Wert der Vorräte an barem Gelde, Papiergeld, Wechseln, Wertpapieren, vom Gewerbebetriebe herrührenden Ausstände einschließlich der Kontokorrentguthaben . . .	
c)	Wert aller sonstigen dem Gewerbebetriebe gewidmeten Gegenstände und Rechte, Wert der benützbar gemachten Wasserkräfte nebst den zugehörigen Wasserbauten und Anlagen, der Mineralquellen, der Maschinen, Werkzeuge, Gerätschaften, Vorräte an Beheizungs- und Beleuchtungsmaterial, der für den Gewerbebetrieb bestimmten Tiere und Futtervorräte, etwaiger Realgewerbeberechtigungen, Patentrechte usw.	

Summe des gewerblichen Betriebskapitals: . . . .

Wie groß sind die Kapitalschulden d. h. die gewerblichen Geschäftsschulden, die aus der Inanspruchnahme von Warenbezugskredit oder Bankkredit oder sonst unmittelbar aus dem laufenden Geschäftsbetriebe herrühren? . . . .

(Schulden, die von der Gründung, Erwerbung oder Erweiterung des Geschäfts herrühren, gehören nicht hieher. Für den Grundstückshandel, die Pfandbriefanstalten, Darlehenskassen, Kreditinstitute und Versicherungsanstalten zu vgl. die Sondervorschriften im Art. 8 Abs. II Ziff. 6 Abs. III, IV des Gewerbsteuergesetzes).

Welchen Gesamtwert haben die nach §§ 27, 28 Abs. 2 des Reichsbewertungsgesetzes mit §§ 14, 16 des Gesetzes über Steuerminderungen zur Erleichterung der Wirtschaftslage vom 31. März 1926 (RGBl. I S. 185) zulässigen Abzüge? . . . .

(zu vgl. die der Vermögenserklärung beigefügte Anleitung)

Wofür sind die Abzüge im Einzelnen vorgenommen?

. . . .

(hier genügt allenfalls ein Hinweis auf die Vermögenserklärung).

Die Betriebskapitalsbestandteile unter a—c und die abzugsfähigen Schulden sind mit dem Stand und Wert anzusetzen, mit dem sie in der letzten dem Finanzamt eingereichten Vermögenserklärung und in der ihr beigefügten Vermögensaufstellung angegeben wurden. Die anderen Personen als dem Unternehmer gehörigen Gegenstände und Rechte, die in jener Vermögenserklärung nicht enthalten sind, sind mit dem Stand und Wert einzusetzen, der für sie nach den Vorschriften des Reichsbewertungsgesetzes anzusetzen wäre, wenn sie im maßgebenden Zeitpunkt im Eigentum des Unternehmers gestanden wären. Hat der Steuerpflichtige eine Vermögenserklärung nicht abgegeben, so sind die Betriebskapitalsbestandteile und die abzugsfähigen Schulden mit dem Stand und Wert einzusetzen, mit dem sie im Falle des Bestehens einer Verpflichtung zur Abgabe einer Vermögenserklärung in diese einzusetzen gewesen wären (zu vgl. die der Vermögenserklärung beigegebene Anleitung zu ihrer Ausfüllung).

Die zufolge der Vorschriften in § 26 Abs. 4 mit § 38 Abs. 1 Nr. 1 Satz 2, 3 und § 39 Nr. 6, 9 und 10 des Reichsbewertungsgesetzes außer Ansatz bleibenden Vermögensbeträge, Forderungen und Vermögensteile sind in einer Beilage einzeln näher zu bezeichnen.

Ich (Wir) versichere(n) hiermit, daß die vorstehenden Angaben nach bestem Wissen und Gewissen gemacht sind.

., den . . 19..

. . . .

(Unterschriften der zur Abgabe der Steuererklärung Verpflichteten).

Steuererklärungen ohne Unterschrift gelten als nicht abgegeben.

Gesetz vom 9. Juli 1926 (GVBl. S. 375) zur Änderung des Gewerbsteuergesetzes vom 27. Juli 1921 in der Fassung des Gesetzes vom 18. Juli 1923.

Der Landtag des Freistaates Bayern hat folgendes Gesetz beschlossen:

Das Gewerbsteuergesetz vom 27. Juli 1921 (GVBl. 1921 S. 413) in der Fassung des Gesetzes vom 18. Juli 1923 (GVBl. 1923 S. 238) wird nachstehenden Änderungen unterstellt:

Art. I.

In Art. 1 Abs. II werden

1. bei Ziff. 1 die Worte „mit Ausnahme der Kunst und Handelsgärtnerei“ gestrichen,
2. bei Ziff. 3 die Worte „vom Reich und vom Staate“ durch die Worte „vom Reich, von der Deutschen Reichsbahngesellschaft und vom Staate“ ersetzt.

Art. II.

Art. 3 wird geändert wie folgt:

a) In Abs. I werden die Ziff. 1 und 2 durch folgende Bestimmungen ersetzt:
   1. das Reich bezüglich derjenigen Betriebe, die nach den Vorschriften des Körperschaftssteuergesetzes nicht körperschaftssteuerpflichtig sind, ferner die Reichsbank und ihre Zweiganstalten, die Rentenbank, die Deutsche Golddiskontobank und die Bank für deutsche Industrie-Obligationen,
   2. der Staat.
b) Nach Ziff. 2 werden folgende neue Ziff. 3 und 4 eingeschaltet:
   3. Betriebe von Körperschaften des öffentlichen Rechts und öffentliche Betriebe mit eigener Rechtspersönlichkeit, soweit sie nicht nach Ziff. 1 und 2 ohnehin befreit sind und soweit sie gemäß § 7 des Körperschaftssteuergesetzes als Versorgungsbetriebe zu behandeln sind,
   4. Unternehmungen, deren Erträge ausschließlich Körperschaften des öffentlichen Rechts zufließen, wenn diese Körperschaften als Betriebsinhaber sämtliche gemäß Ziff. 1 bis 3 von der Gewerbsteuer befreit wären.
c) Die bisherigen Ziff. 3 und 4 werden Ziff. 5 und 6.
d) Ziff. 6 (bisher 4) Buchst. b hat zu lauten:

6 b) Die übergeordneten Verbände solcher Genossenschaften, auch wenn sie für sich als übergeordneter Verband eine der Begriffsbestimmung des Gesetzes über die Erwerbs- und Wirtschaftsgenossenschaften nicht entsprechende Rechtsform angenommen haben.

e) In Ziff. 6 (bisher 4) Buchst. c wird das Wort „zehn" durch das Wort „fünf" ersetzt und folgender Zusatz angefügt:

Der Hundertsatz kann durch das Staatsministerium der Finanzen den zum Körperschaftssteuergesetz ergehenden reichsrechtlichen Vorschriften angeglichen werden.

f) In Abs. II erhält Satz 1 folgende Fassung:

Für die vom Staate betriebenen Gewerbe ist, soweit für sie nicht die Befreiungsmerkmale nach Abs. I Nr. 3 zutreffen, die Gewerbsteuer zur Begründung der Umlagenpflicht vormerkungsweise zu veranlagen.

Art. III.

a) Art. 4 Abs. II erhält folgenden Zusatz:

Kommen für sie verschiedene Wirtschaftsjahre in Betracht, so gilt als Steuerabschnitt (Art. 13) das Wirtschaftsjahr, das als letztes im Kalenderjahr endet und beim Zusammentreffen vom Kalenderjahr abweichender Wirtschaftsjahre mit dem Kalenderjahr das Kalenderjahr. In diesen Fällen sind bei der Ertragsermittlung die Erträge aus einem Betriebe, dessen Wirtschaftsjahr mit dem Steuerabschnitt nicht übereinstimmt, nicht mit dem im Steuerabschnitt erzielten, sondern mit dem im Wirtschaftsjahr erzielten Betrag anzusetzen.

b) Art. 5 Abs. IV erhält folgende Fassung:

IV Die einheitliche Veranlagung erfolgt erstmals für das auf den Eintritt der Voraussetzungen folgende Kalender- oder Wirtschaftsjahr und dauert bis zum Wegfalle der Voraussetzungen. Für die Feststellung des für die Zusammenveranlagung maßgebenden Steuerabschnitts finden die Bestimmungen in Art. 4 Abs. II Satz 2 und 3 entsprechende Anwendung.

c) In Art. 6 Abs. IV Satz 2 werden die Worte „im Art. 3 Abs. I Ziff. 4" ersetzt durch die Worte „im Art. 3 Abs. I Ziff. 6".

Art. IV.

Art. 7 erhält folgende Fassung:

Folgt Wortlaut. Siehe S. 60.

Art. V.

a) Art. 8 Abs. I erhält folgende Fassung:

I Das Betriebskapital umfaßt — ohne Rücksicht darauf, ob die einzelnen Betriebskapitalbestandteile im Eigentum des

Unternehmers (Art. 2) stehen oder nicht — sämtliche dem Gewerbebetrieb gewidmeten Gegenstände und Rechte mit Ausnahme jener, die der Grund- und Haussteuer unterliegen.

b) In Art. 8 Abs. II Ziff. 6 werden die Worte „soweit nicht die Ausnahme nach Abs. I einschlägig ist" gestrichen.

c) In Art. 8 Abs. III werden die Worte „insoweit sie nicht in Betriebskapitalbestandteilen ihre Deckung finden, aus deren Erträgnissen Kapitalertragsteuer an das Reich zu entrichten ist" gestrichen.

Art. VI.

Art. 9 erhält folgende Fassung:

Folgt Wortlaut. Siehe S. 82.

Art. VII.

a) In Art. 10 Abs. I wird Satz 2 gestrichen.

b) Art. 10 Abs. II erhält folgende Fassung:

II Zu den Werbungskosten (Betriebsausgaben), d. i. den zur Erwerbung, Sicherung und Erhaltung der Einkünfte aus dem Gewerbebetrieb gemachten Aufwendungen zählen insbesondere auch

1. die Schuldzinsen, die im Gewerbebetrieb anfallen,
2. die Ertragsteuern samt den hieraus zu entrichtenden Umlagen,
3. die Umsatzsteuer,
4. Mehraufwendungen im Haushalte, die durch eine Erwerbstätigkeit der Ehefrau im Gewerbebetrieb erwachsen sind.

c) Nach Abs. II des Art. 10 wird folgender Absatz III eingeschaltet:

III Zu den abzugsfähigen Sonderleistungen zählen insbesondere auch die Umlagen der Religionsgesellschaften und Religionsgemeinden.

d) Der bisherige Absatz III wird Absatz IV in der folgenden Fassung:

IV Nicht abgezogen werden dürfen insbesondere

1. die sämtlichen nicht im Gewerbebetrieb anfallenden Schuldzinsen,
2. die zur Bestreitung des Haushalts des Steuerpflichtigen und zum Unterhalte seiner Familienangehörigen aufgewendeten Beträge, soweit sie nicht unter Abs. II Ziff. 4 fallen,
3. die vom Steuerpflichtigen entrichtete Einkommensteuer, Körperschaftssteuer sowie sonstige Personalsteuern,
4. Zinsen für das im Gewerbebetrieb angelegte eigene Vermögen des Steuerpflichtigen.

e) Der bisherige Absatz IV wird Abs. V in folgender Fassung:

V Unternehmern, die den Geschäftsbetrieb in Räumen des eigenen Hauses ausüben, ist auf ihren Antrag der mit der Haussteuer veranlagte Mietertragsanschlag dieser Räume den Werbungskosten (Betriebsausgaben) zuzurechnen, soweit dieser Anschlag nicht bereits beim Buchabschluß unter den Ausgaben berücksichtigt ist. Daneben dürfen Schuldzinsen, die auf die Erwerbung, Instandsetzung oder Erweiterung dieser Geschäftsräume zurückzuführen sind, nicht unter den Werbungskosten erscheinen. Die Berücksichtigung des Antrags ist von der Erbringung der erforderlichen Unterlagen und Nachweise durch den Steuerpflichtigen abhängig.

f) Art. 11 erhält folgende Fassung:

Folgt Wortlaut. Siehe S. 93.

Art. VIII.

Art. 12 erhält folgende Fassung:

Folgt Wortlaut. Siehe S. 104.

Art. IX.

Art. 13 erhält folgende Fassung:

Folgt Wortlaut. Siehe S. 105.

Art. X.

In Art. 18 werden die Worte „der Wert von Bestandteilen des Betriebskapitals oder" gestrichen.

Art. XI.

a) Art. 22 Abs. I erhält folgende Fassung:

I Über die nach diesem Gesetz zu entrichtende Gewerbsteuer erteilt das Finanzamt dem Steuerpflichtigen und im Falle der vormerkungsweisen Veranlagung zur Begründung der Umlagenpflicht den Gemeinden einen schriftlichen Steuerbescheid.

b) Dem Art. 22 wird als neuer Abs. III beigefügt:

III Die näheren Anordnungen über den Inhalt des Steuerbescheids und die Art der Zustellung trifft das Staatsministerium der Finanzen.

Art. XII.

In Art. 24

a) erhält Abs. II folgende Fassung:

II Die Ausschlußfrist zur Einlegung des Einspruchs beginnt mit dem Ablauf des Tages, an dem der Bescheid dem Einspruchsberechtigten zugestellt ist. Für das Finanzamt endigt die Frist zur Einlegung des Einspruchs mit Ablauf der für den Steuerpflichtigen laufenden Einspruchsfrist;

b) fällt Abs. III weg. Der bisherige Abs. IV wird Abs. III.

Art. XIII.

In Art. 43 erhalten die Abs. II und IV folgende Fassung:

II Hinsichtlich der Betriebskapitalsanlage unterliegen die Rechtsmittel gegen die Gewerbsteuerveranlagung den aus dem Reichsbewertungsgesetz sich ergebenden Beschränkungen.

IV Wird der festgestellte Einheitswert des Betriebskapitals im Wege des Rechtsmittelverfahrens oder durch Neufeststellung geändert, so ist die Gewerbsteuerveranlagung von Amts wegen entsprechend zu berichtigen.

Die bisherigen Abs. II, III und IV werden die Abs. III, V und VI.

In dem neuen Abs. VI werden im ersten Satze die Eingangsworte „Die vorgenommene Änderung ist" durch die Worte „Die vorgenommenen Berichtigungen und Änderungen sind" ersetzt. Im zweiten Satze werden nach den Worten „Gegen diesen Bescheid steht den Beteiligten" die Worte „vorbehaltlich des Abs. II" eingefügt.

Art. XIV.

Art. 45 erhält folgende Fassung:

Folgt Wortlaut. Siehe S. 169.

Art. XV.

Die überschrift vor Art. 46 hat zu lauten:

VI Vorauszahlungen und Abschlußzahlung, Zugänge und Abgänge von Gewerben.

Art. XVI.

Art. 46 erhält folgende neue Fassung:

Folgt Wortlaut. Siehe S. 172.

Art. XVII.

a) In Art. 50 und 51 ist statt „von fünf bis fünfhundert Mark" zu setzen „bis einhundertfünfzig Reichsmark".

b) In Art. 55 Abs. I ist statt „bis zu dreihundert Mark" zu setzen „bis zu dreihundert Reichsmark".

Art. XVIII.

Art. 62 erhält folgende neue Fassung:

Folgt Wortlaut. Siehe S. 198.

Art. XIX.

Folgt Wortlaut. Siehe S. 208.

Art. XX.

I Die zum Vollzuge dieses Gesetzes erforderlichen Anordnungen werden vom Staatsministerium der Finanzen im Benehmen mit den mitbeteiligten Staatsministerien erlassen.

II Das Staatsministerium der Finanzen wird ermächtigt, den Wortlaut des Gewerbsteuergesetzes mit den erfolgten Änderungen und mit dem Datum des vorliegenden Gesetzes im Gesetz- und Verordnungsblatt neu zu veröffentlichen.

Sachregister.

Zahlen ohne Zusätze verweisen auf Artikel des Gesetzes, vorgesetzte Paragraphen auf die Vollzugsvorschriften. Den Seitenangaben ist jeweils ein S vorgesetzt.

Abkürzungen.

Betr. = Betrieb
Bew. = Bewertung
Ges. = Gesetz
Gew. = Gewerbe
Kap. = Kapital
R = Reich(s)
St = Steuer
s. a. = siehe auch
s. d. = siehe dieses
s. i. übr. = siehe im übrigen.

A.

B.

C.

D.

E.

G.

L.

N.

O.

P.

R.

S.

W.

Z.

FSC
www.fsc.org
MIX
Papier | Fördert gute Waldnutzung
FSC® C083411

Kolibri 360 GmbH
Ferdinand-Jühlke-Straße 7
99095 Erfurt, Deutschland
produktsicherheit@kolibri360.de